作为哲学概念的剩余

张 寅 著

Surplus:
A Philosophical Concept

复旦大学出版社

献给我的刻苦而严谨的医生父母

目录

导言 ·········· 1

第一章 对剩余的初步考察 ·········· 1
 第一节 剩余:"我死后将有大洪水" ·········· 3
  一、一般概念—特殊的表达和范围—实际处境 ·········· 3
  二、技术领域与社会领域 ·········· 6
  三、剩余的概念和特征 ·········· 10
  四、反对剩余的三种企图 ·········· 14
 第二节 过剩人口:前资本主义社会的核心问题 ·········· 19
  一、技术的方面 ·········· 19
  二、政治的方面 ·········· 25
  三、存在论的方面 ·········· 30
 第三节 剩余价值:资本主义社会的核心问题 ·········· 33
  一、陌生 ·········· 34
  二、突破性的行动 ·········· 36
  三、实际处境的转变 ·········· 39
 第四节 研究方法和相关文献 ·········· 43
  一、哲学的研究方法 ·········· 44
  二、对真理的回应方式 ·········· 50
  三、相关文献 ·········· 54

第二章 斯宾诺莎:对剩余的忠诚 ·········· 57
 第一节 斯宾诺莎的剩余问题:自我保存的努力 ·········· 59

一、常见的误解 …………………………………… 60
　　二、自我保存的努力 ……………………………… 63
　　三、三种知识形式 ………………………………… 67
　第二节　《神学政治论》对第一种知识形式的批判 … 74
　　一、宗教的统治和想象 …………………………… 74
　　二、法律、意见和民族 …………………………… 79
　第三节　《伦理学》对第一种和第二种知识形式
　　　　　的批判 ……………………………………… 84
　　一、持续时间的长短 ……………………………… 85
　　二、永恒 …………………………………………… 87
　　三、第三种知识形式留下的难题 ………………… 92

第三章　康德：对剩余的常规化 …………………… 97
　第一节　康德的剩余问题：先验理念 ………………… 99
　　一、建构性原则与范导性原则 …………………… 100
　　二、知性概念与先验理念 ………………………… 103
　　三、三类先验理念 ………………………………… 104
　第二节　《实践理性批判》中的客观法则 ………… 109
　　一、道德法则的客观性 …………………………… 109
　　二、"普通的知性" ………………………………… 114
　　三、伪善和犬儒主义 ……………………………… 118
　第三节　《判断力批判》中的合目的性 …………… 122
　　一、合目的性的概念 ……………………………… 122
　　二、美和崇高 ……………………………………… 125
　　三、整个自然的合目的性 ………………………… 128

第四章　黑格尔：对剩余的强行推进 ……………… 133
　第一节　黑格尔的剩余问题：无限目的 …………… 135
　　一、辩证法的格式 ………………………………… 136
　　二、无限目的 ……………………………………… 141
　　三、思辨的立场 …………………………………… 144

第二节　《精神现象学》中的恐怖和恶 …………… 148
　一、两种常见的解释 …………… 148
　二、恐怖与道德 …………… 151
　三、世界历史个人的恶 …………… 156

第三节　《历史哲学》中的哲学的历史 …………… 163
　一、反映的历史与哲学的历史 …………… 163
　二、中国和日耳曼 …………… 165
　三、散落的历史 …………… 168

第五章　马克思：剩余的复兴 …………… 173

第一节　剩余价值（一） …………… 177
　一、一个极度简化的模型 …………… 177
　二、剥削 …………… 179
　二、逃出剥削关系 …………… 182
　三、《资本论》的地位 …………… 187

第二节　价值理论 …………… 190
　一、价值理论的地位 …………… 190
　二、价值形式 …………… 193
　三、完善的资本主义生产方式 …………… 196

第三节　剩余价值（二） …………… 224
　一、资本家对消费者的依赖 …………… 224
　二、马尔萨斯和卢森堡的解决方案 …………… 227
　三、福利国家的解决方案 …………… 229
　四、全球资本主义的国际分工 …………… 231

结语 …………… 237

参考文献 …………… 243
致谢 …………… 249

导言

"剩余"一词在当代激进思想中频频出现。在英语文献中，它一般对应于"surplus"或"excess"。据说如果它可以被撇在一边、不用关注，就叫作"例外（exception）"，而如果本应消失，就叫作"残留（residue，remnant，remainder）"，比如各种边缘化的、仿佛微不足道的群体和他们的文化、运动等；青年马克思所说的"一个并非市民社会阶级的市民社会阶级"① 也是如此。作为词缀出现时，它看起来更加简单：马克思所说的"剩余价值（Mehrwert）"的前缀"mehr"仿佛只是"更多"的意思，"过剩人口（Übervölkerung）"和"生产过剩（Überproduktion）"的前缀"über"则表示"过度"。这一切似乎并不复杂。或许正因为如此，这个概念极少得到专门的考察，激进思想家在运用上述说法时一般也不会做多少解释。这篇导言试图说明，这个词的常见用法还不足以用来批判资本主义生产方式。

我可以简单地说明一下为什么剩余的概念是激进的，或者说是与社会统治相敌对的。与剩余相对的观念可以说有两个，即适度和缺乏，两者当然是相互关联的。单纯强调适度（折中、恰当、平常等）是统治阶级意识形态的拿手好戏，也是思想衰弱的明证。例如，传说中的神农在尝百草时不可能预先知道某种植物是否能吃、能吃多少，否则就不需要以命相搏了（更现实地说，药物试验从来都是有风险的）。用《伊利亚特》的例子来讲，希腊的诸位英雄必须经过激烈的争执和对抗，才有可能联合起来作战——这种情况在现代企业中也能看到。可见，适度、恰当等固然绝非不重要，但它们必定是在一个过程中建立起来的，而这个过程本身并不适度。在《形而上学导论》中，海德格尔把发动这个过程的力量称作"卓然自立（das aufgehende Sichaufrichten）"或"停留在自身中展开自身（das in sich verweilende Sichentfalten）"，并把这个过程视为赫拉克利特意义上的"原始的斗争"（例如人与草、人与人的对抗）；只有在这之后，"地位与身份与品

---

① 《马克思恩格斯文集》第 1 卷，北京：人民出版社，2009 年，第 16～17 页。

级"① 才能确立，或者说适度与不适度、恰当与不恰当才能确立。在同样的意义上，尼采把酒神的冲动描绘为一种"过度（übermaß）"②，并认为这给日神所代表的适度提供了基础。因此，剩余是更加根本的，单纯强调适度则只是为了把他人乃至把意识形态家自己从"卓然自立"的可能性中排除出去，而这正是许多统治者迫切需要的。当然，这一切并不是说剩余必然会导致任何意义上的好的结果。

然而，一旦某种形式的剩余或过度确实显现出来了，缺乏就会随之出现，因为既然剩余的力量必定会冲破现有的适度，那么与这种适度相关的规则、习俗和观念就会显得缺乏力量。例如，生产过剩与消费不足或有效需求不足是一体两面的（在这时，常见的经济观念暴露出了自身的缺陷），无尽的欲望也是与财力和生理的限制相伴随的。当贫困人口过多时，富人就觉得不安全，当局也感到预算紧张，意识形态家则发现自己所宣扬的道德、文化、宗教等势单力薄。在极端的情况下，经济危机、财政危机、信仰危机等会一拥而上。在语义上，如果说适度是剩余所破坏的对象，那么缺乏就是剩余的另一面。

虽然统治阶级意识形态试图掩盖和抑制剩余（如果它们还知道剩余的话），但这当然并不妨碍统治者自己站在剩余的位置上。正如卡尔·施密特在《政治神学》开篇所说的那样，"主权者是决定例外的人"，而重大的例外是"由通常的法的规定所代表的一般规范永远无法涵盖的"③。不过，明智的统治者未必会公开表现为规范之外的角色；这种公开表现既有可能提高自己的威信，又有可能使他人感到"大丈夫当如此也"，所以是需要权衡的。但无论如何，被统治者仿佛至多只能跟在统治者背后亦步亦趋：他们可能无法参与政治，丧失了经济独立，没有受过教育，以至于难以存活，即"出生前没有先问一下社会

---

① 〔德〕海德格尔：《形而上学导论》，熊伟、王庆节译，北京：商务印书馆，1996 年，第 61~62 页。
② 〔德〕尼采：《悲剧的诞生》，周国平译，北京：生活·读书·新知三联书店，1986 年，第 16 页。
③ Carl Schmitt, *Political Theology*, Cambridge, M. A.: The MIT Press, 1985, pp. 5, 6.

是否愿意接纳他"①。总之，他们没有资格、没有能力超出现有的适度。在这里，激进意味着同情和义愤、反抗和解放。激进的立场是一种平等主义，但绝不是粗浅的平均主义，而是有思想的，它知道剩余对人类而言的根本地位。它甚至可以说不那么厌恶统治者，而是蔑视他们的权术和意识形态家的伪善。

在这个背景下，剩余最终指的是由统治者垄断的一种无可衡量的、深不可测的权力。用巴迪乌的话说，"国家权力胜过（exceed）个人多少？这个问题没有答案"；国家主义的"剩余（excess）是出格的"②，是我们中国人所说的生杀予夺之权。这当然决不是主张消除剩余："妨碍平等主义逻辑的是这种剩余的出格，而不是剩余本身"，因而平等主义的政治需要使这种权力得到"澄清、确定和展示"③，让它变得可以衡量，或者说打破统治阶级意识形态的愚昧和伪善。此外，边缘化的群体和现象之所以在许多学者那里也叫作剩余，正是因为它们与国家主义的剩余是一体两面的，或者说它们是生杀予夺的对象。

所有这些观点都可以用巴迪乌《存在与事件》中的术语来表达（他在这部著作中分析了剩余的概念）④：

- 一定的处境（situation）是适度的，而相关的规则、习俗和观念反映了这个处境的结构。处境看上去总是统一的，而不是对抗性的，否则适度就无法成立。例如，一家经营良好的企业表现为一个处境，它拥有一系列至少实际上是连贯的规则和潜规则。
- 统一的处境并不是现成的，而是制造出来的；这里的"一"是作为结果的一（one-effect）。一个处境与它的制造并不一致，正如建立适度的过程并不适度一样。例如，虽然比尔·盖茨并不缺乏技术上的才能，但是最初的 DOS 操作系统其实是他在 1981 年买来的，而这是微软起飞的开始。
- 正如意识形态喜欢单纯强调适度一样，一个处境的状态（state,

---

① 《马克思恩格斯文集》第1卷，北京：人民出版社，2009年，第485页。
② Alain Badiou: *Metapolitics*, London: Verso, 2005, p. 144.
③ 同上书，第149～150页。
④ Alain Badiou: *Being and Event*, London: Continuum, 2005, pp. 501ff.

暗指国家）也意味着单纯考虑这个处境的结构，并把它的制造排除在外。状态企图把作为结果的一当作独立的一，对一进行一化，借此无以复加地巩固现有的处境（有些解释者未能看到，状态并不只是一，而是无以复加的一）。例如，微软表现为微软帝国，在很多年里似乎找不到对手，只能与美国司法部较量。

● 剩余（excess）指的是处境与状态的差距：由于意识形态掩盖了一个处境中的适度所必需的前提，所以状态或国家的权力就表现为无可名状的剩余。例如，盖茨等人过去经常攻击开放源代码的软件，但是微软其实已经在积极参与开放源代码的运动，只是很多人还不了解——这正是在暗中运作的剩余。

数论中的"中国余数定理（Chinese remainder theorem）"也可以提供一个例子。这个问题出自南北朝时期的《孙子算经》："今有物不知其数，三三数之剩二，五五数之剩三，七七数之剩二。问物几何？"在这里，"三三数之""五五数之"和"七七数之"代表了三种处境（当然，它们的结构或规则不仅很简单，而且很相似）。它们都会产生余数（分别是二、三、二），而且这些余数显然并非偶然，而是与一定的计算方法相伴随的。假如把这个问题改写成一种历史叙述的口吻——"有物于兹，某王三三数之，某王五五数之，今某王七七数之"——那么处境就"升华"成了稳固的状态，一定的计算方法也变成了某种不可思议的权力，余数则神秘失踪了。顺带一提，上述问题的答案是 $233 + 105k$，其中 k 为整数；《孙子算经》给出的答案是 23，即 $k=-2$ 时的情况。

按照这条思路，当代激进思想围绕剩余所提出的哲学问题可以分为两个层面：(1) 剩余既然向来都发挥了关键作用，就应该在过去和现在留下若干种重要的形式，而这可以成为研究的对象；(2) 必须从平等主义的立场来考察剩余在当今的表现，并由此寻找解放的可能性。

就前一个层面而言，阿甘本以集中营为基础所阐发的"奥斯维辛的剩余（remnants of Auschwitz）"尤其具有强大的冲击力：它把当代西方政治看作一种集中营式的政治，认为它的主题是把人作为仿佛不可见的人生产出来，正如集中营里有待灭绝的囚犯一样。阿甘本实际上试图超出海德格尔的存在论:"人是会说话的存在者,是拥有语言的生命,因为人能够不拥有语言,因为它(it)能够做到它自身的无念(in-fancy)。"① 由于一部分人居住在语言之外,所以这种剩余只能是"一个神学的和弥赛亚主义的概念"②。美国学者基亚莉娜·科代拉(Kiarina Kordela)则在一本名为 $urplus 的书中("$"既代表金钱,又代表拉康所说的为语言所分裂的主体)把剩余界定为"每个历史状态(historical state)所产生的对自身的超越"③。这种超越当然不是彼岸对此岸的超越或外部世界对意识的超越,而是一种单一的权力,它贯穿了一个历史状态中的一切存在者。她认为,剩余在封建时代的欧洲是柏拉图主义的神,在现代资本主义社会则是马克思所说的剩余价值和拉康所说的剩余享乐——可以说神在现代获得了一种新的形态(即拉康所说的无意识的神)。不过,这些研究的重心并不是平等主义,而是针对政治或文化的意识形态批判。

巴迪乌、朗西埃、齐泽克等人在后一个层面做了许多努力。巴迪乌对剩余的界定已经在前面讨论过了。作为一名渊博而深刻的学者,他并没有宣称自己为共产主义找到了新的方向,而是反复提出我们必须从头开始,因为就连"革命""共产主义"等关键词现在也已经变得十分晦涩了。他虽然经常从哲学的角度赞赏马克思、列宁、毛泽东等,却丝毫不认为他们的学说和经验可以简单地适用于当前的资本主义社会。朗西埃有力地区分了警治(police)与政治(politics):"警治是一种可感物的分配,这种分配的原则是虚空和增补的缺席"——剩余在这里是仿佛不可感的"虚空和增补"(这里的可感物当然远远不只是感官的对象,而是涵盖了才智、地位、态度等,这些都是可以得到认识和承认的);相反,政治必须"使没有理由被看见的东西变得可见"④。换句话说,政治仿佛是一种无中生有,警治则意味着停留在可感的世

---

① Giorgio Agamben: *Remnants of Auschwitz*, New York, N. Y.: Zone Books, 1999, p. 146.
② 同上书,第162页。
③ A. Kiarina Kordela: *$urplus*, Albany, N. Y.: SUNY Press, 2007, p. 42.
④ Jacques Rancière: *Dissensus*, London: Continuum, 2010, pp. 36, 38.

界中，排斥不可感的对象，并在必要时对人们说："走你的路！这里没什么可看的！"① 因此，政治并不是由任何固定的阶级来发动的，也不属于所谓的有政治才能的人（评判才能的标准仍然是可感的），而是类似于鲁迅所写的"于无声处听惊雷"。齐泽克主要使用的概念是"普遍的例外"："每个普遍性都植根于它的建构性的例外"②，例如资本主义社会中的无产阶级、约旦河西岸的巴勒斯坦人、贫民窟的居民等。普遍的、支配性的、男性的秩序只有在例外的基础上才能确立，因而这种秩序的掘墓人也最有可能出现在例外的群体中间。不过，齐泽克也经常自我批判；他现在更加关注马克思所说的流氓无产阶级和黑格尔所说的暴民，而这些似乎更接近于朗西埃意义上的不可感的对象，因为就连马克思和黑格尔也看不到它们身上的可能性。

所有这一切（包括尼采、海德格尔和施密特的观点）在我看来虽然是非常严肃的思考，却有一个共同点：它们所强调的都是作为例外或残留的剩余，即仿佛不可见的、"本应"消失的剩余，或者与之相应的无可衡量的权力。更粗暴地说，他们都保持了哲学家自古以来的高傲，仅仅关注绝大多数人不太会关注的现象和问题。在这些学者的文本中，对庸人的不屑随处可见（这本身当然并不错，而且在理论上与平等主义也不冲突）。反过来讲，仿佛资本主义社会的运行在大多数情况下除了给形形色色的统治阶级意识形态提供土壤之外（这同时也给批判提供了材料），就没有值得考察的地方了。总之，当代激进思想在很大程度上只有两个主题：（1）观看罕见的、难得的事件；（2）批判统治者及其意识形态。例如，福柯在大多数时候做的是后一件事，而在伊朗革命时非常兴奋地投入了前一件事（这是他最后一次做前一件事，几年后他就去世了）。

这与马克思的政治经济学批判并不一致，因为马克思所关注的恰好是资本主义生产方式中的正常现象（尽管这些现象会导致"反常"的后果），而且虽然他很擅长意识形态批判，也在这上面花了很多笔

---

① Jacques Rancière: *Dissensus*, London: Continuum, 2010, p. 37.
② Slavoj Žižek: *The Universal Exception*, London: Continuum, 2006, p. vii.

墨，但是生产方式无论如何都不是他所说的意识形态，而是社会的基础。这当然并不是说马克思不在意边缘化的、非主流的问题；事实上，剩余价值等概念对当时的经济学家来说就是几乎不可见的。然而，为了理解资本主义生产方式中的正常与"反常"，也许一个更加折中的、并非单纯强调例外的剩余概念会带来帮助。我将在第一章初步阐述这个概念，并在该章的第四节说明本书的结构和相关文献。

第一章

对剩余的初步考察

> 要划定思维的界线,我必须能从这个界线的两方面来思考(因此我们必须能够思考不能思考的事情)。
>
> ——维特根斯坦:《逻辑哲学论》[1]

---

[1] 〔奥〕维特根斯坦:《逻辑哲学论》,郭英译,北京:商务印书馆,1985年,第20页。

我们的时代相当偏爱思考人生，所以不妨从这个角度入手。

富兰克林十分尖刻地讲过："很多人25岁就死了，只是到了75岁才下葬。"当然，这样的"死人"并没有真正死去，但他们的认知和行动在很大程度上陷入了某种僵硬的、庸俗的模式，说不定今天的人工智能已经可以很好地加以模仿。换句话说，在这种情况下，机器人不够"人性"的地方与其说是缺乏灵魂，不如说是缺乏皮囊。我们特别可以在许多针对女性和下层民众的意识形态中看到，他们仿佛至多只是有皮囊的，或者皮囊十分漂亮的机器人。关于这种悲哀的命运，本章第二节将给出一种唯物主义的解释。

从这个角度看，"统治"一词绝不单纯意味着领导和管理，也不单纯要求被统治者服从某种纪律和约束，而是包含了另外两层含义：（1）在一定的区域内了解"死人"的运作模式（这种认识是完全可以达到的，因为认识对象至少在一代之内基本不会变化），并按照统治者的目的来加以利用；（2）不断用欺骗和压迫来把大多数人变成"死人"，或者说确保大多数人在25岁"死去"，以免统治关系崩坏。后一个层面也可以采取颠倒的形式，即确保统治关系的崩坏会造成可怕的社会混乱，以便让民众怀念统治者，并感到早点"死去"是必要的、有利的、天经地义的。能同时做到这两点的统治者肯定可以青史留名，尽管许多（潜在的）统治者自己也会怀疑这种报酬究竟有什么价值。这一切可以叫作"死人"的社会再生产，或者借用伏尔泰的句式来说，就算"死人"不存在，也要把他们制造出来。在很大一部分与社会问题相关的意识形态看来，这是天下太平的必要条件，有时还具有高深莫测的"文化"内涵——"文化"在今天不幸变成了思想的溃烂区，因为随便什么围绕"死人"而展开的花招只要以"文化"自居，就立刻拥有了从上古到未来的无穷无尽的生命。

不过，统治者的目的（被统治的"死人"一般也抱有与此相容的目的，否则或许就真的被消灭了）在这里并没有得到规定。不同的统治者向来都会出于不同的目的而相互争斗，有的贪求安稳，有的好大喜功，等等——这有时叫作"文明"的差异。在很多时候，这些争斗就像《格列佛游记》所说的某个国家的内乱一样,敌对双方之所以相互厮杀,是为了决定剥鸡蛋应该从大头下手还是从小头下手。然而,确实有一些统治形式会取得决定性的胜利,甚至左右人类的历史。如今我们所面对的正是一种强大得无与伦比的统治形式:全球资本主义。

毫不隐晦地说,倘若我们完全接受全球资本主义(或别的统治形式,虽然全球资本主义正是在它们的尸体上建立起来的),那么马克思的学说基本上就没有多少学术意义或现实意义了——他或者是"李嘉图的后学小辈"①,或者是黑格尔的乌托邦版本,等等。本书当然不可能全面地批判全球资本主义等统治形式,但作为哲学概念的剩余也许会对这种宏大的批判有所帮助。本章第一节将初步界定剩余的概念,第二、三节将考察这个概念在现实中的两种至关重要的表现,第四节将对本书的研究方法和相关文献做一些说明。

第一节 剩余:"我死后将有大洪水"

一、一般概念—特殊的表达和范围—实际处境

在越南的工业城市岘港,新招募的工人的月薪在 2011 年达到了 600 元(折合为人民币),是 2005 年的 3 倍。多家外国企业抱怨工资太高,想要把工厂搬走。在我们中国,类似的过程在许多年前就开始了。随着工资的上涨(这当然不是唯一的原因),不少工厂从中国搬到了越南、印度尼西亚、菲律宾等地。用马克思的话说,中国向它们显示出了它们"未来的景象"②。例如,中国的工资明显更高。在中国的多数地方,600 元的月薪几乎已经可以勾起一丝怀旧的情绪——按照 2014 年的数据,海南省的每月最低工资为 1 120 元,在全国是最少的。因此,如果工人(不论属于何种产业)最关心的事情之一是自己的生活

---

① David Harvey: *The Limits to Capital*, London: Verso, 2006, p. 65.
② 《马克思恩格斯文集》第 5 卷,北京:人民出版社,2009 年,第 8 页。

水平和社会地位，而这些在很大程度上是由工资决定的，那么关于阶级和革命主体的经典理论就会面临严重的困难：在中国工人与东南亚工人之间、在岘港的工人与收入更低的工人之间似乎不太可能出现某种联合；他们似乎倾向于成为截然不同的乃至相互敌对的群体；他们似乎无法成为普遍的革命主体，而是更有可能变成特殊利益操纵的对象。

由此可见，某个一般概念（如工资）不仅可以有诸多特殊表达（工资是通过量的形式来表达的，如每月 600 元、1 120 元等），而且一些特殊表达会在现实中对应于相互区分的特殊范围。接下来我一般只讲范围，因为它总是与表达相对应。虽然这些特殊范围都服从同一个一般概念，或者说都遵循共同的规定，但是一般概念本身无法决定它们相互之间可能具有的关系。我把这些关系的总和称作一般概念的实际处境。例如，工资的差别是很不稳定的。假如工人（至少是从事简单劳动的工人）在全球有很高的机动性，可以灵活地到处迁移，就会有力地促进工资的平均化。在这样的处境下，不同的特殊范围的划分方式就会发生变化，它们之间的敌对多半也会减弱，因为工资较低的工人很容易通过迁移来迅速提升自己的工资。因此，一方面，工人或其他任何群体并不是天然的统一体，也不是以统一或联合为目的而存在的；另一方面，一个群体或一个社会内部的诸多范围的划分方式也不是某种天然的、本质性的东西，而是由它们共同服从的一般概念的实际处境来决定的。进一步讲，一个群体或一个社会通常会服从多个一般概念，或者说有若干不同的方面。例如，倘若工人还有宗教信仰，或者充满了民族狂热，并因此而受到了统治者的操纵，那么即使工资趋于平均化，工人群体之间的敌对也未必会减少。

无论不同的特殊范围之间具有怎样的关系，它们或多或少都是相互依赖的，而不会彼此隔绝。用葛兰西的话说，它们会以某种方式相互接合。例如，越南工人不仅给中国工人带来了竞争，而且为中国工人生产了许多后者不再生产的商品，正如中国工人多年来为欧美工人、为全世界生产了无数商品一样。倘若任意去除其中一个范围，很可能就会造成全面的冲击，不论这一点是否得到了认识或承认。在全球资本主义时代，这种相互依赖变得愈发明显了。在全球化的进程中，有

第一章 对剩余的初步考察

许多激烈的、残酷的斗争之所以会发生，与其说是因为相关的特殊范围之间的联系比较淡薄，因而在冲突时没有多少顾忌，不如说是因为全球资本主义试图用一切手段来消除这种淡薄的关系，迫使全世界屈从于统一的经济秩序和政治秩序。换句话说，全球化的暴力往往是一种建立依赖的暴力，是《共产党宣言》所说的"摧毁一切万里长城、征服野蛮人最顽强的仇外心理的重炮"①。这里之所以强调暴力的方面，是因为接下来将不再涉及。

此外，特殊范围既可以像前面的例子一样是空间性的，又可以是时间性的。在经济周期、人口结构、自然资源、环境污染等问题上，不同的时间范围之间的张力尤为显著。一代人的财富可能会给下一代人带来重负，一时的繁荣可能只会留下破败的厂房、闲置的土地、生锈的机器、过期的原材料等。不过，空间与时间在这里并没有多少差别。如果说时间的界限是以死亡为象征的，那么空间的界限其实也是如此：一个从未踏足过贫民区的人即使仍然活在别的地方，也没有任何关于贫民区的实际经验，因而他在那里与死人并无两样。当然，他只要还活着，就还有可能走进贫民区，只不过这种可能性极其抽象，就像迪拜的帆船酒店（全球唯一的七星级酒店）对绝大多数人来说也极其抽象一样。

以上所描述的一般概念——特殊的表达和范围——实际处境并不完全是我的发明，而是来自斯宾诺莎的存在论，即实体—属性（思维和广延）—样式。按照斯宾诺莎的说法，虽然实体是"在自身内并通过自身而被认识的东西"，但它的"本质"只有通过属性才能呈现出来。例如，工资的"本质"并不单纯是工人按照契约所获得的报酬，而是一定的量和一定的群体，前者是思维的对象，后者则是广延的对象。斯宾诺莎又把样式界定为实体的某种具体的"分殊，亦即在他物内通过他物而被认知的东西"②。例如，工资的"分殊"并不是由工资自身决定的，而是存在于他物中：现实中的工人各自获得了一定数量的工资，

---

① 《马克思恩格斯文集》第 2 卷，北京：人民出版社，2009 年，第 35 页。
② 〔荷〕斯宾诺莎：《伦理学》，贺麟译，北京：商务印书馆，1997 年，ID3—5，第 3 页。

并构成了若干群体。总之,斯宾诺莎的存在论有助于我们看到实体本身(或一般概念本身)的局限,并把注意力转向它的属性和样式。

不过,我的表述较为形式化:斯宾诺莎所说的实体指的是包括人在内的整个自然(第二章第一节将详细讨论这个范畴),而我所说的一般概念要宽泛得多,任何一个整体的某个方面都可以被看作一个一般概念。这种形式化的处理有一个特别的好处:一般与特殊不是固定的,而是相对的。在前面的例子中,一般概念是工资;但若把收入作为一般概念,它的特殊表达就是工资、企业利润、利息、税收、租金等,它们的划分也不再具有量的形式,而是由合法的所有权来规定的。这些收入形式显然属于不同的阶级,而后者分布在城镇和乡村的空间中,它们的相互关系则取决于围绕收入而发生的无数斗争与妥协——合法的所有权不过是斗争与妥协的结果,而不是某种预先的规定。此外,与斯宾诺莎的存在论一样,这一切不只适用于社会领域。例如,地球表面的气候带或一个地区的物种不仅同样划分为诸多范围,展现出了形形色色的"斗争"与"妥协",而且在内部或多或少具有某种相互依赖。生态就是由一个地区的物种之间的依赖所构成的,而且这个词在社会领域中也成了常用词。

二、技术领域与社会领域

然而,人的社会性并非没有特别之处。如果说在考察技术问题时,一个人有可能也有必要把自己的偏见搁置起来,或者说站在客观的立场上[①]——这种思考方式通常叫作知性或理性[②],那么,在社会领域中就不是这样了。一旦去除了一个人身上的社会关系,他就变成了一个纯粹的灵长目动物(而且是缺乏体毛的低劣品种),根本不可能以某种

[①] "客观"指的是一种普遍的可理解性。严格来讲,在一定范围内具有客观性的东西完全有可能在外部的主体面前丧失客观性。但为了方便起见,本书中的"客观"都是就人类社会而言的,或者用惠施的话说,这是一种"至大无外"的客观性。

[②] 众所周知,德国唯心主义对知性与理性的区分十分重要,不过这里的"理性"指的是通常的用法,实际上接近于德国唯心主义中的知性。

"原初"的方式来处理社会问题；可是一旦为他加上了社会关系，他就变得局限了，变成了海德格尔所说的"在世界之中的存在"——这里的世界并不是全世界，而是他所处的特殊的世界，即由他的社会关系所构成的世界①。这当然丝毫不妨碍他突破自己原先的世界、扩大自己的经验（例如，中国工人未必对东南亚工人漠不关心，一个人的回忆也会在成长过程中延续、转变或消失）；他甚至有可能离开原来的世界，因为世界从来不是天然的忠诚对象，也不意味着某种无可摆脱的烙印。但这样一来，他无非又进入了一个新的世界。无论如何，他的视角都是本地化的，而不是客观的、神一般的。这一切不仅适用于个人，而且适用于大大小小的组织和共同体——我用"主体"一词来涵盖个人和集体。借用卢梭的句式来说，主体无往不在世界之中，或者说无往不在特殊范围之中。

总之，在技术领域中，不论主体属于何种特殊范围（例如，不论一名科学工作者是男性还是女性，来自第三帝国还是孟加拉国），相关的身份都必须仿佛不存在。换句话说，技术领域必须统一为一个总体，而各种分歧、争论乃至"科学革命"都必须在这个基础上展开，而不能否认这种总体性。最近由转基因食品引起的争论表明，"科学共同体"这个概念有时并没有得到严肃对待。但在社会领域中，特殊范围具有不可取消的存在论意义：任何主体的认知和行动都会由此受到限制，尽管其他范围并不完全是未知的，因为它们都服从同一个一般概念（如工资），而主体可能对这个一般概念有所了解。例如在马克思所设想的共产主义社会中，这种特殊范围突出地表现为某种"公社"。虽然他的出发点是人类社会，但他并没有主张某种统一的人类社会；人类是一个人所共知的一般概念，但是共产主义社会并不是某种单一的世界（按照海德格尔、巴迪乌等人对这个词的用法），而是诸多并不固定的世界。此外，主体当然可以通过幻想来使自己的认知超出特殊范围的约束。例如，欧美的工人如果丢掉了工作，有时就会对他们并不

---

① "社会关系"是一个笼统的说法，既可以用于一个世界内部，也可以用于不同的世界之间。我将在明确的语境中使用这个说法。

了解的中国工人抱有一些怪异的看法（比如中国工人"过于"勤劳），甚至抱有仇恨。

需要说明的是，技术与社会的区分并不是自然界与人的区分。与人相关的许多事情（包括生理和心理的方面）都是技术性的，必须予以客观的考察。社会领域仅仅关系到特殊的、本地化的世界及其相互关系。由于人身上同时包含了技术和社会的层面，所以技术领域和社会领域绝不可能独立存在。前者的发展水平既受到社会条件的制约，又会对社会生活产生不容忽视的影响。在这个意义上，我把人道主义界定为与社会领域直接相关的技术性的方面，特别是基本的生活需要和安全保障——人在这里是作为动物出现的（这个界定至少是与今天的许多日常用法相容的，虽然这个词在历史上有很多不同的版本）。用《德意志意识形态》的话说，"人们为了能够'创造历史'，必须能够生活。但是为了生活，首先就需要吃喝住穿以及其他一些东西"①。一个社会倘若以轻蔑的态度来对待这个"卑污"的事实，恐怕就会无以复加地受制于粗陋的技术条件。至于"自然"一词，不论从哲学史上看，还是从今天的日常用法来看，它所背负的含义都实在太沉重了。例如，尽管自然与社会经常相互对立，但与技术领域中十分有用的人工语言相比，社会领域又是由自然语言主导的。我将在明确的语境中使用"自然"一词。

同时，我所界定的技术与社会同私人与公共、系统与生活世界这两对概念有一个重要的差别。在阿伦特、哈贝马斯等学者那里，物质生产都属于私人空间或系统；但在我看来，资本主义时代以来的现代生产在根本上是社会性的，或者说体现了剩余的原则，尽管技术领域中的客观知识的确扮演了重要角色。人的社会性（无论怎么称呼）绝不在生产之外，而是越来越紧密地与生产结合在了一起。的确，资本主义生产方式非常倾向于在生产过程和整个社会生活中推行一种适用于技术领域的客观性，但这恰好意味着这种生产方式必须成为批判的对象，而生产过程和整个社会生活都是有待解放的场所（第五章将予

---

① 《马克思恩格斯文集》第 1 卷，北京：人民出版社，2009 年，第 531 页。

第一章　对剩余的初步考察

以论述）——有人说，纳粹所侵略的第一个国家恰好是德国自己；同样，资本主义生产方式所推行的某种客观性恰好首先入侵了物质生产。在生产之外强调社会、政治、伦理等维度或许是不够彻底的，因为这相当于接受了资本主义社会对生产的理解。用哈特和奈格里的话说，这种做法也许是"关于政治空间的怀旧的空想"①。詹姆逊则近乎无情地写道：

> 马克思主义缺少政治的维度——它把"经济"（这里以一种非常宽松、非常一般的方式来使用这个词）从政治中分离出来了——而这是它的一种伟大的、原创性的力量。②

这当然绝不是说马克思的政治经济学批判是非政治的，而是说政治并不是一个独立的维度。不少人抱怨说，马克思未能给出治理国家的技艺；但是借用马克思的句式来说，这样的侮辱其实是一种荣誉。不过，为了方便起见，本书仍然会使用"公共项目"等说法。

此外，技术领域与社会领域之间的界线是由社会领域决定的，因为在考察技术问题时，一旦有任何主体能够表明现有的客观性是一种偏见，自己所属的特殊范围不能被搁置起来，那么社会性就出现了。这不同于技术领域中的争论、"科学革命"等，因为后者的意图是引入一种新的客观性（当然，不少伟大的科学家所遭受的不幸是一个社会问题）。换句话说，由于社会领域中的主体必须表现出主体性，而技术领域的特征是主体性的缺乏（这里没有任何褒贬的含义），所以两者之间的界线肯定取决于主动的一方，而不是被动的一方。在今天，这条界线变动得最剧烈的地方之一大概是性关系——在这里，社会性正在不断涌现，许多曾经无可置疑的客观知识正在失去客观的地位。

---

① Michael Hardt and Antonio Negri: *Empire*, Cambridge, M. A.: Harvard University Press, 2000, p. 387.
② Fredric Jameson: *Representing Capital*, London: Verso, 2011, p. 141.

三、剩余的概念和特征

我把剩余界定为社会领域中的某个一般概念与它所包含的某个本地化的特殊范围之间必然存在的差距。这种差距并不完全是一片空白,而是由别的特殊范围构成的。例如,在本地的工人看来,外地的、外国的工人就表现为一种剩余(这绝不是说后者必定会遭到歧视,而是说后者至少在一开始并没有得到很好的理解),反之亦然。男性与女性之间、不同的性取向之间也是如此。按照《小逻辑》,对生命而言,

> 类〔按:黑格尔熟悉林奈的生物学,这里的类(Gattung)严格来讲是属,即比种(Art)高一级的分类;不过对人类来说,人属现在只有一个种,即我们智人〕的特殊化是一个主体与其类中的另一个主体的联系……这就是性别。①
> 在死亡中,类表明自身是支配直接的个别东西的力量。②

可见,如果把死亡撇在一边的话,作为一般概念的类就不会表现出支配个体的力量,性别差异则至关重要。我还可以从时间的角度举两个例子:青年马克思与成熟时期的马克思(划分两者的方式也有很多种);1930年代之前的海德格尔与1930年代之后的海德格尔——剩余的原则在这里经常得到强调。同一个文本之所以会在不同的解释者那里呈现出极其不同的哲学意义,在很多时候并不是训诂的问题,更不涉及正确与错误的差别,而是由解释者自己所处的特殊范围所造成的。

剩余的概念包含了两个要点。其一,不同的特殊范围之间的分隔是不可或缺的,尽管任何具体的分隔都有可能被拆除。借用哈姆雷特的话说,脱节是社会领域的标志。"脱节"一词仿佛带有贬义,但我试图以一种非道德主义的方式来使用它。按照海涅的回忆,他曾经在黑

---

① 〔德〕黑格尔:《哲学全书·第一部分·逻辑学》,梁志学译,北京:人民出版社,2002年,§220,第362页。
② 同上书,§221Z,第362页。

格尔面前赞美星空,不料这位巨人冷漠地说:"群星只不过是天空闪光的麻风点。"海涅忍不住反问:"难道天上没有惬意的饭店,以便人死后酬谢其美德?"黑格尔冷峻地回答道:"您会因为护理过您有病的母亲和没有毒死您的兄弟而想得到赏钱吗?"[1] 可见,在黑格尔眼中,"赏钱"(这里当然不限于天国,而是泛指任何回报,包括名声、对他人的潜移默化的影响等)与照顾母亲、善待兄弟等行为是脱节的。这一点还可以颠倒过来:恶劣的行径与惩罚也是脱节的。用黑格尔本人的话说,这里的"赏钱"不仅代表它本身,而且代表它的对立面,即惩罚。他实际上认为,这两种报应与主体自身的作为并没有必然联系,因为它们都来自别的主体。因此,以脱节为标志的社会领域在根本上并不为确定的因果所支配,或者说是不连贯的——对统治权而言,社会领域在根本上无非是一团乱象。

其二,社会领域中的特殊范围在很多时候有主流与非主流的区别。原则上,两者在对方面前都是一种剩余,但是一般而言,剩余指的是主流之外的、被压抑和被排斥的,乃至濒临灭亡的特殊范围。例如,工资的价值相当于工人按照某种方式来生活(未必十分贫困)所需的商品的价值,所以只要资本家为工人的劳动支付工资,工人就可以维持一定的生活,并继续劳动。在早期的经济学家看来(当时的工人运动还不发达),这似乎是很自然的。然而,工人在劳动中生产的全部商品所对应的价值一般要多于工资的价值,这些剩余产品和剩余价值却在早期的经济学中消失了。这正是为什么老旧的社会主义者(如约翰·斯图亚特·穆勒)主要关心的是各个阶级之间的收入分配,而不是剩余价值的生产。但是任何被压抑的东西都不会心甘情愿地消失:在资本主义生产方式中,剩余价值的生产必定会导致周期性的经济危机(第五章将予以论述)。在这样的情况下,剩余也经常被称作例外和残留,即不合常规的、"本应"消失的东西,尽管这种例外总是照例出现的,这种残留也总是不肯灭绝。

---

[1] 〔德〕海涅:《海涅全集》第12卷,田守玉等译,石家庄:河北教育出版社,2003年,第174页。

剩余的概念可以说拥有悠久的历史，甚至可以说从一开始就伴随着人类的思想，因为从古至今，思想本身往往表现为人类活动的一种剩余。在较早的时代，与生存和繁衍直接相关的活动（不论是个人的还是集体的）并不需要多少思想；另一些活动则是以某种间接的方式来为生存和繁衍服务的，例如，相当一部分战争、关于土地和天气的神话、用来维护共同体的庆典和仪式等。思想似乎只可能在闲暇中出现。亚里士多德看到，有一些"既不为生活所必需，也不以人世快乐为目的的一些知识，这些知识最先出现于人们开始有闲暇的地方。数学所以先兴于埃及，就因为那里的僧侣阶级特许有闲暇"①。结果，思想家也经常变成共同体中的剩余成员，而这不仅会使他们遭到排挤或迫害，而且会让他们有理由变得高傲；这种状况直到现代才发生变化。

由于剩余标志着主体的认知和行动的局限，所以当主体（被迫）与熟悉的世界之外的东西打交道时，或者说当不同的特殊范围相互交错、相互碰撞时，就会出现陌生的、意外的、不稳定的状况，甚至会发生冲突（关于古代社会的某种所谓的稳定性，下一节将予以考察）。前面说过，这种陌生并不是单纯的未知，而是出自同一个一般概念中的其他特殊范围。用流行文化的说法，这也许是一种"熟悉的陌生"；或者用《庄子》的例子来讲，这就是"子非鱼，安知鱼之乐"的故事——鱼与庄周并不属于同一个世界，却也没有彻底分离，而是分享了某种特别的快乐。这种陌生也不同于对客观知识的无知。对客观知识的学习和探讨在根本上并不排斥任何主体，不需要诉诸特定的社会关系。换句话说，对无知的克服是一种普遍的承诺。相反，倘若在社会领域中出现了某种普遍的"克服"陌生的方式，就只会损害社会性。例如，为了让社会生产力具有普遍的可理解性，人们就需要借助货币或权力；恋爱若要获得普遍的可理解性，就必须表现为仪式、生殖、财产协议等。

于是，主体的行动总是有可能发生伊壁鸠鲁所说的"偏斜"。只要

---

① 〔古希腊〕亚里士多德：《形而上学》，吴寿彭译，北京：商务印书馆，1995年，981b20，第3页。

第一章 对剩余的初步考察

有约束,就必定有超出约束的可能性;陌生与对陌生的突破是一体两面的。用本章开头引用的维特根斯坦的话说,"要划定思维的界线,我必须能从这个界线的两方面来思考(因此我们必须能够思考不能思考的事情)"。主体即使仍然站在界线的一边,也至少已经看到了另一边,而这足以使主体无法保持某种不受影响的状态。用拉康的术语来讲,主体所注视的对象或目标会反过来注视主体。进一步讲,任何特殊范围最初实际上都是由于突破性的行动才建立起来的,不论这一点是否得到了认识或承认。人类社会并没有给任何主体安排某种天然的、不可逾越的位置,因而在本质上,就连对一个特殊范围的从属本身也是一种突破。

由此,任何一般概念的实际处境都很难静如止水,而是始终有可能发生难以预料的转变,不论主体是否积极地参与这种转变。这也意味着主体的存在形式绝不只是适应环境(顺带一提,马克思十分欣赏的达尔文并没有简单地主张顺从环境,不过这里无法加以阐述),因为固定不变的环境根本无法存在。在极端的情况下,这种转变很可能会造成主体的死亡;更确切地说,往往只有在死亡等冲击性的现象发生之后,人们才会认识到实际处境发生了转变。这种情况类似于《精神现象学》中的一段著名的话:社会的"病情"仿佛

> 是作为一个不可见的、隐蔽的精神,悄然地逐一穿过那些高贵的部分,并且很快彻底地控制了无意识的神像的全部内脏和全部关节,然后,"在一个美好的早晨,它用肘臂推了一下同伴,稀里!哗啦!神像倒在地上"。①

总之,陌生、突破性的行动、实际处境的转变是剩余的三个特征。它们所强调的是主体的存在形式,分别关系到认知、行动和对整个现实的把握。导言中提到的适度和缺乏在这三个层面都可以找到,例如陌生意味着适当的、平常的认知被打破了,而且肯定会让人感到缺乏

---

① 〔德〕黑格尔:《精神现象学》,先刚译,北京:人民出版社,2013年,第336页。

可用的观念，甚至找不到头绪。

四、反对剩余的三种企图

每当有可能发生意外和冲突时，难免就会出现否认意外、掩盖冲突的企图。显而易见，只要把适用于技术领域的客观性挪用到社会领域，就可以"解决"一切与剩余相关的问题，因为技术领域是一个总体，而没有脱节。这种态度的代表是启蒙以来的进步主义。不过，这种追求稳定的企图实际上还有两种形式，它们恰好会否认或无视客观知识。这三种企图与剩余的原则一起构成了一个格雷马斯方阵，见图1-1。

图1-1 剩余与反对它的三种企图

进步主义要求消除本地化的约束，把（某些）主体的经验扩大到没有剩余的程度。诚然，如前所述，不同的特殊范围之间的分隔总是有可能被拆除，但这与进步主义毫无关系。进步主义是一种更加极端的意识形态，是技术领域的思考方式对社会领域的入侵。它的典范是现代科学，而且这经常被它当作一种仿佛坚不可摧的后盾。但是进步主义的背后隐藏了一种十分危险的野蛮。它必须设想一种就某个一般概念而言臻于完善的、超出了一切局限的认知，例如对工人阶级或国民财富的全面的认知；它至少必须宣称这种认知是有可能达到的。然而，这种状况实际上恰好是与一个比较贫乏、比较粗陋的社会相适应的。一个社会的内容越是丰富、越是有生气，进步主义的理想就越是空洞，因为不仅任何主体所能涉及的范围都非常有限（这种情况在真正的客观知识中也早已出现了),而且就连有限的主体本身也无法在不断变动的社会关系中保持稳定。最终,进步主义所设想的神一般的认知会表现为明显的偏见,甚至会显得十分滑稽。在某种意义上,布莱希特的名作《伽利略》在末尾揭示了进步主义的错误(这部作品当然可以从很多角度来理解)。当伽利略被迫向宗教裁判所认罪之后,他的一名学生失望地说:"一个不能产生英雄的民族真是不幸";伽利略则反驳说:"一个需要英雄的民族才不幸"。倘若一个社会推崇进步主义,它的发展水平恐怕就是不幸的。

保守主义则认为,只要每个主体安分守己地停留在惯有的特殊范围内,总体状况就可以令人满意。反之,倘若出现了较大的冲击,多半就是由于传统遭到了破坏。在很多时候,就连扩大经验据说都是有害的,只有"亲切"的东西才有意义。总之,尽管社会领域中的分隔得到了承认,突破性的行动却是不允许的,实际处境的转变更是不可容忍的。这种意识形态有双重问题。其一,在它眼中,传统既然经受了时间的考验,就应该具有某种不可思议的生命力。可是人类历史经常显得不够漫长。对一切文明来说,全球化都是非常年轻的;全球秩序——国际分工、世界货币、劳动力的全球迁移等——根本没有传统可言。尽管如此,各种各样的保守主义关于本民族和全世界总是有一大堆美妙的观点。此外,下一节将表明,各种前资本主义的社会思想很可能都包含了严重的缺陷。其二,当保守主义宣称一种惯有的状况令人满意时,我们总是必须以列宁的方式追问:这种状况"是干什么用的?是给哪一个阶级的?"[①] 例如,不声不响的工人也许会令资本家和其他统治者十分满意,充满民族狂热的工人有时也令统治阶级十分满意,等等。在很多时候,即使这样的传统根本不存在,也不妨把它们发明出来。于是,传统和霍布斯鲍姆所说的"发明出来的传统"就成了方便的统治工具。

我可以用剩余价值的例子来进一步说明这两种意识形态。假如剩余价值的生产和资本积累不具有危机倾向,价值的不断扩大就可以变

[①]《列宁选集》第 4 卷,北京:人民出版社,1995 年,第 546 页。

成一个平稳的过程——这当然是许多资本家的幻想（虽然这对投机者很不利）。这种幻想可以采取进步主义的形式：某些主体（通常表现为国家）仿佛对价值的各种特殊表达和特殊范围——即各个生产部门和消费部门——具有充分的了解，因而可以在这个基础上推行"正确"的政策。更现实地讲，这种主体可以首先把生产出来的较大比例的剩余价值聚集到自己手中，然后在各个特殊部门中间进行"合理"的再分配。这种做法经常被保守的资产阶级意识形态称作"共产主义"，于是连奥巴马总统也是共产主义者了。事实上，自 2008 年发生经济衰退以来，大多数财政援助都流向了大银行。反之，上述幻想的保守主义形式要求一切部门都按照惯例来运行。例如，据说只要工人不要企图染指"本应"属于资本家的利润，资本家就可以欣喜地看到获利的希望，从而产生投资的热情，并为工人创造宝贵的工作岗位。简言之，工人只有忍受（相对）贫困，才能避免失业。这种反动的主张毫无疑问可以给自己找到一个源远流长的传统，只要它善于筛选历史材料就行。例如，斯密被捏造成了这种观点的先驱之一，但这种神话不过是吃准了很多人不会去读《国富论》。

此外，这两种意识形态也可以相互混合。例如，现代的民族主义往往在本民族的范围内主张进步主义（比如塑造若干"贤者"，他们据说对本民族的经济、文化等了如指掌），同时又在这个范围之外以保守主义的面目出现（比如要求各民族维持"原有"的相互关系，以便维护总体的秩序或自己的利益）。一些民族主义者虽然在私下嘲讽其他民族，却伪善地对后者表示"尊重"，而这当然是为了换取对方的"尊重"，因为他们觉得所有人都与他们一样伪善。

最后，还有一种更加粗劣的意识形态，即要求所有特殊范围都尽可能地效仿某个预先设立的模板。例如，所有家庭的教育方式都应当与某个现实的或杜撰的家庭保持一致，所有国家的消费习惯都应当以某个国家为榜样，等等。这种意识形态当然与任何具体的拿来主义毫无关系。它眼中只有效仿的成功或失败、相似或不相似。就任何一般概念而言，它都只承认少数几种被奉为模板的特殊表达，蔑视乃至压制其他表达，并把诸多特殊范围当作（拙劣的）复制品。这一切就像一名不熟练的工人必定会生产出许多据说是不合格的产品一样。

总而言之，复制和进步主义都设定了一种"客观"的、全面的认知。在前者那里，这种认知不外是对模板本身的认知，因为一般概念的其他特殊表达仿佛没有资格成为认知的对象。进步主义则要求（某些）主体就某个一般概念而言拥有近乎无限的经验。相反，保守主义承认社会领域中的主体都是本地化的，却企图使它们单纯保持某种固定的形态。同时，复制和保守主义都是陈旧的意识形态，未能让适用于技术领域的客观性获得恰当的地位。进步主义和剩余则不能与伟大的启蒙传统相分离。这一切可以在前面的格雷马斯方阵中看到。

虽然我所界定的保守主义与复制有明确的差别（以统治形式为例，绝对君主制对保守主义有害，因为从绝对君主的立场来看，全体臣民都表现为同等的人；封建或割据则对复制不利，因为在没有霸权的情况下，每个特殊范围多半都倾向于维持自己的特色），但这篇论文将不会关注这一点。一般来说，我将把它们合称为愚昧的意识形态。本章第二节和下一章将较多地涉及这种意识形态。

进步主义和愚昧的意识形态并不是同等的。虽然进步主义错误地运用了技术领域的原则，未能恰当地思考社会领域的主体性，但是思想在这里不仅是可能的，而且往往是自觉的。例如，一名进步主义者也许相信人身上发生的一切都可以单纯被理解为身体的，尤其是大脑的生物化学过程，但他很可能不会抛开自古以来的社会现象、艺术作品、恋爱的经验等，而会试图以生物主义的方式来解释后者。相反，愚昧的意识形态善于背对客观知识，（装作）不知道它们对人的巨大影响。例如，今天的保守主义者有一种简直无往不利的措辞："人不能只讲技术……"然后，他们就干净利落地把技术领域撇在一边，或者任意歪曲客观知识。简言之，思想对愚昧的意识形态来说至多是少数人的专利。用一个极端的例子来讲，进步主义也许会在本质上把人当作机器或动物，而愚昧的意识形态对作为动物的人毫不了解或充满幻觉，却不仅宣称自己懂得"政治""文化"等，而且蔑视技术性的研究。

然而，进步主义是无法克服愚昧的，这一点十分紧要。进步主义所设想的某种臻于完善的认知属于德国唯心主义所说的理念：一方面，它是现有的社会不可能达到的；另一方面，现有的社会仍然以它为目的，服从它的规定和调节，仿佛地球在太阳周围无休止地旋转一样。例如，压制情欲是无数意识形态（包括不少启蒙思想）惯用的理念。显而易见，由理念统治的社会必定充满了不完善，因为理念正是为此而存在的；这会给两种愚昧的意识形态留下发挥的余地，因为它们可以用幻想和欺骗来"弥补"现实中的不完善。因此，进步主义的后果既有可能是它本身，即客观性对社会领域的入侵，又有可能是愚昧和迷信。例如，启蒙时代的机械主义无法很好地解释社会的运行，因而形形色色的胡说总是有可能乘虚而入。第五章将表明，由于资本主义生产方式是一种围绕价值的理念来运转的进步主义，所以一部分群体和地区要么停留在庸庸碌碌的水平上，难以超出单纯谋生的需要（这是被价值的生产所支配的状况），要么被种族主义、性别歧视、宗教狂热等更加低劣的观点所诱惑。

* * *

本节的基本观点可以归纳为表 1-1。

表 1-1 剩余概念的理论定位

社会领域	
剩余的原则	一般概念—特殊的表达和范围—实际处境
剩余的特征	陌生；突破性的行动；实际处境的转变
反对剩余的企图	进步主义；愚昧（保守主义和复制）
技术领域	
客观的原则	知性（或某些用法中的理性）
人道主义	基本的生活需要和安全保障，与社会领域直接相关

法国国王路易十五（或他的情人蓬巴杜夫人）说过："我死后将有大洪水（Après nous, le déluge）。"从字面上看，这句话就是"我之后，大洪水"。主流的解释认为，他说这句话是因为他对法国的未来十分担忧，却又无可奈何；当然，人们常常把这句话理解为"我死后哪怕洪

水滔天"。不论他的真实意图是什么，这个表述本身都是很巧妙的：它预言了洪水的来临，却没有给出过多的判断或评价。在这个意义上，剩余无非是"我"之外的大洪水。

第二节　过剩人口：前资本主义社会的核心问题

由于本书的主题是现代哲学和资本主义生产方式，尤其是剩余价值的生产，所以我也许有必要交代自己对前现代社会的基本看法。马克思在《政治经济学批判大纲》中写道："在一切社会形式中都有一种一定的生产决定其他一切生产的地位和影响，因而它的关系也决定其他一切关系的地位和影响"；他把这种特别的生产比喻为"普照的光"和"特殊的以太"①。在现代扮演这个角色的是剩余价值的生产和资本积累，而在古代——为了方便起见，本书将简单地把古代、前现代和前资本主义时代当作同义词——这个角色属于土地所有制。按照马克思，"在土地所有制处于支配地位的一切社会形式中，自然联系还占优势"②。但他过了好几百页才提出，对人类而言，土地和自然的支配地位最终意味着不容忽视的过剩人口，即缺乏基本的生活资料的人口（或一个社会实际养活的人口与它所生产的总人口之间的差距）。需要注意的是，这种现象在古代人的自我理解中并没有多少地位，也几乎没有进入与社会问题相关的思想。

一、技术的方面

必须预先说明的是，社会理论有一个非同寻常之处。在数学和自然科学那里，一个观点倘若是外行人容易弄错的（例如，行星的公转轨道是椭圆，这是开普勒第一定律），一般就很难以通俗的方式来论

---

① 《马克思恩格斯全集》第30卷，北京：人民出版社，1995年，第48页。
② 同上书，第49页。

证；一个外行人即使知道这个观点，实际上也只能把它作为一种信念。相反，虽然某些社会理论很容易说明，但若流行的观点是错误的、可疑的，人们也很难看破。例如，今天有一则流传甚广的神话：科举制度有效地促进了不同的社会阶层之间的代际流动。然而，一个人只要稍微了解一下科举制度，就会发现一届进士一般只有300人上下，通常是三年一届，所以一代人中大约只有数千名进士；即使他们全部是中下层出身（事实上，考中进士的下层的确不少，但这显然是另一个问题），代际流动率的增加也处于万分之一的数量级。因此，用当代的眼光来看，科举制度对代际流动的影响微乎其微（当然，意识形态家也可以在这个意义上认为，科举制度的优点恰好是既阻碍了代际流动，又让人产生了虚假的希望）。

讽刺的是，伯克在《法国革命论》中写道：

> 那些缔造古代共和国的立法者们懂得他们的事业是太艰辛了，以致不能靠并不比一个本科大学生的形而上学和一个税务官的数学和算学更好的工具来完成。①

这个说法的本意当然是民众多半困而不学，因而统治者必须以明智的、大智若愚的方式——即"一个本科大学生的形而上学和一个税务官的数学和算学"——来驾驭他们，而严肃的学说反倒容易引起麻烦。然而，科举制度的例子表明，"税务官的数学和算学"已经是一种"过度"启蒙了。对过剩人口的考察也将反映这一点。

从根本上讲，这个问题是非常简单的。至今为止的人类必须从事两种类型的生产："一方面是生活资料即食物、衣服、住房以及为此所必需的工具的生产；另一方面是人自身的生产，即种的繁衍。"② 这两个方面并没有内在联系，或者说是不同步的。同时，古代人基本上不懂得控制生育的技术。可见，人口问题不外是基本的生活资料的增减

---

① 〔英〕伯克：《法国革命论》，何兆武等译，北京：商务印书馆，1999年，第238~239页。
② 《马克思恩格斯文集》第4卷，北京：人民出版社，2009年，第15~16页。

第一章　对剩余的初步考察

与人口的增减之间的张力问题。这条思路不仅适用于一切社会，而且适用于一切生物，尽管它们很难说会从事物质生产。同时，人类的生产或多或少会受到意识形态的影响。意识形态当然不可能让生产力冲破物质上的极限，但在现实中，生产力有时远远没有达到极限，完全可以上升或下降，所以意识形态的实际作用是模棱两可的。

在这个非常基本的层面上，过剩人口的存在意味着人口的增长超过了基本的生活资料的增长。在事关存亡的时刻，食物往往特别重要，而食物的生产取决于耕地的面积和单位面积的产量；耕地的面积主要是由自然条件和开垦的技术所决定的，单位面积的产量则主要是由耕种技术决定的。可以说明的是，靠投入更多的劳动者来提高产量（如精耕细作）最终肯定是无用的，因为人均产量必然会下降，或者说劳动者的边际产出最终是递减的。因此，在一定的意识形态背景下，倘若自然条件、开垦的技术和耕种技术跟不上人口的生产，过剩人口就出现了。

在前三个问题上，前资本主义社会当然不是一成不变的。民族迁徙可以跨越许多自然条件的限制（不过这往往也是与杀戮相伴随的）。重要的技术除了较早的铁器和牛耕之外，还有灌溉、围垦、轮作、固氮作物（用现代的说法）等。在较晚的时代，土豆和红薯从美洲传到了欧洲和包括中国在内的世界各地，而这也属于技术变革，因为至少就果腹而言，它们比水稻、小麦等更加优越。不过，这些作物走出美洲的时代已经接近现代了。此外，畜牧也是利用劣质土地的常规手段。人口的生产同样有许多时间和空间上的差别。例如，中国人的婚龄大体上比欧洲人早，对女性和儿童的影响实际上很大，但是许多材料都不屑于记载，例如古代人难产的实际状况似乎是一个谜。不同的民族对战争的喜好也有很大差别，而这实际上可以成为消灭人口的一种手段。当马克思认为古代雅典的过剩人口"在我们看来是多么微不足道"[①] 时，他似乎忽略了无尽的战争对古希腊城邦的重要性，也没有想到古代雅典由于经常获胜，所以有可能直接剥夺其他人的生活资料，

---

① 《马克思恩格斯全集》第 30 卷，北京：人民出版社，1995 年，第 610 页。

并在贸易中占据优势。

　　这一切还不是"税务官的数学和算学",只能表明孟子所说的"不违农时,谷不可胜食也"(《孟子·梁惠王上》)是一种过于简单的看法,虽然围绕这句话(和相邻的几句话)出现了一大堆奇妙的想象。实在地讲,何炳棣在《明初以降人口及其相关问题》中总结说:

> 可以推测在1400年(明建文二年)前后中国的人口可能至少有6,500万,到1600年(万历二十八年)可能有15,000万左右,增加了一倍或稍多……
> 中国的人口从1700年前后的约15,000万增加到1794年(乾隆五十九年)的约31,300万,一世纪间不止翻了一番。[①]

　　这是明清两代人口增长最快的两个时期(明末清初损失了很多人口,清代中后期则增长缓慢,因为已经达到了极限)。粗略地说,明代人口在200年间翻了一番,清代则用了100年。假定在这两个时期,平均每个家庭所生育的后代并没有多少差别——这个假定十分紧要——那么明代的过剩人口显然就远远多于清代前期。换句话说,假如明代人口的增长速度与清代前期一样,人口就应该在200年间翻两番,即大约达到3亿(这并不是说明代在200年间产生了3-1.5=1.5亿过剩人口,这种想法是对几何级数的误解)。这个显著的差别或许主要植根于伦理、政治等意识形态的层面,因为自然条件、开垦的技术和耕种技术很可能变化不大,夭折、难产等情况很可能也没有什么不同。

　　我可以换一个角度:上述两个时期每30年的人口增长率是多少?计算可知,明代是13.4%,清代前期则是26.5%。如果非常粗略地把30年作为一代,那么以清代前期为例,1个人就应该在30年后"变"成1.265个人,或者说一对夫妇应该"变"成2.53个人。鉴于其他诸多因素,这或许意味着平均每对夫妇只能生育3到4个后代。这与何炳

[①] 〔美〕何炳棣:《明初以降人口及其相关问题》,葛剑雄译,北京:生活·读书·新知三联书店,2000年,第324~325页。

棣关于当时的家庭规模的看法——即每个家庭的平均人数为 5.33①——似乎出入不大②。因此，只要平均每对夫妇实际生育的后代超过 3 到 4 个，也许就会造成人口过剩。需要注意的是，这一切是从明清两代人口增长最快的时期推论出来的，因而是最乐观的情况。

  这里不妨进一步假定，1949 年之后平均每个家庭所生育的后代也与明清两代相去不远，或者说人口的生产速度与明清两代近似。当然，这段时期的技术条件是完全不同的。按照官方数据，中国人口在 1952 年大约为 5.7 亿，在 2000 年达到了 12.7 亿；可见，按照今天的技术条件和意识形态条件，人口在 50 年之内就可以翻一番（众所周知，这时还有计划生育）。假如清代前期的人口增长速度与这段时期一样，人口就应该在 100 年间翻两番，即超过 6 亿；同理，明代的 200 年应该可以达到 10 亿左右。这一切当然不是中国特色；据估计，世界人口从 1000 年到 1700 年恰好翻了一番，从 3 亿变成了 6 亿③。虽然各个民族的生育行为并不一致，但是过剩人口肯定是相当庞大的——用神话来讲，基督必须用两条鱼和五块饼来喂饱 5 000 个男人以及数量不明的女人和儿童。

  可以说明的是，大量过剩人口的存在并不必然意味着其他人的生活也十分艰辛，因为这关系到无数生产之外的因素。同时，传统农业的工作量必然比不上现代生产（包括现代农业），因为在受自然界支配的情况下，一年中的不少时候是找不到多少工作的；即使付出额外的勤劳，也只能获得很少的边际收益。不仅如此，过剩人口的存在与少数人对大量剩余产品的占有显然并不冲突，只不过即使剥削阶级生活简朴、乐善好施，也无法带来根本性的改善。

  与这一切相反，资本主义时代以来的饥饿等问题在技术上并不是

---

① 〔美〕何炳棣：《明初以降人口及其相关问题》，葛剑雄译，北京：生活·读书·新知三联书店，2000 年，第 373 页。
② 每个家庭的平均人数包括了老人，这会压缩可以负担的子女数量。同时，这个数据源自当时的官方，而在官方调查时，肯定有许多家庭还只有较少的后代，或者说还没有充分发挥生育能力；这个因素又会扩大可以负担的子女数量。这里不必求全责备。
③ Nathan Nunn and Nancy Qian: "The Potato's Contribution to Population and Urbanization", *The Quarterly Journal of Economics*, 126. 2, 2011, p.594.

不可解决的，尽管实际上向来令人极其不安。用马克思的术语来说，资本主义社会中的过剩人口叫作相对过剩人口，它的主要表现是失业者。第五章第一节将表明，这种现象的存在对于资本主义的剥削是必要的。但在前资本主义社会，人口过剩或多或少是绝对的，是现有的技术和自然条件最终无法解决的。因此，在这个问题上，只有资本主义社会才有资格成为批判的对象。例如，巴迪乌不无愤怒地说：

> 我们要花多久才能接受如下事实：足够全人类享用的自来水、学校、医院和食物所需的金额相当于富裕的西方国家一年花费在香水上的数量？[1]

由于我把人道主义界定为与社会领域直接相关的技术性的方面，特别是基本的生活需要和安全保障，所以到这里就可以看到，资本主义时代以来的生产力是人道主义的必要条件，尽管绝不是充分条件，也不是没有它自身的问题。流行的人道主义有一种浅薄的观点，即认为人道主义只具有伦理的、文化的性质，仿佛至今为止的人类不是一种动物一样。此外，现代生产力所必需的技术条件最初当然是在更早的时代产生的，而且它们的创造者和推动者往往并不知道自己完成了何等伟大的事业——这甚至也许是伟大事物的一个标志。

这里的基本观点当然与马尔萨斯和达尔文不无关联（虽然马克思厌恶前者，欣赏后者，但是达尔文肯定了马尔萨斯的贡献）[2]。作为开创者，马尔萨斯提出了不少可疑的观点，其中最严重的错误是把绝对过剩人口的生产理解为一种"自然人口规律"[3]，即适用于一切社会的规律。如前所述，不仅资本主义社会彻底改变了这条规律，而且古代的情况也是很复杂的。这是马克思猛烈攻击马尔萨斯的理由之一。此

---

[1] Christoph Cox, Molly Whalen and Alain Badiou: "On Evil", *Cabinet* 5, 2001.
[2] 清代学者洪亮吉提出过与马尔萨斯类似的观点，而且略早于后者。汪士铎则稍晚。然而，与名动一时的马尔萨斯和伟大的达尔文相比，洪亮吉和汪士铎的相关学说在热闹的清末似乎并无影响。
[3] 《马克思恩格斯文集》第5卷，北京：人民出版社，2009年，第716页。

外,马尔萨斯还就资本主义生产方式中的生产过剩问题给出了一种相当低俗的解决方案(第五章第三节会予以讨论),这也是马克思反感他的重要原因。况且,按照马克思的说法,就连生产过剩的观点也是马尔萨斯从西斯蒙第那里剽窃来的[1],只不过后者是法国人,前者是英国人,而当时英国的李嘉图等经济学家对法国理论并不了解。不过,后代很少有人赞同这个说法,例如作为英国人的凯恩斯十分推崇马尔萨斯对生产过剩问题的研究。

二、政治的方面

以上描述无非是"赤地千里"的一个稍许技术化的版本。但上一节说过,愚昧的意识形态惯于轻视技术问题,殚精竭虑地打造自身的"高贵"形象。这一点大体上当然不适用于古代思想家;他们只是未能发展出比较有效的理论,而且即使认识到了这方面的问题,在实践中仍旧是无可奈何的。例如,孔子用来形容颜回的"一箪食,一瓢饮,在陋巷"(《论语·雍也》6.9)实际上远远不是绝境;他关于统治者的道德所说的"修己以安百姓,尧舜其犹病诸"(《论语·宪问》14.45)可以说是不错的,虽然他并不知道原因。此外,作为现代政治思想的先驱之一,霍布斯对自然状态的概括——"人的生活孤独、贫困、卑污、残忍而短寿"[2]——在一定程度上也是可信的,虽然他从中引出的观点比较可疑(第二章第二节会从斯宾诺莎的角度批判自然状态学说)。只有韩非发现:

> 今人有五子不为多,子又有五子,大父未死而有二十五孙,是以人民众而货财寡,事力劳而供养薄,故民争,虽倍赏累罚而不免于乱。(《韩非子·五蠹第四十九》)

这段话决定性地胜过了《荀子·礼论》所说的"人生而有欲,欲而不

---

[1]《马克思恩格斯全集》第26卷第3册,北京:人民出版社,1974年,第51~52页。
[2]〔英〕霍布斯:《利维坦》,黎思复、黎廷弼译,北京:商务印书馆,1986年,第95页。

得则不能无求",因为它形象地解释了"欲而不得"的原因。可是它似乎并没有对后代的治理技术产生多少影响。

可是绝对过剩人口极有可能给统治者带来重大威胁。借用鲁迅的句式来讲,他们不在沉默中灭亡,就在沉默中爆发。爆发的基本途径有两条:(1)他们可以向国外迁移,例如古希腊人的殖民活动和中国人向东南亚的移民;(2)他们可以在国内引发动荡,成为统治阶级意识形态既无法理解、又无法解决的暴民(这并不是说过剩人口是这两种现象的唯一原因)。虽然这两种做法完全有可能造成许多方面的实际处境的剧烈转变,但它们的局限也是很明显的:它们无法直接推动生产技术的变革,在意识形态上往往也很难摆脱上一节所说的保守主义,即要求回到某种惯有的生活形式,特别是小土地所有制(显而易见,家庭或村庄的人口只要在安定的时期略有增长,小土地所有制和相应的意识形态就会陷入麻烦)。总之,达尔文所说的生存斗争(在这里是种内斗争)也许是一个无法回避的主题。可是一些愚昧的意识形态宣称,竞争和阶级对抗是现代的专利(诚然,资本主义生产方式所引发的竞争具有特别的形式,第五章第二节将详细论述这一点),甚至只是马克思、毛泽东等人的一种褊狭的立场,而古代据说即使有暴民,"归根到底"也是崇尚安定的,因为某种家庭伦理仿佛可以抑制犯上作乱的"欲望"——这种观点实际上是命令过剩人口永远沉默下去。当然,这是毫不意外的。

这还不是暴民问题的全部。之前引用的明清人口的数据都出自最好的时期,而这显然屈从于《老子》所说的"反者道之动":它们是与糟糕的时期相邻的,只不过在愚昧的意识形态看来,前者代表了某种善或规范,后者则被树立为良民的敌人(一般而言,思想衰弱的一个明证就是把善与恶的对立作为基本的立脚点)。可是两者似乎是互为因果、交替出现的。何炳棣就此感叹说,清代的衰亡(尤其是太平天国)和民国的艰难居然源于"作为人口增长的推动力之一的康熙、雍正的'仁政'",这实在是"很大的历史嘲弄"[①]。更一般地讲,这无非是一

---

① 〔美〕何炳棣:《明初以降人口及其相关问题》,葛剑雄译,北京:生活·读书·新知三联书店,2000年,第322页。

种普遍的原理：在一个由诸多相对独立的部分所构成的整体中，长期趋势总是通过短期振荡来体现的（比如海洋的潮汐、白细胞的数量、市场价格、一个人的情绪等；当然，愚昧的意识形态喜欢大谈"有机性"、嘲笑机械运动）。

但是抽象地讲，当人口过低时，寻常的治理也足以促成勤劳和富庶；当人口过高时，根本没有人可以挽狂澜于既倒。在一定限度内，这种对时机的讲究似乎正如孟子所说，"圣，譬则力也。由射于百步之外也，其至，尔力也；其中，非尔力也"（《孟子·万章下》）。今天的金融工作者经常自嘲说，什么时候能在股市上赚钱？只有在随便谁都可以捞一把的时候，才可以赚钱——所以重点是大势，是时机。这个说法当然过于夸张，但它在原则上要比单纯主张规范和理想的意识形态优越得多。后者忙于从历史中寻找伦理的、政治的经验和教训，比较各个时期的得失，却根本不了解社会兴衰的一个关键原因。

进一步讲，大量意识形态或多或少都处于暴民的阴影下，或者说都以除暴安良为最终目标（用流行文化的说法，这种思考方式叫作"总有刁民想害朕"）。例如，许多所谓的人性学说都把（下层）民众的特征概括为贪欲，或者宣称他们具有某种先天的缺陷，或者表现出一副痛心疾首的、对人类倍感失望的样子。在今天，愚昧的意识形态往往觉得资本主义时代无非是舍弃了"古人"的高贵，让庸人得以横行——顺带一提，愚昧的标志之一就是用"古人"来指代某些古人，用"国外"来指代发达国家，等等。这种观点的流行本身恰好是庸人在当代四处出没的明证。在前资本主义的条件下，民众当然有理由卑鄙、胆小、狡猾、软弱，因为如前所述，他们即使在最好的时期也未必能避免沦为过剩人口。从达尔文主义的角度看，道德堕落也许在总体上有利于生存斗争，高贵则注定是罕见的。这在原则上与不少现代人单纯忙于生计是一样的，只不过现代的情况比较人道——只要庸庸碌碌地工作，至少就可以免于赤贫（但是贫困的失业者仍然是必不可少的，第五章第一节会予以论述）。总之，虽然愚昧的意识形态惯于宣称大部分民众和现代人没有能力接近伟大的心灵，但它们自己从来不屑于接近渺小的心灵，不屑于知道低贱和暴乱是怎样生产出来的（即使就宗教而言,这种"高贵"的自恋也背离了任何一种高级的宗教),所以只能成为统治者的工具。更尖锐地讲,即使是一些最伟大的心灵也未能确切地理解人口过剩和暴民,而这当然无损于他们的伟大,只不过在当代制造了一批又一批教条主义者。

同时,愚昧的意识形态还发明了无数种单纯巩固稳定和顺从的手法;这尽管无法在现实中消除暴民,却可以在意识形态中使后者永远成为恐怖的、不可理解的对象。例如,据说暴民(和现代人、"西方人"等)是某种低于"人"的东西,而"人"必须顺从。到了今天,意识形态家仍然不能理解马尔萨斯、达尔文等人所开创的理论(因为这种理解在很多时候相当于自取灭亡)。这种对稳定和顺从的极度强调甚至企图支配自然界:意识形态家向来善于在自然界中筛选出某些平衡和稳定的倾向,并把相反的情况当成偶然的干扰或人为的破坏。他们之所以迫切需要一种关于自然界的神话,不过是为了诱导民众相信某种统治形式也应该保持稳定。因此,如果说资本主义生产方式包含了一种高调的、明目张胆的人类中心主义,那么愚昧的意识形态就要伪善得多:只要首先把统治者对稳定的欲望"升华"为自然界的本性,或者借用伊壁鸠鲁的话说,把统治者的"意见强加于众神"[①],接下来就能以"谦逊"的姿态屈服于自然界或神明了。这种对自然界的"敬重"当然是一种卑劣的自私和无知。最近,地质学家丁仲礼的一次电视访谈受到了很多关注。他简明地说,地球温度比现在高十几度的时候有的是。地球二氧化碳的浓度比现在高10倍的时候有的是。地球都是这么演化过来,毁灭的只是物种,毁灭的是人类自己。所以是人类如何拯救人类,不是人类如何拯救地球。

借用海德格尔的句式来讲,这无非意味着"自然自然化",或者说根本没有某种固定的、合理的自然界。可悲的是,由于资本主义社会严重地破坏了自然界,愚昧的观点就趁机获得了力量。这里的逻辑是所谓的"敌人的敌人就是朋友":只要攻击资本主义社会对自然界的统治和漠视,就很容易赢得不少赞同。

[①]《马克思恩格斯全集》第1卷,北京:人民出版社,2002年,第12页。

在我们的时代,所有这些意识形态已经变成了"文化"。虽然本书无法探讨"文化"一词的含义,但它无论如何都不可能是动物性的,因而必须排除所有围绕生存斗争而产生的观念,否则就会遭到扭曲和操纵。因此,一个人倘若对人作为动物所具有的特征缺乏基本的了解,就没有资格装出一副更高的姿态来谈论文化——前面提到,划分界限总是意味着跨越界限,所以不知道动物性的人同样不知道社会性,对机械运动一无所知的人也不可能把握有机体的特性。在我看来,这些"文化"的反对者有时也没有站在合适的立场上。例如在中国,19世纪以来,尤其是"五四"以来的不少观点并没有以唯物主义的方式来考察人道主义问题。它们仍然把自封为传统文化的治理技术作为文化来攻击,而不是揭穿其中的动物性;这既妨碍了这种必要的攻击本身,又妨碍了严肃的文化研究,甚至对文化本身造成了不小的损害。

最后,这一切还包含了一个极大的讽刺:与社会问题相关的古代思想(包括民众的各种观念、想象等)如果是不切实际的,在原则上反倒有可能具有当代意义;反之,在古代行之有效的社会思想(包括最无耻的欺骗和威胁)完全可能有一部分是与绝对过剩人口的生产相适应的,所以才经受住了时间的考验。从人类延续的立场来看,后者或许恰好是必要的。例如,一个曾经的共同体假如没有父权制、蒙昧主义、排外主义等,说不定就会在生存斗争中陷入困境——它们本身的愚昧曲折地反映了生存斗争的残酷。在某种意义上,它们是一种伟大的愚昧。但按照《形而上学导论》,"如果是伟大的东西,终结也是伟大的……只有平常理智和渺小的人才会设想伟大的东西是无限持续的并将这种持续视为永恒"[①]。显而易见,如今的愚昧和迷信只懂得主张后一种观点。

就此而言,王守仁有一段意味深长的话。在证明爱有差等时,他并没有诉诸浅薄的教条主义,而是设想了一个场景:"至亲与路人同是爱的,如箪食豆羹,得则生,不得则死,不能两全,宁救至亲,不救

---

① 〔德〕海德格尔:《形而上学导论》,熊伟、王庆节译,北京:商务印书馆,1996年,第17页。

路人，心又忍得。"(《传习录》第 276 条)这里关键并不是王守仁所给出的答案("宁救至亲，不救路人")，而是这个场景的存在本身：至亲和路人同时挨饿绝不是一起偶然事件（比如庸俗文化中的母亲和老婆一起落水的问题，或者庸俗伦理学中的火车司机应该撞死一个人还是五个人的问题），否则就不应该用来说明一个在王守仁等人看来至关重要的观点。更一般地讲，按照他的思路，至亲与路人（以及两者中间的其他层次）之所以有分别，在根本上就是因为一个人在紧急状态下据说必定会偏向至亲（或较高的层次）。倘若紧急状态很难出现——倘若"箪食豆羹，得则生，不得则死"并不属于绝大多数人的经验——爱的差等就根本不会有系统性的、强制性的表现了；它至多只会作为一种偶然现象而存在。反过来讲，一个人倘若以王守仁的方式（或者以较为粗劣的方式）坚持认为爱的差等是一种强有力的规范，实际上就是相信紧急状态的可能性是挥之不去的。这种信念只有两种实现方式：(1) 回到某种以绝对过剩人口为基础的社会；(2) 拥护全球资本主义，因为这里毕竟有相对过剩人口。在这两种情况下，人们不论是否经历过饥饿，都倾向于明智地考虑到它的可能性。

三、存在论的方面

在今天的中国，愚昧的意识形态有一堆美妙的观点，例如认为大家庭等组织形式具有"典型"的地位（这些意识形态的反对者有时恰好也只是把矛头对准了大家庭，仿佛它的确曾经具有主导地位一样）。如前所述，清代每个家庭的平均人数为 5.33；更一般地讲，按照何炳棣（他的依据是历代官方的统计，但他丢弃了一些他认为不可靠的数据），每个家庭的平均人数自两汉至民国从来没有达到 6；他还特别提到，"尽管上层社会以大家庭著称，但它们的数量在中国历史上的任何时期都是微不足道的"[①]。可见，愚昧的意识形态不过是把微不足道的

---

① 〔美〕何炳棣：《明初以降人口及其相关问题》，葛剑雄译，北京：生活·读书·新知三联书店，2000 年，第 373 页。

现象当成了"典型"(至于它们自己是否知道真相,则很难揣测)。这样的花招在今天确实很典型:例如在媒体上,"典型"的未婚女性拥有某种形象,"典型"的已婚女性则拥有另一种形象,等等——但这些形象不外是幻想的对象,而且一些愚昧的意识形态恰好致力于把这些形象改成别的模样。但无论如何,从过剩人口的角度看,历史叙述中的"典型"意味着什么?

一般来讲,这里必须援引本雅明:庸俗的历史作者只会同情胜利者,从胜利者的立场来撰写历史①。被历史遗忘的一切,即胜利者不愿看到、不能看到的一切,仿佛是一种无可察觉的废墟。从剩余的角度看,作为例外和残留的剩余在这里占据了主导地位。本雅明进一步指出:"被压迫者的传统告诉我们,我们(按:指被纳粹迫害的犹太人)生活在其中的所谓'紧急状态'并非什么例外,而是一种常规。"② 换句话说,胜利者、庸俗的历史作者、遗忘和废墟都会不断被再生产出来,因而被压迫者所面临的威胁实际上是不断重复的。在这个意义上,大家庭尽管只是极少数,却作为胜利者被愚昧的意识形态树立成了"典型"。同样,中医的某些"支持者"(对中医而言,没有什么东西比这些人更加有害了)宣称,中医拒绝以"现代"的方式把人看作抽象的、匿名的个体,而是具体地、针对性地服务于每一个人。这句话的实际意思是,某些中医的门诊不像一般的门诊那样只有两分钟,而会持续三个小时;所以这最终意味着一个人如果付不起成千上万的费用,就活该受困于抽象的、机械的"现代性"——但是愚昧的意识形态只会把具体和亲切奉为"典型"。

生存斗争也许会使上述观点具备一种特殊形式:庸俗的历史作者倾向于同情在生存斗争中活下来的人;这些人即使不是统治者,也确实可以说是胜利者。在这里,"典型"变成了活人及其生活形式(如前所述,这些生活形式也许渗透了对稳定和顺从的极度强调,因而最终是被除暴安良的需要所决定的)。历史叙述的字里行间与其说是鲁迅所看

---

① 〔德〕本雅明:《启迪》,张旭东、王斑译,北京:生活・读书・新知三联书店,2008年,第268页。
② 同上书,第269页。

到的"吃人",不如说是"活人":只有活人才会说话、才可以成为统治的对象(巧合的是,这些活人大概有相当一部分是本章开头所说的"死人")。每当有人说起古代的"中国人""希腊人""犹太人"时,如果我问:哪一些?活人还是死人?这对庸俗的、伪善的历史作者来说似乎是很怪诞的。例如,他们关于明代社会(这里不考虑其他方面的问题)的印象从一开始就不是一个用了200年才使人口翻一番的社会——如前所述,这与清代前期也有显著的差距,更不用说1949年以后了——却在幻觉的基础上"终日营营",制造出一大堆"无根之木,无源之水"(《陆九渊集·与曾宅之》)。借用孔子的句式来讲,这里的基本欲望不外是"活活、死死":只有作为"典型"的活人才存在,死人则不存在。

于是,现代的社会革命(马克思有时会区分社会革命与政治革命,但这篇论文所说的社会革命是一个泛指)也变得难以理解了。诚然,就人道主义而言,1789年以来的历次革命留下了深重的教训,但是愚昧的意识形态至今也丝毫不过问过剩人口的状况在革命前后的变迁,只懂得计算革命所造成的明显的伤害。对过剩人口的无视反映了这些意识形态的存在论的极限,而"伏尸百万,流血千里"(《战国策·魏策四》)反映了它们的数学能力的极限。马克·吐温则写道:

> 一个城市的墓地就足以容下短暂的恐怖(按:指雅各宾专政)所带来的棺材,有人一刻不停地教我们大家要由于这次恐怖而感到战栗和哀伤;但是整个法国都难以容下那种更加古老而真实的恐怖所带来的棺材,那种恐怖的严峻和丑恶难以言说,但我们还谁都没有学会如实地看穿这种巨大而可怜的恐怖。①

为了消灭一种"更加古老而真实的恐怖",即绝对过剩人口的生产,革命不幸让"一个城市的墓地"塞满了棺材,让愚昧的反革命回

---

① 转引自 Slavoj Žižek: *Living in the End Times*, London: Verso, 2010, 第387页。

味无穷。这在一定程度上是《庄子》所说的"彼窃钩者诛，窃国者为诸侯"的另一个版本：建立在绝对过剩人口之上的统治成了美妙的传统（用20世纪的例子来说，法西斯主义的许多神话正是从古代挑选出来的，而且这种做法绝非偶然；愚昧的意识形态惯于指责现代技术导致了毒气室，却居然可以忘记日本法西斯的很多暴行并不依赖于先进的技术——事实上，这种思想衰弱的情况在愚昧的意识形态那里是毫不意外的），革命则成了罪恶的化身，尽管革命的目的远远不是"窃钩"。当然，这并不说社会革命在当前仍然是对抗愚昧的有效手段。

第三节 剩余价值：资本主义社会的核心问题

过剩人口尽管曾经至关重要，却几乎没有以哪怕是隐含的方式进入古代人的思想，因而也很难用来解释古代人的行动。剩余价值则不然。自马克思以来，它在现代思想中已经占据了不容忽视的位置。这个词甚至进入了日常用语，例如指加班、返聘等。正是由于剩余价值在资本主义生产方式中的突出地位，本章第一节所说的剩余的三个特征——陌生、突破性的行动、实际处境的转变——才不仅成了人们习以为常的现象，而且逐渐塑造了诸多全新的文化形式。本节将对这些现象做一些描述（这里暂且不分析价值的概念，所以不妨简单地把价值与价格当成一回事），第五章则将详细分析马克思的价值理论。

可以预先说明的是，马克思在《政治经济学批判大纲》的"导言"中指出，"比较简单的范畴，虽然在历史上可以在比较具体的范畴之前存在，但是，它在深度和广度上的充分发展恰恰只能属于一个复杂的社会形式"[①]。例如，劳动也许是一个非常简单的范畴，但只有到了资本主义时代，人们才有可能认识到这个范畴的实际表现是极其丰富的，而这种认识在较早的时代是不容易出现的。这也许同样适用于剩余：抽象的剩余概念只有通过它的一个非常晚近的特例——即剩余价值——

---

① 《马克思恩格斯全集》第30卷，北京：人民出版社，1995年，第44页。

才能具备强烈的现实意义。假如没有这个历史性的特例，当代哲学也许根本就不会发展出剩余的概念。正如华兹华斯所说，"儿童是成人的父亲（The Child is father of the Man）"——概念的某个特例反倒在现实中孕育了概念。

一、陌生

陌生直接蕴含在剩余价值的基本规定中。按照马克思，如果生产者运用一定数量的预付货币 G 所生产的商品在出售之后为他带来了更多的货币，即 $G + \Delta G$，那么 ΔG 就是剩余价值[①]（在这里，剩余价值是从资本家的立场来界定的，因而表现为资本的增量；本章第一节提到，它其实是工人所生产的全部价值中超出工资的部分）。因此，生产者在最初投入货币时，肯定会估计自己将来可以获得多少剩余价值；他必须面对一个未来的时间范围。在资本主义生产方式中，这通常意味着他必须预先向货币所有者（如银行）描绘自己获利的前景，以便借到足够的货币。简言之，剩余价值是一种对未来的判断和对未来的要求。不仅如此，资本主义生产一般还需要有连续性。于是，生产者最初的预期就变成了 $G + \Delta G_1 + \Delta G_2 + \cdots$（当然，每一期剩余价值都要按照利率来折算）——这个序列仿佛是无穷无尽的。在发达的资本主义社会中，资本家可以在不同的部门与国家之间来回穿梭，以求使这个序列无休止地延续下去。但无论如何，他或其他任何人都不可能对未来的剩余价值有十足的把握；挥之不去的风险总是有可能使他面临陌生的状况，不论最终结果是喜是忧。

虽然自古以来的商人、冒险家乃至赌徒也会遇到风险，但若把资本家与这些发财的角色等量齐观，或者把资本主义社会视为一种商业文明（这种看法相当流行，仿佛由于发达的商业与资本主义生产方式相伴随，前者就成了后者的本质），那是很浅薄的。单纯的贸易、劫掠和赌博有一个共同点：它们并不创造新的价值，只是把现有的价值从一

[①]《马克思恩格斯文集》第 5 卷，北京：人民出版社，2009 年，第 176 页。

个人手中转移到另一个人手中，尽管转移的方式各不相同。诚然，当一种转移价值的行为初次发生时（例如，当一个封闭的村庄第一次见到行商时），这的确有可能给价值的生产带来温和的或剧烈的变化，尽管行商自己仍然不是生产者；但只要最终形成了新的平衡，变化就终止了（例如，行商每年来两次，买卖的货物也大致相同）。在平衡的情况下，只要少参与冒险的活动，就可以停留在熟悉的世界里。由此，不同的文化也可以相互分离：航海家也许更加喜欢风浪，农民则更加留恋土地，等等。

相反，由资本家推动的剩余价值的生产却在短短数百年间创造了惊人的价值，并按照资本主义的面貌彻底重塑了社会的方方面面。结果，几乎整个社会都变成了乌尔里希·贝克（Ulrich Beck）所说的"风险社会"。例如，工人同样会不断遇到上述陌生的状况。我可以后退一步，假定一名工人拥有稳定的工作和丰厚的工资，大体上也很享受他的生活。于是，他多半会进行一些储蓄或投资，而这些资金会被用于剩余价值的生产。既然这种生产是充满风险的，这名工人就不太可能总是获得令人满意的利息或投资回报。马克思在类似的意义上指出，在资本主义时代，"不懂资本便不能懂地租"[①]。即使只考虑农业用地，土地的肥力和位置也必须用资本的眼光来理解：肥力可以在资本的干预下得到改良（这当然也有可能产生副作用），位置则是相对附近的生产单位和消费单位而言的，而这些都会受到资本的影响。于是，地租也不得不面临由剩余价值的生产所带来的风险。在一个总体性的"风险社会"中，流行文化不仅不排斥陌生，而且把陌生变成了一个活跃的要素。

然而，当风险变成实际的损失时，特别是当危机发生时，资本主义社会的应对方式倒是令人相当熟悉的。用哈维的话说：

> 目前的制度结构不仅有分散风险的天才，而且有不对称地分散风险的天才：它可以确保为价值丧失付出代价的在大多

[①]《马克思恩格斯全集》第 30 卷，北京：人民出版社，1995 年，第 49 页。

数情况下是那些最没有承受能力的人。①

一个人如果不能以经济的或政治的方式成为统治阶级的一员,就很容易在危机中遭遇惨重的损失。在这里,资本主义社会的问题恰好不在于它包含了太多的"不安定和变动"②,仿佛令人无所适从,而在于它仍然过于稳定——让一些阶级大体上高枕无忧,并让另一些阶级承担伤害。当许多人感叹这个时代变幻无常、难以捉摸时,我们有时很难分辨他们究竟是要表达字面的含义,还是在抱怨自己蒙受了"意外"损失(比如在股市暴跌时赔钱了)。如果是后一种情况,那么这种想法或许恰好颠倒了事实:这种损失在总体上是不意外的。在如今的全球资本主义当中,这一点也适用于国家。相对较弱的国家在重大的灾难面前——比如 20 世纪末的东南亚金融危机和当前的欧洲债务危机——注定是无力抵抗的。这一切在怀旧的意识形态那里遭到了忽视,虽然这些意识形态有时很受欢迎。

由此可见,剩余价值并没有完全按照剩余的原则来运作。一旦资本家阶级受到了威胁,某种与阶级统治相适应的客观法则就会占据支配地位。换句话说,价值的不断扩大、资本的不断积累是不容违抗的。这是剩余价值对剩余的扼制。

二、突破性的行动

突破性的行动在当代是非常显眼的。这不能单纯被看作人身上潜在的某种创造力的实现,因为任何一种实现所需的"外部"条件都不是偶然的或次要的,而是内在的、本质性的。正如黑格尔在《小逻辑》中所说,若要考察现实,就绝不能把内部与外部分离开来③。事实上,资本主义世界中发生的许多突破性的行动都与剩余价值的生产密切相

---

① David Harvey:*The Limits to Capital*,London:Verso,2006,p. xxvi.
② 《马克思恩格斯文集》第 2 卷,北京:人民出版社,2009 年,第 34 页。
③ 〔德〕黑格尔:《哲学全书·第一部分·逻辑学》,梁志学译,北京:人民出版社,2002 年,§141,第 263 页。

关。马克思是通过相对剩余价值的概念来阐述这一点的。在马克思那里，通过延长工作时间来生产的剩余价值叫作绝对剩余价值。这种做法的局限性是显而易见的：工作时间的延长不仅有自然的限制，而且会损伤工人的健康，从而在长期导致不良的后果（现在也能看到这种现象）。相反，相对剩余价值意味着在一定的工作时间内使同样的工人生产出比原来更多的剩余价值。于是，资本家必须利用新技术，并采取新的组织和管理形式。用《共产党宣言》的话说，"资产阶级除非对生产工具，从而对生产关系，从而对全部社会关系不断地进行革命，否则就不能生存下去"[1]。与相对剩余价值相联系的突破在资本主义社会中不仅向来十分常见，而且不断使这个社会获得了新的活力。例如，1920年代以来的福特主义强调的是大众消费，而新的工艺和信息技术让更加个性化的消费具备了现实的可能性，这种倾向一般叫作后福特主义或认知资本主义。

　　进一步讲，我们现在还可以看到一种更加独立、更加自律的突破性的行动：一些投资者会资助若干前景尚不明朗的研究项目，在一定程度上任凭研究者做他们想要做的工作。这当然不是因为这些投资者放弃了对剩余价值的追求，而是因为他们正确地发现，能够为技术和组织带来革命的研究项目基本上是无法预先识别出来的。很多年前有一个笑话说，苏联总统有100个经济学家，其中有一个能够解决苏联的经济问题，可是总统不知道这个经济学家是谁；在这里，投资者面前有100条革命的道路，其中有一条可以产生巨大的剩余价值，可是投资者不知道这是哪一条。于是，为了引发这样的革命，或者至少不被他人所引发的革命彻底抛弃，就必须广泛资助各种研究和试验，让研究者享有高度的自由，并指望其中的某个项目会带来惊喜——这是"一将功成万骨枯"的现代版本。

　　诚然，并不是所有突破性的行动都涉及剩余价值的生产，但若没有后者，或许人类就不可能像今天这样不仅在生产中，而且在整个社会生活中推崇尝试和创造。尼采在《善恶的彼岸》中提出，新的、自

---

[1]《马克思恩格斯文集》第2卷，北京：人民出版社，2009年，第34页。

由的哲学家必须敢于"尝试"①；这也许的确适用于后来的许多哲学家，但是尼采似乎并没有发现，他本人的这个想法不仅植根于他所处的社会，而且反映了这个社会的一种普遍要求——敢于尝试的人远远不只有哲学家。哈特和奈格里认为，熊彼特所描绘的追求创新的企业家精神——他把这视为资本的生命力之所在——与"一种尼采式的个人英雄"②是高度一致的。这种对突破的强调甚至变成了一种强制。借用伏尔泰的句式来说，就算突破性的行动并没有发生，有时也需要装模作样地把它制造出来，以便吸引投资，或者至少获得承认，因为在一个崇尚突破的环境下，相对迟缓的人也许容易感到压抑。在我看来，哈特和奈格里虽然很好地阐述了一种社会性的、共同的创造，却没有注意到这种强制。

但无论如何，在资本主义社会中，突破性的行动终究要以追求剩余价值为目标。倘若这样的行动最终无法带来足够多的价值，就意味着失败。前面所说的广泛的资助则是在总体上避免失败的一种办法。从资本家的角度看，突破性的行动毋宁说只是扩大价值的一种有效的手段，是詹姆逊所说的"消逝的中介"：一旦完成了自己的任务，它就显得毫无意义了。于是，许多意识形态似乎忘记了突破性的行动是以未来为导向的、无法预先评价的，反而把它当成了一块现成的踏板，仿佛它"本应"让价值得以扩大。例如，自由市场的拥护者关于能源短缺有一种广为流传的看法：如果石油、天然气等确实不够了，它们的价格就会上涨，而这会促使企业把更多的资金投入新能源的研发，因为机会成本降低了。这样一来，新能源据说最终就会面世，让人类（的一部分）免于能源短缺，并让剩余价值的生产得以延续。这里有一个神奇的跳跃：投资仿佛必然会导致预想中的成果。另一些人不信任市场，认为国家必须积极推进新能源的研发。显而易见，这里出现了同样的跳跃。我当然不是要评论相关的研究本身，而是说这些"自然"

---

① Nietzsche: *Beyond Good and Evil*, Cambridge: Cambridge University Press, 2002, p. 39.
② Michael Hardt and Antonio Negri: *Commonwealth*, Cambridge, M. A.: The Belknap Press, 2009, p. 297.

的想法表明，突破性的行动在资本主义社会中处于一种从属的、工具性的地位，是为价值的不断扩大服务的。

类似的意识形态也存在于在文化产业中。为了让人们获得享乐（从而让人们支付货币），文化产业需要创造无数至少看上去有意义的东西。一方面，不同的意义完全有可能是独特的，相互之间具有本质的差别，例如听音乐会不同于在商业街上散步；另一方面，所有这些产品都试图给主体带来日复一日的享乐，使他在精神上尽量保持一种满足的状态，或者至少保持某种"健康"。这绝不是说这些产品必定是庸俗的；怀旧的人之所以喜欢持有这样的观点，是因为他们对庸俗与优雅的理解本身就是庸俗的。例如，莫扎特有一部作品名叫"舔我的臀部（Leck mich im Arsch）"，据说撒切尔夫人在得知这个事实和莫扎特的其他一些事迹之后表现出了强烈的惊讶和抗拒。上述两个方面当然是相互补充的：只有通过具体的、丰富的意义，才能持续产生享乐，并促进相关的消费，正如只有形形色色的新技术和新的组织形式才能确保不断带来剩余价值一样。简言之，资本主义时代的享乐绝不是某种机械的满足，而是以真正的创造为基础的，可是它不得不服务于剩余价值的生产。

三、实际处境的转变

实际处境的转变在今天绝不是零星的、边缘化的现象；流行文化甚至经常把"改变世界"等说法作为口号来使用，与此相反的怀旧也成了一个常见的主题。似乎正因为如此，这一切很容易被笼统地理解成"一切等级的和固定的东西都烟消云散了，一切神圣的东西都被亵渎了"①。但这一点也许可以更加确切地来思考。例如，马克思的剩余价值学说经常被当成一种关于有效需求不足的理论（第五章第三节还将更加系统地论述这方面的问题）。这只有在一种比较简单、比较老旧的情况下才是正确的。在这里，工人必须用自己的工资来购买商品，

---

① 《马克思恩格斯文集》第 2 卷，北京：人民出版社，2009 年，第 34~35 页。

因而他们所能提供的有效需求的总量不可能超出工资的总量。可是他们既然生产出了比工资更多的价值，就无法为超出的部分（即剩余价值）所对应的商品提供有效需求了。如果资本家自己也无法把这些商品消耗掉——这在发达的资本主义社会中可以说是必然的——就会出现有效需求不足的问题。一般认为，这可以很好地描述1929～1933年的大萧条。

可是在这个例子中，消费部门只有资本家和工人，消费手段也只有直接的货币支付。我们在这两个方面都可以举出不同的情况。在殖民主义时代，消费部门显然还包括广大的非资本主义世界，它们可以用金银等手段来购买资本家在本国卖不掉的商品。但为了使这样的消费成为可能，资本主义世界就必须与非资本主义世界建立一定的经济关系和政治关系，必要时或许还要诉诸武力。消费手段也可以从金银和纸币变成信用货币。工人如果获得了消费信贷——特别是在购买住房、汽车等大宗物品时——工资的限制就暂时消失了。最近几十年来，以信用为基础的消费在资本主义社会中越来越盛行；但是众所周知，2008年开始的衰退主要就是由这种消费模式导致的，而这与80多年前的大萧条非常不同。同时，美国向中国等制造业大国欠下的巨额国债也是一种前所未有的支付方式，而且引发了诸多意识形态和政治运动，例如美国工人自我保护的运动。可见，为了让生产出来的剩余价值得到实现——这是唯一的限制，却也是至关重要的束缚——资本主义社会已经制造了一大堆历史。

实际处境的不断转变还蕴含了一个十分关键的理论意义：它实际上指出了边际分析的局限[①]。边际主义的代表人物之一、奥地利经济学家庞巴维克（Böhm-Bawerk）举过一个很基本的例子[②]。一个农民收获了五袋谷物，前四袋用来满足吃饭的需要、饲养家禽和酿酒，第五袋则用来喂养鹦鹉。倘若损失了一袋谷物，他就会放弃可爱的鹦鹉（这时，鹦鹉所带来的快乐就成了边际效用）；倘若再损失一袋，他就无法酿

[①] 这里的观点受到超边际分析的创始人杨小凯的启发。
[②] 〔奥〕庞巴维克：《资本实证论》，陈端译，北京：商务印书馆，1983年，第168页及以下各页。

第一章 对剩余的初步考察

酒；然后他还可以放弃家禽。换句话说，鹦鹉的效用对他而言是最低的，酒和家禽则更高。因此，只要给定谷物的数量，他就可以按照效用的高下来支配这些谷物。更抽象地讲，只要给定一种资源（它的总量记作 R）和这种资源的若干用途，再给定经济主体从每种用途中可以获得的效用函数 $u=f(r)$，即投入这种用途的资源的量 r 与他从中获得的效用 u 之间的对应关系，我们就可以得到方程组 1.1。当然，这位经济主体是很理性的，或者说"满脑袋都是生意经"[①]，所以他肯定会追求总效用 $u_1+u_2+\cdots$ 的最大化。拿破仑时代的法国数学家拉格朗日已经发明了用偏微分方程来求解这个最大值的方法。由此，配置资源的最佳方式也就可以确定了。

方程组 1.1

$$\begin{cases} u_1 = f(r_1) \\ u_2 = f(r_2) \qquad \text{这是全部效用函数}\\ \cdots \\ R = r_1 + r_2 + \cdots \qquad \text{这是资源的总量} \end{cases}$$

当然，人们在现实中经常无法准确而及时地写出效用函数，有时甚至根本写不出来（例如，王徽之星夜坐船拜访戴逵，抵达时却又决定立刻回家），但这只是一种消极的限制，或者说只能降低边际分析的精确性，而不能动摇边际主义的支配地位。在我们的时代，对理性的控制感到不满的人经常宣称，理性既然缺乏终极的精确性，就是不可靠的、低劣的——仿佛只要世界上有几只黑天鹅，人们心目中的白天鹅就被染成了灰色一样。况且，效用的概念仅仅适用于消费过程，它在生产过程中对应于生产要素的报酬，而报酬函数一般是比较容易确定的，因为生产一般比较有纪律。因此，边际分析确实是一种很有价值的应用数学。

边际分析的真正局限是它在计算之前必须给定一系列前提，即资源的总量和若干种效用函数。它只有在这些前提之下才能发挥自己的

[①] 《马克思恩格斯全集》第 45 卷，北京：人民出版社，2003 年，第 133 页。

力量，但它并不过问这些前提，而是把它们当作先天的、外生的条件。用庞巴维克的例子来说，一旦这个农民不再种植谷物，而是决定养羊，或者一旦他开始利用消费信贷，那么上述方程组就会改变。更简单地讲，一旦这个农民的收成大幅度增加（庞巴维克仅仅考虑了收成降低的情况），这个方程组就无法保持原样了，因为他必须为谷物寻找新的用途，甚至会改变自己的生活方式。当然，边际分析在新的处境下仍然可以发挥作用（它会遇到前面所说的消极的限制），但是整个处境的转变对它来说始终是外在的。更抽象地讲，边际分析的局限植根于微积分的局限：微积分必须以既有的表达式为基础，却无法考察后者的形成和转化①。

因此，既然剩余价值的生产在资本主义生产方式中会无休止地引发诸多方面的实际处境的转变，边际分析的局限就会不断表现出来。济慈的墓志铭十分有名："一个把名字写在水上的人在此长眠。"这可以说也是无数商品的墓志铭："一件把效用写在水上的商品在此被生产、被消费。"唯一没有被写在水上的大概只有不断扩大的价值。经常有故事说，多少年前的100元钱等于现在的多大一笔钱——仿佛这里有一个不言而喻的等式——而当初的商品基本上早已见不到了。顺带一提，无论愚昧的意识形态是否理解，边际分析对于前资本主义生产方式都相当有效，因为效用函数和报酬函数大体上具有较高的稳定性，而且在与民众相关的经济问题上，这些函数在历史材料充足的情况下通常也不难估计。

不过，这一切并不是说马克思所给出的价值理论包含了一种更加正确的，或者至少可以与边际分析相互补充的价格理论。相反，从价值理论中根本不可能引出任何价格理论。所谓的"价格围绕价值而波动"显然不足以具体说明价格的变动，我们也没有理由从中推论出这种波动应当减少或消除。更抽象地讲，不论一种变化多么剧烈、多么丰富，只要从足够远的距离来观察，它都会表现出某种固定的、单一

---

① 杨小凯的主要贡献（虽然他未能完成自己的工作）就在于用拓扑学来补充微积分。换句话说，他决定性地扩展了作为应用数学的当代经济学。

的性质。乔姆斯基有一个经典的例子：在人类眼中，地球上的语言千差万别，但对外星人来说，所有这些语言可能至多像同一种语言的方言一样。问题在于，这种单一性在地球上是没有意义的，人类自己仍然会感到不同语言的巨大差别。同样，价值倘若被理解为这样一种单一性，就不仅不是价格的某种本质，而且是毫无用处的。第五章第二节将详细分析价值理论。

* * *

总而言之，剩余价值是剩余的概念在资本主义社会中的一种宏大的展示。作为一个属于物质生产的概念，它还强有力地把剩余的特征引入了多种多样的文化和意识形态。然而，它在一处地方背离了剩余的原则：它始终要求扩大价值。在这个意义上，马克思在《政治经济学批判大纲》中指出，资本虽然发挥了"伟大的文明作用"，却"在资本本身的性质上遇到了限制"[①]：在资本主义社会中，人的社会性得到了极大的肯定，唯独受制于资本对剩余价值的追逐。当然，以上描述并不是真正的政治经济学批判，而且用马克思的眼光来看，同时举出一个概念的好与坏似乎是一种蒲鲁东主义。第五章将详细考察马克思所说的价值和剩余价值。

第四节　研究方法和相关文献

本节将从剩余的角度重新解读四位哲学家：斯宾诺莎、康德、黑格尔以及马克思，或者说我将借助他们的哲学来展示剩余的概念。他们所讨论的一般概念分别是自我保存的努力、先验理念、无限目的以及价值。由于只有马克思明确阐述了剩余价值学说，从而确切地把握了资本主义社会的显著的核心问题，所以他的地位与前三位并不相同。只有在深入批判了自己所处的时代之后，他才能真正兑现《德意志意识形态》中对共产主义的描述：共产主义并不是一种"应当确立的状

[①]《马克思恩格斯全集》第 30 卷，北京：人民出版社，1995 年，第 390 页。

况",而是一种"消灭现存状况的现实的运动"①。显然,选取这几位哲学家的理由并不是自明的;我需要从两个方面来解释。

一、哲学的研究方法

第一个方面关系到我对哲学的研究方法的理解。简单来说,我认为研究哲学意味着考察一种思想(至于是怎样的思想,则不必加以限制)在历史上经历的诸多形态,同时尽量用一种让人可以理解的方式来表述自己的看法。事实上,尽管本书研究的四位哲学家生活在17~19世纪,但我所用的例子大多是19世纪之后的。这当然是相当一部分哲学工作者在实践中一直采用的研究方法,但它究竟为什么适合哲学?为了说明这一点,我可以把它与另外三种并非日常的运用语言的方式相对照。但在此之前,我需要谈论一下人类语言的一些基本特征。

语言是非常节省的:同一个描述词所指的对象可以有数不清的变种,因而很难作为准确的名字来使用。面对这样的困难,一种简单的解决办法是增加描述词的数量,也就是用不同的描述词来指示同一类对象的诸多变种。这种做法在很多时候是有效的和必要的,但似乎并不足以从根本上解决问题。例如,即使一个人掌握了好几个表示胡须的词,它们在具体的应用中或许仍然显得杯水车薪:马克思和恩格斯的大胡子("髯")似乎很难被装进两个不同的词。于是,专名就成了进一步的解决办法。只要说"马克思的大胡子",见过他晚年的照片的人(和亲眼见过的人)就知道这种胡须是什么模样。然而,在借助专名来克服上述困难的同时,人们却引发了另一个问题:专名必须与特定的经验相联系,因而在缺乏相关经验的人那里是完全无效的。从剩余的角度看,不同的经验构成了诸多特殊范围,由此限制了专名的有效性。更彻底地说,描述词的有效性也会受到同样的限制。倘若一个人所受的教育是把面包当作墨水,把墨水当作面包〔这是意大利作家、共产主义者贾尼·罗大里(Gianni Rodari)的童话《假话国历险记》中的剧

---

① 《马克思恩格斯文集》第1卷,北京:人民出版社,2009年,第539页。

情],那么他关于墨水的经验就与假话国之外的人关于面包的经验是类似的。历史上有无数人甚至完全不知道墨水和面包;用《庄子》的话说,"朝菌不知晦朔,蟪蛄不知春秋":知了在地面上的寿命至多到秋天为止,所以四季更替对它并没有意义。

这样一来,语言如何在不同的特殊范围之间运作就成了一个经常困扰人类的问题。处理这个问题的基本思路有两条。其一,有人宣称一切经验中的五花八门的语言都可以还原为一门元语言,或者说它们的所有差别都是以某种统一为基础的。在一些陈旧的意识形态中,这门元语言或许是一种神学(例如,按照基督教原教旨主义,阿拉伯人虽然有很多,但是"本质上"都是亚伯拉罕与他的侍女夏甲所生的儿子以实马利的后代,因而他们永远只具有区区一名侍女的地位;我们中国人关于周围的民族也有一些类似的神话)。在今天,这门元语言据说是大脑的生物化学性质。在这样的情况下,语言在根本上是技术性的,而不服从剩余的原则。其二,我们可以主张"元语言不存在"——这是拉康的著名论断——或者说不同的经验之间的关系在根本上是辩证的。这当然不是指任何一种特定的辩证法,而是指多个参与者使用语言来进行的随便什么活动,这种活动的过程和后果也是无法预先决定的(因而辩证不同于对话)。按照剩余的原则,辩证关系的参与者总是相互脱节的,尽管任何具体的分隔都有可能被拆除,或者说参与者有可能最终进入同一个世界。我将采取第二条思路,不过这里无法给出具体的证明。

辩证关系中又有一个基本的区分:参与者各自所处的特殊范围有可能在现实中相互交错(例如,苏格拉底可以向一名奴隶讲授初步的几何学),也有可能属于两个不同的历史时代,因而在后人与前人的辩证关系中,前人总是沉默的(例如,"忠实"的后人惯于固守前人的教义,但若前人还在世的话,也许早就把一些观点推翻了——马克思甚至在生前就在这个意义上说过,"我不是马克思主义者"[①])。于是,总共有四种并非日常的运用语言的方式,它们构成了一个格雷马斯方阵,

---

① 《马克思恩格斯文集》第 10 卷,北京:人民出版社,2009 年,第 487 页。

如图 1-2。当然，它们相互之间从来不是泾渭分明的，但这里只讨论最基本的形式，所以接下来所说的哲学指的是有别于另外三者的哲学，而不是现实中的所有哲学（这决不是说这两种情况有高下之分）。

图 1-2　并非日常的运用语言的方式

神秘主义注重的是参与者之间可能产生的某种投机或默契。神秘主义者周围的人即使在现实中一直与神秘主义者来往，也很可能无法理解后者特有的语言。同时，不同的历史时代中的神秘主义者之间似乎并没有强烈的关联和传承。他们即使运用了同样的意象或符号（常见的有火、金银、男性和女性等），这些意象或符号往往也没有多少关系，而是分别从属于各自的语言。神秘主义的这两个方面在古代哲学中也有一定的表现，例如海德格尔在《阿那克西曼德的箴言》中写道：

> 亚里士多德思之为在场之基本特征的 energeia［实现］，柏拉图思之为在场之基本特征的 idea［相］，赫拉克利特思之为在场之基本特征的 logos［逻各斯］，巴门尼德思之为在场之基本特征的 moira［命运］，阿那克西曼德思之为在场之本质因素的 chreon［用］，凡此种种，命名的都是同一者。①

但是通常的哲学史并没有把所有这些范畴紧密地联系起来。可见，这些哲学家尽管相隔不远，而且使用同一门语言，却不仅运用了不同

---

① 〔德〕海德格尔：《林中路》，孙周兴译，上海：上海译文出版社，2004年，第339～340页。

的术语来谈论同一个主题（即在场的基本特征），而且并没有清晰地交代他们之间的关联，以至于造成了深远的误解。只有到了海德格尔那里，这一系列不同的术语才归到了一起。因此，虽然海德格尔向来认为神秘主义是"东方"思想的特征，并对此十分抵触，但他本人的大量工作其实正是消除古希腊思想的神秘主义倾向，把许多隐蔽的关联揭示出来。更一般地讲，我们不应该把通常的哲学史的错误或不足简单地抛在一边，这些缺陷作为缺陷恰好反映了某种真相。

文学同样并不想要拆除同一个历史时代中的不同主体之间的分隔。人们经常喜欢说一部伟大的文学作品是属于全人类的，但是借用马克思的句式来讲，这或许是一种过多的荣誉，从而是过多的侮辱。例如，《浮士德》假如是属于全人类的，就只能表现为一部关于情欲的长诗，任何人都可以按照自己的方式来想象海伦的姿色——这当然对阅读《浮士德》来说毫无意义（对这种情欲的指责同样与《浮士德》无关，虽然庸俗的道德主义者经常觉得援引名著可以加强指责的力量）。实际上，浮士德首先是一名极度渊博的老学究，由于对万物十分了解，所以感到了无生趣，而这是他会被魔鬼诱惑的先决条件。这种经验基本上是仅仅属于学者的，而且毫无疑问也属于歌德本人。倘若撇开学者的身份（这里不考虑创造性的改写），单纯把情欲视为一个"普遍"的主题，就肯定会忽视大量内容（比如泰勒斯与阿那克萨戈拉关于万物本原的争论），从而只会把《浮士德》庸俗化。这样的做法在如今的流行文化中不胜枚举。倘若加上学者的身份，就必定会超出大多数主体的经验，而这当然绝不意味着这些主体缺乏教养。虽然文学对于教养也许至关重要，但是对于任何一部特定的文学作品或许都不是必不可少的，即使是《浮士德》。

同时，文学明显地可以跨越多个历史时代。更确切地说，一个文学的主题必须在不同的历史时代以有所不同的方式出现，否则就是缺乏意义的。例如，海伦在《奥德赛》中虽然重新与丈夫生活在了一起，但由于她曾经接受了帕里斯的引诱，所以神剥夺了她的生育能力；在《浮士德》中，她则与浮士德生了一个英勇的儿子，可是他很快就战死了，而她也随即离开了浮士德——因此，在获得了生育能力之后，她最终反倒失去了更多（用马克思的表达方式来说，只有能够生产的人才能够失去）。假如不是《浮士德》重新阐发了这个主题，《奥德赛》中的相关叙述也许就不会受到多少关注了，因为这原本只是一个比较次要的细节。

科学是与文学正相反对的。当若干种相互较量的科学观点决出胜负之后，失败者就成了科学史的内容，而不再是科学的内容。今天研究物理学的人并不需要通晓亚里士多德的相关学说；一部分经典力学之所以还非常实用，不过是因为方便。同时，科学十分注重让一般人能够共同参与到研究和讨论当中（这一点在今天特别表现为英语的支配地位：在德国的大学从事科学研究往往是不需要掌握专业德语的）。虽然事实上只有训练有素的人才能理解某一门科学的语言，但是科学必须实际地贯彻一种信念：科学的训练是对所有人开放的，而且训练的每一步都不依赖于仅仅属于某个特殊范围的经验。在这个意义上，科学终究是统治者的敌人，尽管它的确会遭到统治者的歪曲和利用。

哲学则是与神秘主义正相反对的。与科学一样，它不仅力求对所有人开放——这是苏格拉底在经年累月的实践中向人们展示的——而且如果需要训练和教导的话，教导的过程也必须尽量立足于某种共同的经验，或者说尽量使不同的特殊范围在哲学上不再相互分隔。例如，以晦涩著称的黑格尔写过一本《哲学教育法》，主张15岁的学生应该学习精神现象学，18岁的学生应该进一步学习逻辑学，等等①——他的哲学绝不是单纯讲给极少数人听的。当然，为了避免受到迫害，哲学家的确有可能运用列奥·施特劳斯所说的"写作技艺"，把自己的真实想法隐藏在字里行间。但这根本不意味着他们希望掩盖自己的思想，更不意味着他们会以复杂的写作技艺为乐，仿佛只要想到读者即使仔细阅读他们的文本，也难免产生误解，他们就会感到十分愉悦一样。很明显，这种愉悦与哲学相去甚远，倒是反映了一种对权术的爱好。况且，施特劳斯本人也认为，就"大众教育及其界限"而言，"一般来

---

① Norman Levine: *Marx's Discourse with Hegel*, Hampshire: Palgrave Macmillan, 2012, p. 66.

第一章　对剩余的初步考察

说，前现代哲学家比现代哲学家更为胆怯"①。因此，写作技艺的存在理由也已经大大削弱了。

　　同时，一个哲学问题也必须贯穿多个历史时代，并以不同的形态得到阐发（在较早的时代，"哲学"一词涵盖了科学，但这样的"哲学"是做不到这一点的）。后来的形态并没有取代或"扬弃"之前的形态，而是提供了一种新的可能性。对哲学问题的解答或回应总是表现为不同的历史时代所提供的诸多可能性，它们堆积在一起，相互之间多半有一些重叠，有时还具有更加复杂的关系。至于一种哲学是否充分认识到了自己在历史上的先驱，则并不是至关重要的。例如，阿尔都塞把历史上的唯物主义者比喻为一条潜流，他们包括

> 德谟克利特、伊壁鸠鲁、马基雅弗利、霍布斯、卢梭［写下了第二篇《论文》（按：即《论不平等》）的卢梭］、马克思，以及海德格尔，再加上他们所捍卫的范畴：虚空、界限、边缘、中心的缺失、从中心到边缘的位移（和相反的位移），以及自由。②

这些哲学家都致力于探讨同一个主题，即如何摆脱理念的统治（在另一些地方，阿尔都塞还把斯宾诺莎和维特根斯坦列入了这条潜流）。不过，他们对先前的唯物主义者的工作往往并没有全面的、恰当的了解，甚至未必会以唯物主义者自居。这种情况与前面所说的古代哲学的神秘主义倾向不同，因为这些唯物主义者大体上相隔较远，所用的语言也有很大差别。在同样的意义上，本书并不会在斯宾诺莎等人那里寻找剩余的概念，也不会过于看重马克思对斯宾诺莎等人的评价。

　　进一步讲，以上所说的研究哲学的方法或许有助于说明哲学的本

---

① Leo Strauss: *Persecution and the Art of Writing*, Chicago, I. L.: University of Chicago Press, 1988, p. 33.
② Althusser: *Philosophy of the Encounter*, London: Verso, 2006, p. 261.

性。人们经常试图为哲学规定一个明确的问题域——宇宙、生命、心灵、德性等——并由此界定什么是哲学;但是显而易见,这些问题域同科学和文学有不少重合。于是,人们又认为哲学应该参考科学和文学,比如小白鼠的神经系统和卡夫卡的小说。这固然十分有益,却不能用来确切地指出哲学的本性。在我看来,对哲学的界定也许不应该从考察的对象入手,而应该从考察的方法入手:不论是什么思想,只要可以延续多个历史时代,而且在一个历史时代中有可能通过开放的、具有广泛的可理解性的方式来表述,就应当进入哲学的行列。从这个标准来看,不仅马克思的政治经济学批判具有强烈的哲学性,而且当时的古典经济学、空想社会主义、无政府主义等(它们都对马克思产生了不容忽视的影响)也与哲学密切相关。此外,虽然马克思、海德格尔等人都在各自的意义上宣告了哲学的终结,而且他们在这方面的见解非常有趣(本书将不会涉及),但这似乎不会对我的界定造成冲击。

总而言之,我之所以想要借助马克思之前的哲学家来讨论一个与共产主义相关的哲学问题,并不是为了交代历史背景,而是为了展示几种不同的可能性。我个人的立场是很明显的,因为关于马克思的第五章在篇幅上远远超过了之前的三章,章节的结构也有所不同,但我试图让另外三位哲学家以一种相对独立的面貌出现。海涅在赞美荷马、莎士比亚和歌德时说过:"在所有的伟大诗人的作品里其实都没有什么配角,每个人物在其所处的位置上都是主角"[①],而且这比费尽心机地用配角来衬托主角要困难得多。这也许是文学和哲学都应该追求的目标。

二、对真理的回应方式

那么,我为什么要选取斯宾诺莎、康德和黑格尔?在我看来,剩余问题在他们和马克思那里展现出的四种可能性可以通过巴迪乌和齐

---

① 〔德〕海涅:《海涅全集》第 8 卷,孙坤荣译,石家庄:河北教育出版社,2003 年,第 57 页。

泽克所阐述的对真理的不同的回应方式来理解。按照巴迪乌,真理包含了一个忠于真理的主体可能产生的一切内容①。这个界定强调了真理的主体性和开放性。一方面,这里明显有一个循环:真理之所以存在,无非是因为忠于它的主体存在。这个循环在根本上是不可取消的,或者说巴迪乌拒绝以一种更加"客观"的方式来界定真理。按照这个标准,人类至今为止见过四种可以构成真理的过程,即"艺术、科学、真正的政治(很少见),以及恋爱(如果存在的话)"②。反之,例如在统治关系中(有些所谓的政治或恋爱也无非如此),统治者决不会力图实现自己向民众描述的"崇高"的理想,而是伪善地与这些理想保持距离,甚至还把这种伪善视为一种深刻的智慧。另一方面,巴迪乌所界定的真理是形式化的,因为现实中的忠于真理的主体是真理的显现中的"一个有限的环节"③,他的成就不可能涵盖这样一个主体可能产生的一切。换句话说,任何一个真理都不会被它已经具备的实质性的内容(这些内容出自既有的忠于真理的主体)所穷尽,而是始终包含了这些内容之外的全新的可能性,尽管这种可能性在概念上只具有形式的意义。这种超出自身的能力或开放性在上述四种过程中随处可见,而教条主义的"科学"、操纵民众的"政治"等总是已经被一堆实质性的内容所填满了。

简单地看,主体对待真理的态度只有忠诚与否。例如,面对共产主义的真理,一个主体要么试图在具体的局面下探索共产主义的存在形式,要么不做这样的努力。但在现实中,主体回应真理的方式似乎还可以更加复杂。齐泽克给出了六种情况④:(1)单纯的忠诚,例如在马克思之后,恩格斯等共产主义者在欧洲各地按照马克思的学说来组织工人运动,形成了一股历史性的社会力量;(2)常规化,例如第二国际的理论家认为,只要在现有的社会秩序中采取合法的斗争就足够了,斗争的结果则是次要的;(3)彻底无视,例如20世纪以来的自由

---

① Alain Badiou: *Logics of Worlds*, London: Continuum, 2009, p. 597.
② Alain Badiou: *Being and Event*, London: Continuum, 2005, p. 17.
③ 同上。
④ Slavoj Žižek: *Less than Nothing*, London: Verso, 2012, p. 836.

主义企图绕过马克思，仅仅从伦理、政治、宗教等方面来理解社会问题，特别是在今天，西方世界与伊斯兰世界的冲突仿佛成了一种"文明的冲突"，而不是全球资本主义的产物；（4）蒙昧主义，例如民族社会主义（即纳粹主义）并不是单纯的复古主义，而是同样以工人运动的面目出现，而且在大萧条之后振兴了德国经济，但是支配它的是种族主义的神话；（5）强行推进，例如共产主义运动曾经试图加快一些地区的社会发展，想要使它们迅速摆脱陈旧的状况，却忽视了必要的现实条件；（6）复兴，这同样是对真理的忠诚，却不是照搬最初的忠诚，而是在新的局面下发明了一种新的忠诚，例如列宁和毛泽东都对经典的工人运动有所质疑，而这正是他们胜利的前提。

由此可见，对真理的六种回应方式表现为一种折返——我们必须穿过中间四种并非忠诚的态度，才能让真理得以复兴——这一点是非常关键的。最初的真理不太可能充分考虑到无数复杂的实际情况，比如马克思明确宣称，《资本论》是"关于西欧资本主义起源的历史概述"[①]，并不能直接适用于一切历史环境。从剩余的角度看，马克思很明白自己终究不能超出一个本地化的特殊范围，因而资本在整个人类社会中的运行（尤其是今天的全球资本主义）并不能单纯通过马克思的学说来理解，或者说马克思在这里遇到了前面所说的陌生。正因为如此，上述四种并非忠诚的态度才有可能产生不容小看的社会影响；倘若最初的真理已经足够有力，就不至于让另外四种回应方式获得太大的发挥空间了（当然，庸俗的意识形态经常觉得缺乏现实力量才是高贵的标志）。因此，对真理的忠诚绝不能停留为单纯的忠诚，而是必须在新的时间范围和空间范围内一边批判对待真理的并非忠诚的态度，一边批判最初的真理本身。真理绝不会拒绝突破性的行动和实际处境的转变，反倒必须在不无痛苦的历史进程中认识它自己，并不断重新认识它自己。

进一步讲，按照本章第一节的界定，中间四种回应方式又可以分为两类：常规化和强行推进属于进步主义，而蒙昧主义和彻底无视属于

[①]《马克思恩格斯文集》第3卷，北京：人民出版社，2009年，第466页。

保守主义。对常规化的态度来说（这里仍然以共产主义的真理为例），现有的社会秩序在总体上是没有问题的，因而根本性的批判是没有必要的，合法的斗争也就成了唯一可取的手段。可见，这种态度的前提是对社会领域的一种全面的、"客观"的认知，而且这种认知是一种肯定和赞同。强行推行的态度则对现存状况极其不满，迫切地想要把整个社会推向某个历史性的目标。因此，这种做法也必须从某种总体性的认知出发，只不过这种认知具有强烈的否定性。总之，虽然常规化和强行推进通常被笼统地称作改良和革命，但更确切地讲，它们都必须断定社会领域在根本上与技术领域一样，有可能也有必要成为客观知识的对象。相反，作为蒙昧主义在20世纪的代表，第三帝国几乎不折不扣地奉行资本主义生产方式，只有一点例外：犹太人（和共产主义者，因为据说共产主义是低劣的犹太人统治世界的阴谋）没有被看作潜在的工人或资本家，而是遭到了驱逐、监禁和屠杀。所谓的民族精神在这里与对客观知识的歪曲是一体两面的。对共产主义的彻底无视则更为常见。在古典自由主义那里，斯密、李嘉图等人都承认欧洲的发达是以其他民族为代价的；20世纪以来的自由主义却发明了一种美妙的技巧，即认为"自由国家"的发达仅仅源于政治上的优越，而这种优越又植根于文明的或宗教的优越。这种意识形态对经济事实的（假装）无知完全背离了马克思之前的自由主义，只不过没有像蒙昧主义那样诉诸神话。总之，蒙昧主义和彻底无视尽管强调了社会领域中的特殊范围（民族、宗教等），却是以无思想为代价的。

　　本书所考察的真理不是共产主义，而是剩余（对共产主义的考察需要以极其详尽的历史研究为基础）。我将在后面四章表明，斯宾诺莎、康德、黑格尔和马克思分别代表了对剩余的单纯的忠诚、常规化、强行推进和复兴。我试图用这种办法来显示出他们之间的张力。斯宾诺莎已经以他的方式明确探讨了剩余问题，并批判了愚昧的意识形态和进步主义，但还没有考察复杂的现实状况；康德和黑格尔的立场在根本上并没有超出适用于技术领域的客观性，但是前者试图肯定现有的、日常的秩序，后者则着力强调否定的必要性，以至于抛开了否定所需的现实条件；马克思的价值理论重新把剩余变成了一个突出的主题，而且按照上一节的描述，剩余价值的概念在资本主义社会中具有解释和批判的力量。当然，他们并没有专门阐述剩余的概念，而且除了马克思之外的三位哲学家也不知道剩余价值（这个概念至多只能追溯到重农主义）。但他们都生活在迅速兴起的资本主义社会，而剩余价值的生产以及社会领域的分隔和脱节在他们的时代似乎已经不是某种微不足道的现象。作为伟大的思想家，他们完全有可能触及相关的问题，或者毋宁说有可能被相关的问题所触动。这一点当然需要通过整整一本书来展示。

由于本书探讨的是哲学，所以我并不会专门考察蒙昧主义的和彻底无视的态度，因为它们既然实际上是反对思想的（或者把思想作为少数人的特权），就不会有多少哲学意义。以性别问题中的剩余为例，我可以相信关于女性的随便什么神话，也可以主张她们应该永远待在家里。这两种保守主义当然可以用哲学来装饰自己，而且它们向来都是这样做的，但本书大体上将撇开这些意识形态的争论。

三、相关文献

我还需要概述一下与本书内容相关的文献。事实上，直接讨论剩余的哲学文本是非常稀少的（"导言"已经分析过了），这也是本章写得比较长的原因。专门考察马克思的价值理论和剩余价值学说的文本有很多，而且历来充满争议。本书并不打算直接介入这些争议，所以不会涉及对我帮助不大的文本。我最借重的著作有：英国学者哈维的《资本的界限》（*The Limits to Capital*）和《〈资本论〉导读》（*A Companion to Marx's* Capital），美国学者詹姆逊的《再现〈资本论〉》（*Representing* Capital），以及法国学者比代的《探索马克思的〈资本论〉》（*Exploring Marx's* Capital）。哈维运用了大量历史材料，从诸多方面——包括金融资本、建成环境、全球性的不平均、帝国主义战争等马克思未曾详细讨论的主题——全面地描绘了过去和现在的资本主义生产方式。詹姆逊利用自己对德国唯心主义的熟悉，从《资本论》第一卷中总结出了一些颇为惊人的观点，例如马克思并没有把重心放在工人身上，从而也没有给出任何具体的政治主张，而是仅仅试图从理论上分析资本的运行方式。比代从最基本的价值理论出发，详细阐述了政治经济学批判中的政治与经济之间的张力（这与他本人的学说是连贯的），而且强调了竞争在资本主义生产方式中的关键地位，这一点十分紧要。此外，法国经济学家杜梅尼尔和莱维的论文《旧的理论与新的资本主义》（"Old Theories and New Capitalism"）也对我很有帮助，因为它简要地谈论了资本主义生产方式的一些新趋势。

研究斯宾诺莎、康德和黑格尔的文献当然不可胜数。他们在当代激进思想中也以各种面貌频繁出没。我必须承认，对我影响最大的是巴迪乌和奈格里所做的解读，虽然本书并没有把这两位哲学家作为主角，也不打算把他们的立场调和起来。同时，阿尔都塞和齐泽克也提供了许多充满吸引力的视角。无论如何，斯宾诺莎、康德和黑格尔与其他所有哲学家一样，总是面临被主流意识形态庸俗化的命运：斯宾诺莎成了一名探讨心灵健康的人生导师，康德成了一名不食人间烟火的道德主义者，黑格尔则成了一名比较现实的、不那么乌托邦主义的社会理论家。这一切有一个共同点：远离马克思的政治经济学批判，远离物质生产。在这样的情况下，剩余问题多半是杳无踪迹的。

在老旧的红色电影中，年长的革命者经常要求年轻的革命者"多读点马列"。1981年的传记电影《赤色分子》（*Reds*）——它以革命家杰克·里德（Jack Reed）为主角，讲述了20世纪早期美国共产主义团体的故事——也有一个类似的场景：在一次共产主义者的聚会上，一名参与者相当不满地向同志们喊道：（你们应该）"读点弗洛伊德，读点荣格，读点恩格斯，读点马克思！"这一切与《共产党宣言》的一个观点是一致的：无产者必须利用资本主义社会为他们提供的"教育因素"①。也许共产主义是唯一一种要求所有人都或多或少接触一些经典著作的社会主张；其他社会主张——从最反动的迷信和权术到最激进的无政府主义——都只会对一部分人提出这样的要求，其他人则不必如此"辛苦"。这是共产主义最伟大的力量之一，也是它最致命的弱点之一：

---

① 《马克思恩格斯文集》第2卷，北京：人民出版社，2009年，第41页。

这既有可能真正促使民众学会掌握自己的命运，又有可能反倒使共产主义遭到民众及其背后的"贤者"的嘲笑和攻击。20世纪的共产主义无论留下了怎样的教训，在这一点上都是拒绝妥协的，我相信21世纪的共产主义也必须如此。

第二章

斯宾诺莎:对剩余的忠诚

> 正如光明之显示其自身并显示黑暗,所以真理既是真理自身的标准,又是错误的标准。
>
> ——斯宾诺莎:《伦理学》[1]

---

[1] 〔荷〕斯宾诺莎:《伦理学》,贺麟译,北京:商务印书馆,1997年,IIP43S,第82页。

巴鲁赫·斯宾诺莎（1632～1677）居住在荷兰共和国（大致相当于今天的荷兰王国），这是当时首屈一指的海上贸易强国，也是绝无仅有的共和国。当时，旧王室奥伦治家族与共和派的斗争一直十分尖锐，因此，共和国并不安定。在一次严重的暴乱中，斯宾诺莎的好友、共和派的领袖德维特（de Witt）兄弟被愤怒的民众杀死了。斯宾诺莎本人也经历过不小的风波。作为家境宽裕的犹太人，他在24岁被逐出了犹太教会堂。后来，敌视他的思想的人还试图刺杀他，不过没有成功。所有这些不稳定或许对他的哲学产生了实质性的影响。

在生活中，斯宾诺莎是非常朴素的、非常古典的。他的谋生手段是磨制镜片，当时正在兴起的光学和天文学需要大量优质镜片，而且手艺据说十分精湛，伟大的荷兰数学家、物理学家惠更斯就是他的顾客。不过，斯宾诺莎并没有因此而致富，而是保持了较为清贫的生活。他把大量精力用来研究哲学，并在朋友中间进行讨论和教学。据说他在闲暇时还喜欢观察蜘蛛。简言之，他的主要兴趣在于谋生之外的剩余活动（实际上，他的谋生活动也是为另一些人的剩余活动——光学和天文学研究——服务的）。所有这些剩余活动都从根本上影响了后来的思想和现实。不过，早逝的斯宾诺莎并没有看到这些影响。更一般地讲，他没有看到资本主义的不可思议的力量。

本章将首先阐述斯宾诺莎哲学中的剩余问题，然后分别从《神学政治论》和《伦理学》出发来展示他对这个问题的思考，并借此说明他对剩余的忠诚。这种忠诚的表现是他同时批判了愚昧的意识形态和进步主义。不过，如前所述，这种最初的忠诚还无法顾及复杂的现实状况，因而即使在理论中开启了一个时代，在实践中也不够有力。我将在本章最后提出两个斯宾诺莎哲学无法解决的难题，并在后面三章加以处理。似乎正是由于思想与现实之间的差距，斯宾诺莎在《伦理学》的末尾感叹道："一切高贵的事物，其难得正如它们的稀少一样。"[①]

[①]〔荷〕斯宾诺莎：《伦理学》，贺麟译，北京：商务印书馆，1997年，VP42S，第267页。

第二章　斯宾诺莎：对剩余的忠诚

需要预先说明的是，第一节在阐述斯宾诺莎的剩余问题时也是以《伦理学》为基础的，于是，《伦理学》在本章将以不同的方式作为主角出现两次。这种做法在我看来是可行的，因为《伦理学》虽然有明确的最终意图，但也从存在与本质、有限与无限等基本范畴开始，非常完整地叙述了斯宾诺莎的学说。这样一来，我们就可以从《伦理学》中的观点出发来考察《神学政治论》和《伦理学》本身了。然而，这并不是说我认同奈格里在《野性的怪人》(*The Savage Anomaly*，这个"怪人"指的就是斯宾诺莎）中提出的一种假说，即《伦理学》的前半部分与后半部分之间有一个重大的断裂，或者说斯宾诺莎在撰写《伦理学》的过程中实质性地改变了自己的思想。许多学者都指出，这个假说在理论上缺乏非常可靠的证据，而要从语文学上加以证明也是极其困难的。事实上，奈格里本人后来似乎也没有坚持这个看法。

第一节　斯宾诺莎的剩余问题：自我保存的努力

第一章第一节说过，我所界定的一般概念—特殊的表达和范围—实际处境来自斯宾诺莎所说的实体—属性（思维和广延）—样式，只不过我的表述更加形式化：一般概念适用于任何一个整体的某个方面，而斯宾诺莎所说的实体是一个单一的范畴，并且他证明了实体只能是神或自然（这里的自然当然没有把人排除在外）。按照《伦理学》，"除了神以外，不能有任何实体，也不能设想任何实体"[①]；同时，他采用了"神或自然"[②] 的说法，并在《神学政治论》中十分明确地提出"自然之力就是神之力"[③]。粗糙地讲，斯宾诺莎哲学中的实体、神和自然指的是同一个东西，只不过实体的概念来自经院哲学（所以他必须用一些笔墨来证明实体只有一个，而不用证明神或自然只有一个），神属于宗教传统，自然则是在早期现代思想中十分流行的术语。为了说明

---

① 〔荷〕斯宾诺莎：《伦理学》，贺麟译，北京：商务印书馆，1997 年，IP14，第 14 页。
② 同上书，IVP4D，第 173 页。
③ 〔荷〕斯宾诺莎：《神学政治论》，温锡增译，北京：商务印书馆，1996 年，第 212 页。

斯宾诺莎哲学中的剩余问题，就必须仔细分析神或自然的含义。

一、常见的误解

黑格尔在《哲学史讲演录》中对斯宾诺莎的评论尽管非常著名，却有不小的缺陷。按照这部著作（后面会提到，《小逻辑》中关于斯宾诺莎的说法是不同的），斯宾诺莎哲学不过是"笛卡尔哲学的客观化"，而且"是很简单的，大体上是很容易掌握的"①。更具体地讲，斯宾诺莎的主要贡献据说是把"绝对同一观"② 引入了欧洲哲学，并在这一点上超出了笛卡尔，因为后者的存在论是以思维与广延的分离为基础的。黑格尔甚至认为，这种绝对同一观属于东方思想，而斯宾诺莎之所以能把这种思想作为他的哲学的基本原则，是由于他是来自东方的犹太人——但从前面提到的斯宾诺莎的生平来看，这种联想似乎未必站得住脚。然后，黑格尔批评说，斯宾诺莎的实体概念过于封闭，缺乏运动的原则，或者说没有很好地坚持否定性，只是一种"在自身之内的精神"③（从这种解读出发，黑格尔哲学就很容易被视为由斯宾诺莎的实体学说与费希特的主体学说所形成的某种综合了）。但是黑格尔的看法有一个致命的疏漏。一方面，他把实体所代表的绝对同一观理解为一种纯粹形式的原则，却完全没有过问这种同一具有怎样的内容，或者说实体有怎样的规定；另一方面，他错误地把自然当成了广延——按照《哲学史讲演录》，"同一个实体……从广延属性去看，则是自然"④——而没有发现自然和神在斯宾诺莎那里是等同的。这两个方面是彼此呼应的：正是由于自然变成了广延，所以斯宾诺莎关于自然所谈论的一切就与实体本身没有直接联系了，于是黑格尔才可以把这种实体作为一种抽象的同一性来加以批判（当然，这也意味着黑格尔误解

---

① 〔德〕黑格尔：《哲学史讲演录》第 4 卷，贺麟、王太庆译，北京：商务印书馆，1983 年，第 98 页。
② 同上书，第 95 页。
③ 同上书，第 102 页。
④ 同上书，第 112 页。

了斯宾诺莎所说的神,不过这个概念本来就有数不清的含义)。

为了说明斯宾诺莎的实体概念,我可以从三种被斯宾诺莎本人所批判的观点开始。首先,斯宾诺莎坚决反对把神拟人化,尤其反对把它想象为一种无所不知、无所不能的统治者:

> 一般人以为神的力量即是神的自由意志及其管辖一切事物的权力,而这些事物他们通常又认为是偶然的。因为他们说神有权力毁坏一切,使其变为乌有。他们又常以神的力量与国王的力量相比拟。①

在无数庸俗的意识形态中(远远不限于基督教传统),神、自然或某种类似的东西无非是统治者的一种理想化、崇高化,或者说是一种超越的统治者。当然,这种神与现实中的统治者之间的关系总是模棱两可的:它既可以为后者提供神秘的合法性,又可以使后者受到约束,在某些情况下甚至还可以为反抗的思想和行动提供依据。在一些可笑的意识形态看来,既然统治者(看似)已经受到了限制,被统治者就应该心满意足地表示顺从,仿佛被统治者的最终欲望就是让统治者的后宫减少几个名额一样——这显然仅仅反映了意识形态家自己的趣味。无论这种神有何种"积极"作用,它的存在本身都是虚假的,或者说是与一个愚昧的社会相适应的。用马克思的话说,这不过是"被压迫生灵的叹息,是无情世界的情感"②。从剩余的角度看,把神与统治者区分开来意味着一般概念并没有统治权,因而不能决定它所包含的特殊范围和它的实际处境。

其次,斯宾诺莎也反对一种形而上学的经典教义:神是一切因果关系的起点,或者说在追溯任何特殊事物的原因时,为了避免无穷后退,人们不得不在起点处安排一名"不动的推动者"(这与把神拟人化的看法是有联系的)。斯宾诺莎则认为:

---

① 〔荷〕斯宾诺莎:《伦理学》,贺麟译,北京:商务印书馆,1997年,IIP3S,第47页。
② 《马克思恩格斯文集》第1卷,北京:人民出版社,2009年,第1页。

> 每个个体事物或者有限的且有一定的存在的事物，非经另一个有限的、且有一定的存在的原因决定它存在和动作，便不能存在，也不能有所动作，而且这一个原因也非经另一个有限的、且有一定的存在的原因决定它存在和动作，便不能存在，也不能有所动作；如此类推，以至无穷。①

斯宾诺莎毫不含混地说到了"以至无穷"（对无穷的畏惧似乎是与对死亡的畏惧密切相关的，本章第三节将进一步予以讨论）。因此，神并不是为了推动任何特殊事物而存在的。顺带一提，斯宾诺莎还指出，思维的存在者只能推动思维的存在者（如想象、推理等），而广延的存在者也只能推动广延的存在者。这意味着思维和广延都不能被理解为某种终极原因，而这是与庸俗的唯物主义或意志主义不相容的。

如果考虑到斯宾诺莎哲学与通常的神学和形而上学在实体的概念上的巨大分歧，斯宾诺莎就很难不被划入无神论者的行列了。从那个时代的统治者的立场来看，斯宾诺莎生前所遭受的迫害和身后所受到的谴责是非常公正的。在阿尔都塞看来，斯宾诺莎之所以谈论神，是为了"占领对手的主要堡垒"，然后"倒转大炮，对准要塞本来的占有者"②。更一般地讲，这样的做法在无数哲学家那里似乎都能看到。

最后，斯宾诺莎还反对一种流行的政治哲学观点：为了维护道德的权威、捍卫尊卑的秩序，神有可能是一种必要的虚构，是一种列奥·施特劳斯所说的"高贵的谎言"（这是一个源自柏拉图的有力的概念，因为它实际上毫不掩饰地说出了一种关于统治的真理）。但在斯宾诺莎眼中，这种"善意"的欺骗根本派不上用场：

> 老实说，只有在人之将死，疾病压倒诸种激情，奄奄一息之际；或是在教堂里，人们之间无须勾心斗角之际，宗教

---

① 〔荷〕斯宾诺莎:《伦理学》，贺麟译，北京：商务印书馆，1997年，IP28，第27~28页。
② Althusser: "The Only Materialist Tradition, Part I: Spinoza", *The New Spinoza*, ed. by Warren Montag and Ted Stolze, Minneapolis, M. N.: University of Minnesota Press, 1997, p. 11.

第二章 斯宾诺莎：对剩余的忠诚　　　　　　　　　　　　　　　　63

教义才起作用。但是，在那些最需要宗教教义的地方，如法庭上或宫廷里，它却丝毫不起作用。①

用流行文化的说法，虚构的神是一种太阳能手电筒，只有在有光时（因而不需要手电筒）才能工作。事实上，斯宾诺莎的观点或许还太温和了。这种神与其说只能促进临死前的道德和教堂里的道德，不如说还可以在必要时给想要打破道德的统治者提供道德的伪装。在"法庭上或宫廷里"，各种诡辩、迫害乃至十字军东征等疯狂的计划向来都善于借助神的名义来占据道德上的优势，甚至赢得民众的拥护，尽管这一切只是谎言。简言之，虚构的神不过是统治者的工具。

总而言之，借用海德格尔的术语来讲，常见的神学、形而上学和政治哲学都把实体当成了一个存在者层面上的概念（尽管是想象出来的），即理想化的统治者、事物的终极原因或最高的道德权威；但是斯宾诺莎所说的实体是一个存在论概念，它虽然在一切存在者中间运行，却没有任何哪怕是想象出来的指示对象。现实中并没有实体本身，只有思维的存在者和广延的存在者，它们涵盖了存在者整体，并在无穷无尽的相互作用中共同构成了实体的样式或分殊。第一章第一节说过，斯宾诺莎的存在论有助于我们注重具体的属性和样式，而不是实体本身。那么，斯宾诺莎究竟为什么要谈论神或自然？

二、自我保存的努力

斯宾诺莎明确说出了自己的基本观点：一切特殊事物都是以"某种一定的形式来表示神之所以为神的力量的事物"②，或者说它们都是神的力量的具体表现；这种力量的"现实本质"则无非是每个事物"竭力保持其存在的努力（conatus）"③。可见，神的角色不外是肯定一切存在者共有的自我保存的努力。不过，这绝不是说神会保证这些努力

---

① 〔荷〕斯宾诺莎：《政治论》，冯炳昆译，北京：商务印书馆，1999年，第7页。
② 〔荷〕斯宾诺莎：《伦理学》，贺麟译，北京：商务印书馆，1997年，IIIP6D，第105页。
③ 同上书，IIIP7，第106页。

的成功，或者使它们具有意义（这种幻想仍然把神当成了某种仁慈的统治者）。"保存"一词的含义也是宽泛的，远远不限于勉强存活或维持现状，也不限于自爱或自利。在这个意义上，"自然（natura，也指本性）"一词的重要性就显示出来了：神并不是某种超越的存在者，而是一切存在者内在的本性，是它们各自以某种方式表现出来的生命力；神并不在万物的生灭背后，而是万物的生灭本身。

对人类而言，这种普遍的努力并不会由于人的意愿或选择而消失。例如，一个人即使打算通过作战、自杀等方式来结束自己的生命，在失去行动能力之前也还是会有求生的举动。按照斯宾诺莎，人类的特别之处在于人所追求的自我保存不仅包括基本的生存需要，而且包括思想和言论的自由："没有人会愿意或被迫把他的天赋的（naturale）自由思考判断之权转让与人。"① 需要注意的是，这种转让不仅无法自愿地进行，而且无法以强迫的方式来进行。这个观点与自由主义传统的差别是显而易见的：它并没有把思想和言论的自由与不自由单纯视为相互对立的两种状态，而是肯定了这种自由具有不可违抗的地位，不论一个人（不得不）做出怎样的选择。用《伦理学》的话说，"被神所决定而有某种动作的东西，不能使其自身不被决定"②（单独来看，这个命题只是陈词滥调）。例如，一个人即使决定"放弃"思想的自由，充当特殊利益的辩护士，或者"无奈"地忍受压抑的生活（陈布雷在很大程度上结合了这两个方面），也仍旧是出于思想的自由才这样做的。十分赞赏斯宾诺莎的哈特和奈格里多次引用福柯的一句话："权力是施加在自由的主体身上的，而且必须以他们的自由为前提。"③ ——这也说明了同样的观点。

由此可见，一切存在者自我保存的努力都是必然的。这是斯宾诺莎最著名的观点之一："一切事物都受神的本性的必然性所决定而以一

---

① 〔荷〕斯宾诺莎：《神学政治论》，温锡增译，北京：商务印书馆，1996年，第270页。
② 〔荷〕斯宾诺莎：《伦理学》，贺麟译，北京：商务印书馆，1997年，IP27，第27页。
③ Michael Hardt and Antonio Negri：*Commonwealth*，Cambridge，M. A.：The Belknap Press，2009，p.59.

第二章 斯宾诺莎：对剩余的忠诚

定方式存在和动作。"① 人的思想和言论的自由是这种必然性的一种特例，因而这里也不需要引入某种自由与必然的和解。这种必然性正如路德在为《九十五条论纲》辩护时所说，"我站在这里；我无法不这样做"（当然，这很可能只是传说）。他在做完辩护之后就立刻潜逃了。逃亡固然是一种自我保存，但是发表《九十五条论纲》对他来说似乎也是如此。有趣的是，黑格尔在《小逻辑》中认为，从必然到自由的过渡是斯宾诺莎的重要观点，而且是很难理解的②；可是他在《哲学史讲演录》中不仅忽略了这个问题，还宣称斯宾诺莎哲学十分简单。

不仅如此，自我保存的努力与任何简单的原子主义也没有关系。斯宾诺莎对"人是一个社会的（sociale）动物"表示赞同③（这个说法出自经院哲学；马克思在《资本论》中也写道："人即使不像亚里士多德所说的那样，天生是政治动物，无论如何也天生是社会动物"④），却并没有给出任何一种特别优越的社会形式（如家庭或民族）。个人既有可能通过相互结合而"产生更大的力量"，又有可能"相互对立，彼此不和"⑤，而这一切完全无法预先决定——这与剩余的原则是一致的。可见，斯宾诺莎在这里与同时代的霍布斯相当不同。按照霍布斯，利维坦——这是一种绝对君主制——也是为了帮助人们自我保存而建立的，但是据说它是唯一可行的社会形式，别的形式则会导致混乱和毁灭。斯宾诺莎在遗著《政治论》中虽然分别讨论了君主制、贤人制（有时误译为贵族制，但是斯宾诺莎和其他许多学者在论述贤人制时都反对世袭贵族，主张推举贤能）和民主制，却并没有做多少褒贬，而是提出了一条通用的原则：任何社会倘若建立在民众对统治者的恐惧之上，就会面临危险，因为社会的存在"本来是为了克服共同的恐惧，消除共同的不幸"⑥，而一个在自身内部产生恐惧的社会肯定会倾向于

---

① 〔荷〕斯宾诺莎：《伦理学》，贺麟译，北京：商务印书馆，1997年，IP29，第29页。
② 〔德〕黑格尔：《哲学全书·第一部分·逻辑学》，梁志学译，北京：人民出版社，2002年，§158Z，第288～289页。
③ 〔荷〕斯宾诺莎：《伦理学》，贺麟译，北京：商务印书馆，1997年，IVP35S，第195页。
④ 《马克思恩格斯文集》第5卷，北京：人民出版社，2009年，第379页。
⑤ 〔荷〕斯宾诺莎：《政治论》，冯炳昆译，北京：商务印书馆，1999年，第17页。
⑥ 同上书，第27页。

解体（原则上，这意味着一个社会可以通过对外战争来把恐惧的对象转移到外部，但是斯宾诺莎反对这种做法，本章第三节将予以考察）。更一般地讲，多个存在者之间的关系如果对它们的自我保存不利，就倾向于造成不稳定和冲突。这一点普遍适用于整个自然，包括个体的健康、生死等。

不过，他的三部主要著作（《伦理学》《神学政治论》和《政治论》）都是以社会领域为焦点的。对社会领域的主体而言，自我保存的努力虽然不可违抗，却也总是按照人的目的来调节的，或者说人的目的为自我保存的努力赋予了某种形式。目的、善恶等观念只有在社会领域中才有意义。然而，它们有时被挪用到了整个自然身上。用斯宾诺莎的话说，"人们尽都循目的而行"，却经常会想象自然也具有某种目的，乃至会屈从于人的目的，仿佛万物"无一非为人用"①。如前所述，这样的幻想源于对神或自然的拟人化，只不过这次不是把它当作统治者，而是把它当作被统治者。虽然人类中心主义一般被视为启蒙的产物，斯宾诺莎却把这种"盲目的欲望与无餍的贪心"明确称作"迷信（superstitio）"②。可是当自然事物对人造成损害时，情况又会有所不同：

> 他们（按：迷信的人）又牵强解说，认这些不幸事情的发生，不是因为人有罪过，渎犯天神，故天神震怒，以示惩戒，便是由于人们祀奉天神，礼节不周，有欠虔敬，致招天谴……他们又宣称他们确信天神的判断远远超出人的理解。③

这些胡说在数百年后的今天仍然十分常见。斯宾诺莎实际上发现，人类中心主义与对自然的恐惧是一体两面的：自然在一些人面前扮演被统治者的角色，在另一些人面前则扮演统治者的角色，只不过前一种愚昧在现代占据了主导地位，而后一种愚昧只能伺机而动，一旦抓住

---

① 〔荷〕斯宾诺莎：《伦理学》，贺麟译，北京：商务印书馆，1997年，IApp，第37、38页。
② 同上书，IApp，第38页。
③ 同上书，IApp，第38~39页。

机会，就把一大堆对自然毫无意义的道德扣到自然头上。斯宾诺莎嘲笑所有这些人说："保持自己现有的和固有的愚昧状态，实远比廓清这一套旧成见，另外想出一些新东西来要容易多了。"①

这样一来，我们就得到了剩余概念的斯宾诺莎版本：这里的一般概念是社会领域中的有目的的自我保存，特殊范围则是相互结合的个人，只要这种结合可以增强他们自我保存的能力。至于由这些特殊范围构成的实际处境，则取决于他们各自的目的和相互关系。

三、三种知识形式

社会领域中的主体在自我保存时的目的是多种多样的，它们可以按照斯宾诺莎所提出的三种知识形式来划分。可以预先说明的是，这里的"知识（cognitio）"泛指人的一切认知，而不限于技术领域中的客观知识。第一种知识形式包括意见（opinio）和想象（imaginatio），第二种是理性（ratio，即德国唯心主义所说的知性），第三种则是对个别事物的直观（intuitio），也是唯一一种能够充分理解神（即一切存在者共有的自我保存的驱动）的知识形式。第一种知识形式倾向于我所说的愚昧的意识形态，第二种则倾向于进步主义（这里当然只考虑社会领域；理性在技术领域中是完全适用的）。只有在第三种知识形式中，自我保存的努力（如友谊）才能同时摆脱愚昧和进步主义，或者说既不忽视技术领域，又不追求使社会领域服从某种统一的自我保存的力量。这一小节将简要描述这三种知识形式，并初步批判前两种。详细的批判是后面两节的任务。

就第一种知识形式而言，意见来自零碎的、片断的经验，想象则来自事物之间的未经证实的联系。斯宾诺莎举例说，一个人或许懂得计算数字的比例，但这可能只是因为他照搬了别人的做法，或者仅仅记住了相关的公式，却没有任何理解②。这与我所说的愚昧是一致的。

---

① 〔荷〕斯宾诺莎：《伦理学》，贺麟译，北京：商务印书馆，1997年，IApp，第38～39页。
② 同上书，IIP40S2，第79～80页。

这样的情况在今天也很常见：不少人在走出学校之后，他们所学的一切就退化成了第一种知识。用第一章第二节的例子来讲，愚昧的意识形态惯于幻想自然界具有稳定的倾向，而这属于这里所说的意见，因为它立足于相当狭隘的经验。同时，这种幻想是为了诱导民众相信某种统治形式也应该保持稳定，而这正是一种想象，因为它把一种关于自然的看法直接转换成了一种政治主张。在这些情况下，自我保存的努力要么很容易失败，要么只能求助于侥幸。斯宾诺莎毫不含混地写道："第一种知识是错误的原因。"① 当然，这一切绝不是说人类可以简单地避开第一种知识形式。相反，它不仅不会完全消失——例如，任何经验极端地看都是零碎的，这是《庄子》所说的望洋兴叹——而且完全有可能给思考、讲解和讨论带来帮助，例如类比往往十分有用，据说德国化学家奥古斯特·凯库勒（August Kekulé）也是由于梦见了一条噬身之蛇，才提出了苯的环状结构（虽然这个故事可能是他编造的）。但是思想倘若一直停留在这个水平上，就很有可能导致愚昧和迷信，前面和后面的例子都可以表明这一点。

不仅对传统经验的盲从显然属于第一种知识形式，而且资产阶级意识形态所主张的自利原则也有这种倾向。这种原则实际上促使人们坚持自己的意见或想象（比如各种低俗的欲望），阻碍批判性的思考，因为这仿佛意味着对"自我"的否定或放弃。换句话说，自利可以带来"自由"，思考则会通向"奴役"。更确切地说，思考很容易让低俗的欲望显得毫无意义，而这对自利的主体来说很可能会造成生命力的下降，因为他们的自我保存是按照第一种知识形式来运作的。因此，虽然这种自利经常被理解为一种高度理性的、冷冰冰的计算，但这是一种错误的批判。例如，当代的一些消费行为（不论是自发的，还是被诱导的）根本不会让消费者有计算的空闲，而会设法让他们从自己的意见或想象中获得享乐——通俗地说，这就是享受"自我"。于是，商品和消费场所必须具备一大堆浅薄的属性，有的是刺激性的经验，有的是某种身份和地位的象征（需要注意的是，与怀旧和复古相关的

---

① 〔荷〕斯宾诺莎：《伦理学》，贺麟译，北京：商务印书馆，1997年，IIP41，第80页。

第二章 斯宾诺莎：对剩余的忠诚

消费完全有可能结合这两个方面）。进一步讲，"理性"的计算——比如对货币的追逐——同样有可能以某种幻想中的"自我实现"为基础。例如在《威尼斯商人》中，夏洛克经常夜里拿着蜡烛爬进地下室，沉醉在自己的黄金当中。用尼采的话说，这无疑是一种"人性的、太人性的"驱动，而不是任何一种无情的理性。顺带一提，真正的理性出现在这部喜剧的最后，当夏洛克准备从安东尼奥身上割下一磅肉时，假扮成法学博士的鲍西娅抓住了契约的漏洞，要求他只能割一磅肉，不能流一滴血，结果夏洛克毫无办法——理性可以是欢乐的。

然而，反抗的意识形态往往也有类似的问题。不仅古代的反抗经常诉诸迷信和天真的愿望（尤其是对小土地所有制的憧憬，第一章第二节谈到了这种愿望的不可能性），而且就资本主义社会而言，马克思已经指出了两种错误的反抗形式。其一，他在《1844年经济学哲学手稿》中斥责了"粗陋的共产主义"，认为它的基础是"忌妒心和平均主义欲望"①：由于每个人都对他人的财产十分眼红，所以只能强行通过平均主义，乃至借助公妻制来达到"共产主义"。这种意识形态是与贫穷和低俗的经验相适应的。其二，马克思也不认同捣毁机器、破坏工厂的工人运动。这种意识形态简单地把机器（和后来的泰罗主义、福特主义等）与剥削和压迫联系起来，因而往往把更加传统的手工业或农业想象成某种令人满意的生产方式。这种想法不仅是错误的（它忽视了前资本主义社会的人口过剩），而且在资本面前是软弱无力的，虽然它有时显得很暴力。用《资本论》的话说，"孤立的工人"在比较成熟的资本主义社会中"是无抵抗地屈服的"②。事实上，陈旧的共同体虽然并不是个人主义的，却同样是"孤立的"，因而同样倾向于"无抵抗地屈服"。

从剩余的角度看，由于这样的知识很不可靠，所以当不同的特殊范围相互碰撞时，恐怕很容易造成毫无意义的混乱。例如，不同的消费者有时会盲目地拥护不同的品牌或偶像，有时又会毫无原则地变换

---

① 〔德〕马克思：《1844年经济学哲学手稿》，北京：人民出版社，2000年，第79页。
② 《马克思恩格斯文集》第5卷，北京：人民出版社，2009年，第346页。

阵营——类似的现象在民族主义那里也经常出现。用《神学政治论》的话说，统治者只要善于"欺瞒人民"，就可以驱使后者"英勇地为奴隶制度而战"，甚至让人把由此导致的牺牲"引为无上的光荣"①。资本主义的统治似乎不过是把这一切扩展到了日常的享乐和无处不在的媒体当中。

第二种知识形式——理性——是现代人十分熟悉的。斯宾诺莎的例子仍然是数字的比例：一个人可以按照数学来理解比例②。这样的知识正是技术领域中的客观知识；用斯宾诺莎的话说，通过"遵循理性的指导"③而得到的好处"是人人共同的，而且是人人皆可同等享有的"④，这与我对客观性的界定相一致。斯宾诺莎对这种知识形式当然持肯定态度，他本人对当时的数学和自然科学也十分关注。本章开头引用了他的一句名言："真理既是真理自身的标准，又是错误的标准。"这句话同时适用于第二种和第三种知识；对第二种知识来说，这句话的含义是很简单的，例如 π 如果是无理数，就不是整数或分数。

不过，他也注意到了理性与我所说的社会领域之间的不相容，并给出了两条批判的思路。第一条思路是强调人们对身体的无知："没有人能够确切了解身体的结构，可以说明身体的一切功能"，因而一般来说，"如果有人说身体的这一行动或那一行动起源于心灵对肉体的支配，那么，他们就不知道他们所说的是什么"⑤——德勒兹、奈格里等学者经常援引这个观点。不过，斯宾诺莎在这里并没有正面谈论社会领域的特征，而是从反面指出了当时的理性在应用于人体时的重大局限。在马克思主义的历史上，似乎正是由于忽视了这一点，第二国际的理论家才能把斯宾诺莎作为自己的理论先驱。20 世纪共产主义国家的计划经济或指令经济似乎也倾向于把身体的复杂性抛到一边。

然而，当前的生命科学已经在这个问题上取得了伟大的成就，却

---

① 〔荷〕斯宾诺莎：《神学政治论》，温锡增译，北京：商务印书馆，1996 年，第 11 页。
② 〔荷〕斯宾诺莎：《伦理学》，贺麟译，北京：商务印书馆，1997 年，IIP40S2，第 79~80 页。
③ 同上书，IVP36D，第 195~196 页。
④ 同上书，IVP36，第 195 页。
⑤ 〔荷〕斯宾诺莎：《伦理学》，贺麟译，北京：商务印书馆，1997 年，IIIP2S，第 101 页。

第二章　斯宾诺莎：对剩余的忠诚

也让我所说的进步主义获得了前所未有的力量。为了自我保存，人们据说有必要"合理"地饮食、起居、锻炼等——"合理"的生活现在可以安排得像钟表一样精确，只不过不同的养生之道还在争吵不休。齐泽克讽刺说，人们经常装作自己能够看懂食品包装上的营养成分表[①]；我们中国人还喜欢人云亦云地抵制某些食品或配料。不仅一大堆产业都是围绕这种意识形态来运转的，而且流行文化中还出现了一种幻想：只要人们定期检查身体（包括心理），及时调整和治疗，社会问题就可以迎刃而解了。在这一切面前，如果仅仅指出理性的知识不具有终极的精确性，那绝不是一种严肃的批判，而是一种消极的抗拒，并不足以推翻主流意识形态（第一章第三节提到了这一点）。因此，斯宾诺莎针对第二种知识形式所提出的第一种批判也许已经无法阻挡进步主义了。

第二条批判的思路是更加根本的，那就是借助第三种知识形式，即对个别事物的直观（这与康德、费尔巴哈等人所说的直观有很大差别）。虽然斯宾诺莎大量使用了神学的语言，因而在后代的解释者中造成了很多困惑，但他所举的唯一一个例子还是很有提示意义的。这个例子仍然是数字的比例——正如阿尔都塞所说，三种知识形式与知识的内容无关，所有知识都具有三种形式[②]：

> 要计算最简单的数目，这些方法（按：指前两种知识）全用不着。譬如，有1，2，3三个数于此，人人都可看出第四个比例数是6，这比任何证明还更明白，因为单凭直观，我们便可看到由第一个数与第二个数的比例，就可以推出第四个数。[③]

[①] Slavoj Žižek: *Tarrying with the Negative*, Durham, N. C.: Duke University Press, 1993, p. 218.
[②] Althusser: "The Only Materialist Tradition, Part I: Spinoza", *The New Spinoza*, ed. by Warren Montag and Ted Stolze, Minneapolis, M. N.: University of Minnesota Press, 1997, pp. 8–9.
[③] 〔荷〕斯宾诺莎：《伦理学》，贺麟译，北京：商务印书馆，1997年，IIP40S2，第80页。

人类似乎拥有两种计算方式。对于稍大的数字，一般人必须诉诸数学，而对于特别小的数字，人们常常立刻就能看出结果，而不需要执行任何计算（至于是否所有人确实都能一眼看出 1∶2＝3∶6，则是另一个问题）。这在今天的校园文化中叫作"数字感"。抽象地讲，斯宾诺莎所说的直观是一种高速的认知，是没有经过充分考虑的，而理性多半是缓慢的，至少是按部就班的。不过，这种直观假如仅仅适用于一位数的算术，显然就只能充当第二种知识形式的初级版本。

可是第三种知识形式在社会领域中不仅很常见，而且具有本质性的地位：当不同的特殊范围中的主体打交道时，由于相互之间的分隔和脱节，所以充分的考虑至少在一开始是不可能的。主体经常不得不在一瞬间凭直觉做出某种反应和决定，而这会实质性地甚至不可逆转地影响社会关系和社会过程，而理性的推理在原则上总是可以推倒重来。粗略地说，这正如与油画相比，水墨画表现为一种覆水难收的过程一样。齐泽克讲过一个故事（虽然他的本意与斯宾诺莎哲学无关）：

> 在旧南非的一次反对隔离的示威中，一队白人警察正在驱散和追逐示威的黑人，其中一名警察手持橡胶警棍在追赶一名黑人女士。不料这名女士的一只鞋掉了；这名警察不假思索地遵守了他的"良好风度"，把这只鞋捡起来交给了她；在这一刻，他们对视了一眼，双方都意识到了整个处境的空洞——在这样一个礼貌的姿态之后，在把她掉落的鞋递给她并等待她重新穿上之后，这名警察就完全不可能继续追赶这名女士并用警棍殴打她了。①

这名警察不假思索的举动决定性地改变了他与这名女士的关系以及事件的结局。更抽象地讲，第三种知识并不取决于任何现成的规定，而会在个别的场合下、在一瞬间产生难以预料的后果；同时，这又是一种必然的过程（这名警察最终是别无选择的）。但在理性看来，个别

---

① Lenin: *Revolution at the Gates*, ed. by Slavoj Žižek, London: Verso, 2004, p. 202.

第二章 斯宾诺莎：对剩余的忠诚

的、无法预先决定的必然性似乎是一种自相矛盾，因为理性的必然性并没有表现为一种在现实的过程中建立起来的东西，而是表现为现成的东西（客观知识的建构和相关的争论当然是在历史中发生的，但这是另一回事，例如π背后的故事并不影响它本身的数学意义）。对第三种知识来说，斯宾诺莎的名言"真理既是真理自身的标准，又是错误的标准"获得了新的含义。一旦这名警察捡起了鞋，继续驱赶这名女士就变成了明显的错误，反之亦然——这里并没有任何客观的真理。

由此可见，第三种知识形式充分展现了剩余的特征。在隔离时代的南非，这名警察与这名女士显然属于不同的世界，他们在打交道时根本没有现成的规则可以依靠（虽然这名警察平时或许是一个种族主义者），而这种陌生的确引起了突破性的行动，并彻底转变了他们的实际处境，或者说转变了他们自我保存的方式。

就不同的时间范围而言，《伊利亚特》中有一个更加戏剧性的例子。波塞顿和阿波罗回忆说，他们曾经被迫给特洛伊王做工，事先约好了"固定的工资"（后来特洛伊王拒绝支付工资，用暴力把他们赶走了）；然后波塞顿非常得意地说，自己为特洛伊人修建的城墙"又宽又美，要使那城永远不坏"[①]。倘若工人像许多学说所设想的那样理性，那么在工资固定的前提下，他或许就不会花费过大的精力了（这种情况在现实中不难看到）。但是也许很多人还具有一种难以抑制的驱动：即使在马克思所说的异化劳动的条件下，他们也会在劳动中追求某种"自我肯定和自我确证"[②]，或者说试图创造某种未来的、未知的自我，在时间的流逝中见证自己的力量。一名平平无奇的清洁工也完全有可能这样做，尽管一般来说这并没有任何好处。这里也出现了一种个别的、不假思索的必然性，而理性的思考恰好很可能会削弱这种建立真理的驱动。

[①] 巫宝三（编）：《古代希腊、罗马经济思想资料选辑》，北京：商务印书馆，1990年，第3页。
[②]〔德〕马克思：《1844年经济学哲学手稿》，北京：人民出版社，2000年，第96页。

第二节 《神学政治论》对第一种知识形式的批判

极度赞赏斯宾诺莎的德勒兹认为,斯宾诺莎主要谴责的是一种"道德主义的三位一体",即"奴才,暴君和教士",他们分别是:

> 带有痛苦情感的人;利用这些痛苦情感,为了建立他的权力而需要这些痛苦情感的人;以及由于人类的境遇和一般的人类情感而感到忧伤的人。①

这固然十分正确,不过只涵盖了斯宾诺莎对第一种知识形式(即意见和想象)的批判,而这正是斯宾诺莎的名著《神学政治论》的主旨。在我看来,这部著作所阐发的思想远远不只适用于当时的基督教世界。倘若单纯把它当成早期的启蒙主义文本,以为它的基本主张是政教分离以及思想自由和言论自由的权利,或许就低估了这部曾经饱受攻击、长期遭到查禁的作品。况且,上一节已经提到,思想和言论的自由在斯宾诺莎看来是人身上的一种不可抗拒的自我保存的驱动,而这与自由主义传统是有差别的。我当然不会过多地谈论斯宾诺莎对《圣经》的解释,而是要分析两个更加普遍的、至今仍然十分要紧的观点,它们都站在第二种知识形式的立场上批判了第一种知识形式。

一、宗教的统治和想象

《神学政治论》的核心观点之一并不是政教分离,而是批判两种对统治的想象,即《圣经》的统治地位和拟人化的神;这实际上是与政教分离不相容的。政教分离意味着把社会活动划分为两个特殊范围,把宗教从公共的、政治的范围中排除出去,要求它仅仅停留在私人的

---

① 〔法〕德勒兹:《斯宾诺莎的实践哲学》,冯炳昆译,北京:商务印书馆,2004年,第29页。

范围内，同时保证它不会受到公共权力的侵犯。于是，不同宗教的信徒可以共享街道、广场等，也可以支持同样的政治团体，可是在私下又可以奉行完全不同的教义，参与不同的宗教仪式，而且实际上相信其他宗教的信徒会遭到某种可怕的下场。夸张地说，两个人可以一边为了同一个政治目的而合作，一边认为对方是顽固的或罪恶的——这当然是一种相当荒谬的情景。许多学者都指出，政教分离是现代西方社会迫不得已的产物：随着城市的发展，信仰相左的人不断聚集在一起，因而只有政教分离才可以让他们比较安定地共存。问题在于，这一切并没有多少哲学意义。

为了考察宗教问题，斯宾诺莎在《神学政治论》中并没有区分社会领域中的特殊范围（更确切地说，他根本没有把这个问题放在我所界定的社会领域中），而是区分了想象与理性，即《伦理学》所说的第一种与第二种知识形式（这两部著作的用词是一致的，不过《神学政治论》的汉译本把"ratio"译作"理智"，我在引文中都改成了"理性"）。如前所述，这无非是错误与正确的区别，只不过《神学政治论》没有像《伦理学》说的那样直白（前者是匿名发表的，但很快就被识破了，后者则没有发表）。斯宾诺莎分析了《圣经》中的许多例子，试图证明预言家一般是想象力丰富的人，却未必有发达的理性，而以才智著称的所罗门王等人根本不懂得预言。由所罗门王撰写的《传道书》更接近于一篇哲学论述，它所思考的是"日光之下，并无新事"（1：9），即如今所说的虚无主义问题。斯宾诺莎不无讽刺地说，由于预言家所面对的是"形形色色浮躁的犹太大众"[①]，所以诉诸想象而非理性是比较合适的。进而，既然《圣经》的大多数篇章都出自预言家之手，这部作品的总体风格就必定是"迁就流行的愚昧无知"[②]，它的大部分内容也就只是简单实用的、易于遵循的道德准则。它既无法用理性来解释，又无法为理性的思考提供依据；换言之，阅读《圣经》不需要借助理性，运用理性也不需要参考《圣经》。在这个意义

---

① 〔荷〕斯宾诺莎：《神学政治论》，温锡增译，北京：商务印书馆，1996年，第193页。
② 同上书，第30页。

上，斯宾诺莎主张"神学不是理性的奴婢，理性也不是神学的奴婢"①；这看上去与政教分离有些相似，其实是一般地指责预言家与"浮躁"的庸人之间的某种联盟，并主张理性必须从中脱离出来（下一节将表明，他的遗著《政治论》进一步探讨了用理性来控制庸人的可能性）。

斯宾诺莎反复嘲笑许多学者的一种做法：不论发现或发明了什么（这当然可能是有价值的），他们都要立刻设法在《圣经》中寻找根据，仿佛这可以使他们的工作显得更有意义，实际上不过是附加了一堆似是而非的说法。柏拉图和亚里士多德的著作在当时也经常扮演类似的角色。用巴迪乌的术语来讲，他们总是想要把自己的工作与一组固定的、官方承认的经典作品"缝合"起来。显而易见，这个观点远远不只适用于《圣经》；任何经典——不论它的目的是"使人博学"还是"使人变得顺从"②——都没有统治地位。有人认为，"马克思主义"这个说法听上去就突出了马克思的特权地位；但是一百多年来，严肃的马克思主义者的做法恰好是相反的。更确切地说，一个人如果企图把随便什么观点和主张缝合到马克思、列宁或毛泽东的著作中，就只会损害马克思主义。

除了《圣经》的统治地位之外，上一节所说的拟人化的神也在《神学政治论》中受到了批判。例如，斯宾诺莎对失乐园的神话做了一种极具争议的解释：在他看来，神在告诉亚当不要吃分辨善恶之树的果实、否则就会死去时，并不是在发布一项命令，而是在说明一个客观知识。换句话说，神的意思多半是这个果实有害健康，会危及生命，因而死亡不过是在吃下它之后必定会产生的结果（这种神显然与自我保存的努力相一致）。相反，倘若神在这里是要发布一条禁令，死亡就不是由这个果实本身导致的，而是神对亚当和夏娃的不法行为所施加的惩罚——这时的神就变成了一个强大而刻薄的统治者。用斯宾诺莎的话说：

---

① 〔荷〕斯宾诺莎：《神学政治论》，温锡增译，北京：商务印书馆，1996年，第202页。
② 同上书，第192页。

第二章　斯宾诺莎：对剩余的忠诚

> 赏罚不一定根据动作的性质，而是完全由于一秉权的人的一时的兴致和绝对的威力，所以只是在亚当看来那个启示是一条律法，上帝是个立法者与秉权的人，这也完全是因为亚当缺乏知识，他才这样想。①

斯宾诺莎的解释肯定不足以很好地处理《圣经》中的许多细节。例如，这个果实假如只是对身体不好，为什么会特地长在分辨善恶之树上？为什么亚当和夏娃在吃下这个可以让他们分辨善恶的果实之后，突然就对性关系产生了排斥？简言之，为什么性关系表现为一种恶？斯宾诺莎并没有顾及这些，不过这并不影响他的基本立场，即反对把神拟人化，因为这些问题所涉及的是恶和性，而不是神。

进一步讲，宗教之所以能够把理想化的经典和理想化的统治者作为一种有效的意识形态工具，当然并不是因为意识形态家有多少才智，而是因为他们所面对的民众类似于斯宾诺莎所说的"形形色色浮躁的犹太大众"。更确切地讲，愚昧的意识形态所制造的想象其实是不少民众自己的想象；意识形态仿佛是民众的一面镜子。巧合的是，《撒母耳记下》提供了一个十分准确的例子（16：20～22）。大卫王的儿子押沙龙篡夺了王位，但他担心民众不支持。于是，按照谋士的建议，他在宫殿的顶上搭起帐篷，与父亲留下的妃嫔交媾，让民众可以看到。可见，这种办法之所以有可能赢得民众的拥护，与其说是因为押沙龙自己相信国王的权力就是支配更多的女性（特别是原本不"属于"自己的女性），不如说这恰好符合许多民众对国王的想象。诚然，很少有愚昧的意识形态如此夸张地把交媾的场面暴露出来，但这种暗示至今也没有消失。况且，这种人所共知的场面是否直接暴露在眼前其实是无所谓的。从这个角度看，经典作品的统治地位同样无非满足了一种低俗的关于性能力的想象：一切有意义的认知和行动都必须作为经典的后裔而存在，否则就必须被禁止、被毁灭。按照一些更加无趣的神话，（本民族的）人也是由神繁殖出来的。

---

① 〔荷〕斯宾诺莎：《神学政治论》，温锡增译，北京：商务印书馆，1996年，第72页。

这一切与政教分离有不容忽视的差别。按照自由主义传统，第二种知识在"神圣不可侵犯"的私人空间中完全有可能毫无地位；人们在私下完全有可能沉迷于想象，甚至走向形形色色的原教旨主义，并最终对公共空间造成致命的威胁。这在当前已经成了一个极其令人担忧的问题，因为有大量原教旨主义者并不是来自贫困落后的地区，而是来自长期奉行政教分离的国家。这也许在根本上是一种以自由的名义丧失自由的过程，尽管这篇论文无法予以考察。

用当代哲学的话说，斯宾诺莎所说的想象与理性的区分相当于隐喻与转喻的区分。隐喻的基本操作是：如果两个事物拥有某个类似的属性，它们之间就可以建立隐喻的关系（上一节讲过，斯宾诺莎所说的想象是指事物之间的未经证实的联系）。例如，某些工人的处境容易让人想到工蜂或工蚁，因为它们都要不停地劳作，却只能勉强维持生存，而且一旦丧失了劳动能力，就会遭到遗弃。显而易见，这种想象固然有可能打动一些人，却无法为工人运动提供任何参考，因为工蜂或工蚁是没有能力反抗的。转喻的基本操作则关系到一个事物拥有怎样的属性，而这是一种客观知识。例如在很多情况下，工人与手显然具有转喻的关系，因为手是典型的劳动器官。同时，工人需要再生产他们自身，所以他们仿佛又成了胃。进而，工蜂和工蚁只要在本能的驱使下就会服从自己的天职，工人则必须在意识形态的教导下才有可能听命于资本家，因而工人也是眼睛和耳朵。总之，工人担负了头脑之外的一切任务，而充当头脑的当然是资本家——这就是马克思所批判的脑力劳动与体力劳动的分工。

转喻和隐喻的概念有助于表明，很多通常叫作想象的东西并不是斯宾诺莎所说的想象，反而是一种理性。例如，当一名画师要设想变异的昆虫时，他所能利用的全部材料最终都来自对现实中的昆虫等动物的观察。他如果不知道什么是复眼，就不太可能画出类似的对象；他对昆虫的认识越是丰富，就越有可能把诸多特征拆散之后重新组合起来，由此画出有趣的作品。在科幻电影中，如果一种虚构的飞行器看起来飞得很自然，那必定是以物理学为基础的。更极端地讲，按照鲁迅，

> 描神画鬼，毫无对证，本可以专靠了神思，所谓"天马行空"似的挥写了，然而他们写出来的，也不过是三只眼，长颈子，就是在常见的人体上，增加了眼睛一只，增长了颈子二三尺而已。①

事实上，如果一名作者对人和其他生物（乃至非生物）有更好的认知，他所描绘的鬼神或许也可以更加有趣。在我们的时代，肤浅的流行文化惯于抬高想象，并认为理性会禁锢人们的思考。这种禁锢固然是一个严重的问题，但是通常对想象和理性的界定也许只会造成困惑，而按照斯宾诺莎的界定（以及转喻和隐喻的概念），真正可以打破束缚、推动思考和创作的力量在很多时候恰好是适用于技术领域的理性。

二、法律、意见和民族

《神学政治论》的另一个核心观点是强调法律的客观性，并以一种特别的方式来肯定民族的地位。前一个方面尤其表现为法律与私人关系的分离，因为法律服从的是第二种知识形式，即适用于技术领域的客观性（这在当代已经扩展到了全人类的层面，这个层面的法律虽然还比较初级，但决非毫无意义），而私人关系只是一种意见或片断的经验，因而属于第一种知识。在帝国主义战争等极端的情况下，就连国家也仅仅代表了意见，从而只是私人性的。这一切本来应该是当代人比较熟悉的，但在今天，法律的客观性遭到了一种古怪的怀疑，即认为人情"高于"法律。可是显而易见，一部分人情对于人类是普遍适用的（比如对低龄和高龄人群的特别照顾），因而完全可以为法律所承认、由法律的强制力来保证，尽管这并不是说在这些问题上单纯依靠法律就足够了，也不是说现实中的法律已经充分反映了这些人情；另一部分人情则属于私人关系，所以法律对它们的排斥是完全正当的。

---

① 《鲁迅全集》第 6 卷，北京：人民文学出版社，2005 年，第 227 页。

简言之,"人情"一词在理论中是很含混的。意识形态家可以通过前一种人情来"证明"人情的重要性,然后在需要袒护私人关系时宣称,人情既然如此紧要,就有资格藐视法律——这种花招表面上十分敬重普遍的人情,实际上是对后者的操纵和侮辱。

但是必须注意的是,斯宾诺莎并不赞同当时盛行的自然状态假说(他读过霍布斯的《利维坦》,霍布斯也称赞过他的《神学政治论》)。表面上,自然状态假说贯彻了理性的原则,试图从一种据说适用于全人类的自然状态中推论出一组最基本的法律。例如,霍布斯从一切人反对一切人的丛林中推论出了绝对君主制的必要性。在这里,对民族的肯定仿佛只能被视为一种非理性主义,因为民族表现为一个本地化的特殊范围。按照这个框架,理性主义政治哲学(从霍布斯、洛克到罗尔斯)的一大主题就是自然状态究竟是怎样的,非理性主义政治哲学则反对自然状态的概念,试图把民族、宗教等因素放到更加突出的位置上。更现实地讲,整个局面表现为现代自由主义及其不满——当然,斯宾诺莎、黑格尔等人在这条思路中的地位向来十分尴尬。

为了说明斯宾诺莎对这种"理性主义"的拒斥,我需要援引他的遗著《政治论》开头的一段话:某些"哲学家"

> 一旦学会赞扬某些根本不存在的人性,和诋毁某些实际存在的人性,他们就自认为已经达到了智慧的顶峰。实际上,他们没有按照人们本来的面目来看待人,而是按照他们所希望的样子来设想人(按:"设想(concipio)"原译"想象")。[①]

这与后来马克思对"哲学家"的批判如出一辙。这段话的理论后果当然是极其广泛的,但就自然状态假说而言,这段话无非意味着自然状态中的人是与哲学家"所希望的样子"密切相关的,或者说这种人的形象是剪裁和筛选的结果。马克思在批判李嘉图时也认为,后者把

[①]〔荷〕斯宾诺莎:《政治论》,冯炳昆译,北京:商务印书馆,1999年,第4页。

"原始的渔夫和原始的猎人"直接当成了"商品占有者"①。因此，自然状态假说虽然以理性主义的面貌出现，却仅仅立足于零碎的、片断的经验，即斯宾诺莎所说的意见，而这并不是客观知识，反倒是第一种知识。

用传统逻辑的术语来讲，自然状态学说所运用的推理形式既不是直言推理（以霍布斯为例，直言推理表现为"人与人之间原本处于战争状态，所以绝对君主制是必要的"），又不是假言推理（"如果人与人之间原本处于战争状态，那么绝对君主制是必要的"），而是颠倒的假言推理，即"我若要论证绝对君主制的必要性，就需要把自然状态设定为战争状态"。可见，实际的因果关系与文本的写作顺序是相反的：为了得出自己希望的结果，理论家回过头去构造了这个结果所必需的"前提"，然后在文本中又从这些"前提"出发推论出了"必然"的结果。当然，严肃的科学肯定需要借助构造出来的范畴（比如暗物质），但这些范畴的目的是解释客观现象，而不是为某种暗中剪裁过的意见提供依据。

当然，斯宾诺莎也没有站在非理性主义一边，没有把民族、国家等视为法律的主要基础。虽然他在《神学政治论》中反复申明自己愿意接受官方的审查，但这不仅没有改变这本书的命运，而且我们很难相信他真的以为自己的学说（比如上一节所探讨的观点）对本国的统治者是无害的。直截了当地说，斯宾诺莎在当时的环境下无疑是在挑战荷兰共和国，更不用说全欧洲的君主了。更尖锐地讲，他给国家提的建议其实是破坏性的。例如在他看来，倘若国家抑制了言论自由，那么"贪财奴，谄媚人的人，以及别的一些笨脑袋"是不会反抗的，因为

> 这些人以为最高的超度是把他们的肚子填满，与踌躇满志地看着他们的钱袋。抵抗统治者们的人却是那些因受良好的教

---

① 《马克思恩格斯文集》第5卷，北京：人民出版社，2009年，第94页。

育，有高尚的道德与品行，更为自由的人。①

但这种状况未必对国家有害。第一章开头说过，统治的秘诀恰好是把缺乏灵魂的"死人"不断再生产出来，或者说把大多数人压制在没有自由的水平上，使他们丧失反抗的能力（然后抱怨人才难得、外敌太强等）。斯宾诺莎还提出，一个人如果不同意某条法律，但并没有违背这条法律，而是"就其所信，发为言论，或用以教人"②，就不会造成威胁。换句话说，单纯的言论仿佛可以不产生任何相应的行动，从而是可以容忍的。鲁迅有一句著名的话说明了这种想法的错误："一见短袖子，立刻想到白臂膊，立刻想到全裸体，立刻想到生殖器，立刻想到性交，立刻想到杂交，立刻想到私生子。"③ 于是，为了避免恶劣的后果，一开始就必须禁止穿短袖。在流行文化中，这种状况被比喻为泡沫：一旦泡沫表面上的任何一处遭到了损害，整个泡沫就会崩坏，所以为了防止崩坏，就必须维护每一处，不论它看起来是否无关紧要（短袖、债务链中的任何一个环节、单纯的言论等）。因此，当斯宾诺莎在17世纪主张单纯的自由言论并没有危害时，他恐怕是不正确的，尽管他极有可能知道这一点。

总而言之，正如奈格里所说，斯宾诺莎反对"以任何方式来建立法治（法治国家，Rechtsstaat）"，因为他根本没有把国家看作某种"崇高"的对象④。至于民族，斯宾诺莎早已被赶出了犹太教会堂。那么，他在何种意义上肯定了民族的地位呢？

这种肯定对庸俗的民族主义来说是难以接受的：斯宾诺莎详细考察了古犹太人（他们实际上形成了一个如今所说的民族国家，虽然后来分裂成了两个国家）衰败的历史，并从中得出了一些在他看来普遍适用的教训。用他的话说，古犹太人的衰败一般被归咎于他们的硬心肠，

---

① 〔荷〕斯宾诺莎：《神学政治论》，温锡增译，北京：商务印书馆，1996年，第275页。
② 同上书，第273页。
③ 《鲁迅全集》第3卷，北京：人民文学出版社，2005年，第557页。
④ Antonio Negri: *The Savage Anomaly*, Minneapolis, M. N.: University of Minnesota Press, 1991, p.114.

第二章　斯宾诺莎：对剩余的忠诚

而"如果希伯来人比别的民族心肠硬，其咎是在他们的法律与风俗"[①]，所以这些法律和风俗就成了批判的对象。例如，古犹太人的高级祭司喜欢"在宗教的与世俗的事务上追求他自己的名字的光荣，用祭司权解决各种事务，天天发出关于仪式、信仰，以及一切别的新的命令"[②]。用流行文化的说法，他们追求的是自己的存在感。结果，对他们的奉承代替了对法律的遵守，而这意味着私人关系取得了支配地位。可见，频繁地变更法律对法律本身是有害的。这篇论文没有必要详细分析斯宾诺莎对古犹太人的批判，但他的思路表明，适用于全人类的法律并不是某种现成的东西，而是历史的产物，特殊的民族则有可能为这种客观知识做出自己的贡献（这一点对于现代科学也能成立）。更抽象地讲，对技术领域的问题而言，民族（或其他形式的特殊范围）的角色不外是通过自身的历史来提供具有客观意义的经验和教训，虽然民族等无疑还有社会性的方面。

可以说明的是，这种特别的民族观念在 20 世纪有一个重大的回应[③]。在纳粹掌权之后，作为犹太人的弗洛伊德针锋相对地撰写了《摩西与一神教》。乍一看，它的主题是非常怪异的：弗洛伊德极力论证摩西并不是犹太人，而是埃及人。于是，犹太历史上最伟大的人物之一、见过神的后背的摩西变成了一个外族人。当然，弗洛伊德找出了不少证据，但这不是这里关心的重点。问题非常明显：在反犹主义的浪潮面前，为什么他的回应反倒是一种自我贬低，是破坏本民族的神话？他仿佛应该强调犹太民族的古老和优越，甚至反过来蔑视日耳曼人等——这是庸俗的民族主义者最擅长的事情。但是弗洛伊德并没有掉进这个陷阱。他所做的历史考证包含了对纳粹主义的真正回击：神话无法显示一个民族的优越，因为神话不仅不可靠，而且可能隐藏了令人难堪的真相。弗洛伊德并没有通过分析日耳曼人的神话来说明这一点，而是把目标对准了本民族的神话；这是一种出人意料的崇高。这种做

---

① 〔荷〕斯宾诺莎：《神学政治论》，温锡增译，北京：商务印书馆，1996 年，第 246 页。
② 同上书，第 252 页。
③ Slavoj Žižek: *The Universal Exception*, London: Continuum, 2006, p. 19.

法与《神学政治论》十分相似，都是通过某种对本民族的批判来得出适用于全人类的观点，而且在某种意义上真正反映了犹太人的不同寻常。此外，作为犹太人的马克思与他们在这一点上也是很接近的，虽然斯宾诺莎对他并没有多少直接影响。

就民族对客观知识的意义而言，斯宾诺莎等人的立场不仅不同于庸俗的民族主义，而且有别于流行的多元主义。虽然这两种意识形态表面上并不一致，但在面对相对落后的地区时，多元主义实际上经常把技术领域的问题撇在一边，甚至有意无意地忽视人道主义，即基本的生活需要和安全保障。例如，由于印度的女性问题非常著名，所以多元主义者是不敢怠慢的；可是一旦换成别的地方，他们往往就不再过问性别问题，而是专心赞美当地的风俗、传统等，尽管家庭暴力或许是传统的一部分。于是，不少消费者乐于享受其他民族的风情，惊叹于其他文化的奥妙（至少对我们中国人来说，"其他"还包括古代），却很少关心客观的、理性的方面。有一张流传甚广的照片讽刺性地显示了这一点：大片的垃圾包围了泰姬陵，尽管这只有从空中俯瞰才能发现，而站在泰姬陵前面是看不见垃圾的——多元主义的视角经常只是后者。

第三节 《伦理学》对第一种和第二种知识形式的批判

《伦理学》当然也批判了第一种知识形式，因为它是斯宾诺莎耗尽心血的代表作。他在这部著作中仔细考察了48种由于意见和想象而产生的情感——包括希望与恐惧、嫉妒与义愤等，这里没有必要专门加以介绍——并阐述了如何才能远离这些情感，遵循理性的指导。在这里，斯宾诺莎关注的焦点是情感的持续时间。我需要首先解释这一点，然后说明他是如何从第三种知识形式的立场来批判理性的。

第二章　斯宾诺莎：对剩余的忠诚

一、持续时间的长短

斯宾诺莎在一定程度上赞同唯心主义传统，认为变幻无常的情感从长远来看只会给人带来损害。但在他看来，一种情感之所以不稳定，并不单纯是因为身体的存在，而是因为这种情感源于"心灵的被动"①，这种被动则是由于一个人自我保存的努力被别的存在者压倒了（本章第一节说过，这里并没有原子主义的暗示）。由于别的存在者是无可预料、无法控制的，所以被动的情感必定倾向于变幻无常。例如，斯宾诺莎写道："希望是一种不稳定的快乐，此种快乐起于关于将来或过去某一事物的观念，而对于那一事物的前途，我们还有一些怀疑。"② 可见，由于"那一事物的前途"是难以确定的，所以希望可能会使人的情感发生各种各样的波折。用流行的话说，希望越大，失望越大。总的来看，斯宾诺莎明确地"把人在控制和克制情感上的软弱无力称为奴役"③。

然而，只有第一种知识会使人面临这样的状况，第二种知识则不然。一个人只要对某件事有合理的认识（用上一节提到的失乐园的例子来说，就是分辨善恶之树的果实有害健康），就不会陷入被动，而是可以保持情感的稳定。用斯宾诺莎的话说，"凡是起于理性或为理性所引起的情感，如果把时间算在内，比那和我们认为不在面前的个体事物有关的情感，有更大的力量"④。在这里，"把时间算在内"指的就是从长远来看。这一切大致相当于冯友兰十分推崇的"以理化情"。需要说明的是，这并不是说理性的知识是固定不变的。随着事物的变化，相关的知识当然有可能改变，但是能够掌握这些知识的人依然不会受制于外部的事物。正如许多哲学家所说，理性的对象始终是当前的、现在的、在场的存在者。反之，意见和想象完全可以保持很长时间，

---

① 〔荷〕斯宾诺莎：《伦理学》，贺麟译，北京：商务印书馆，1997年，IIIDefAff，第164页。
② 同上书，IIIDefAff12，第154页。
③ 同上书，IVPref，第166页。
④ 同上书，VP7，第243页。

甚至形成稳固的传统，编造出古老的神话和"永恒"的偶像，只要它能有意无意地掩盖它所造成的系统性的损害。正如林肯所说，"你可以在某些时候欺骗所有人，也可以始终欺骗某些人，但你无法始终欺骗所有人"。因此，与一种知识相关的情感是否能够稳定地延续与这种知识是否能够长久存在并没有内在联系，《伦理学》所讨论的是前一个方面。

从剩余的角度看，理性的控制在社会领域肯定会遇到麻烦。但是毫不留情地讲，受制于第一种知识的主体在一定程度上恰好可以被下降为理性的对象。例如，倘若一个人乐于崇拜偶像，那么不论他自己如何理解自己的行为，一个理性的主体或许都很容易把握他的行为模式（比如相关的消费）；这个理性的主体若要利用或奴役他，也许就不会太困难，因为他多半无法逃出客观知识的掌握。更极端地讲，愚昧的或狂热的民众与冷静的"贤者"有时可以构成一种不祥的联盟，前者充满了被动的情感，却以为自己在发动某种事业（上一节提到，充满想象力的预言家也可以与愚昧的民众结合起来）。斯宾诺莎当然对这种"贤者"的角色毫无兴趣，但在当时的环境下，他的确是从第二种知识形式出发来考察大多数人和国家的，因为这些对象不幸处于更低的水平。他在这方面的研究集中在遗著《政治论》中。如果说《伦理学》的主题之一是如何借助理性来获得个人情感的稳定，那么《政治论》的全部内容（当然，关于民主制的部分只写了几页，斯宾诺莎就去世了）就是如何借助理性来维护一个国家的安定，而这种进步主义是与较低的社会发展水平相适应的。

例如，斯宾诺莎认为统治者与大多数人一样，总是倾向于给自己和家庭增加财富（第五章第二节会进一步阐述货币拜物教的问题）；但是统治者有一种特别的发财手段，那就是战争，即通过牺牲民众和"敌人"来让自己获得收入。于是，斯宾诺莎主张通过发展商业来抵消这种倾向，因为繁荣的商业会给统治者带来不少收入，从而使他们不敢或不愿借助战争来致富[①]。在这里，斯宾诺莎首先断定统治者等是由

[①] 〔荷〕斯宾诺莎:《政治论》，冯炳昆译，北京：商务印书馆，1999年，第69、109~110页。

一种被动的情感即贪婪①所支配的，然后就把他们的行为模式作为客观对象来处理了。虽然这种想法与帝国主义的历史并不一致——尽管现代帝国主义国家商业发达，而且相互之间有大量贸易，但是世界大战还是爆发了——但在两次世界大战之后，至少在相对平等的商业伙伴之间已经不容易看到战争的迹象了。进一步讲，今天的战争不论是以反恐怖主义为名义，还是以人道主义干涉为名义，实际上总是有助于把较为封闭的、商业滞后的地区拖进全球资本主义，并按照资本的面貌对它们进行改造。例如，中国的石油企业目前在伊拉克拥有不小的势力，而这既要以比较发达的商业为前提，又会抵消战争的可能性。总之，从斯宾诺莎的立场来看，今天的"文明世界"无非是一个充满错误的世界，只不过统治者恰好可以用理性来支配各种受制于意见和想象的主体，由此促进总体的稳定。在这里，掌握相关知识的人的确能够避免被动的情感，但是相当一部分人和国家是做不到这一点的。我们又一次看到了斯宾诺莎与自由主义传统的差别：虽然双方都试图描述合理的社会制度，但按照斯宾诺莎哲学，在这样的社会中盛行的恰好是被动的情感，这些情感对人的奴役远远没有被消除，或者说大多数人根本不是某种"理性人"（虽然统治者可以运用理性）。

二、永恒

第三种知识形式具有一种与持续时间的长短完全不同的时间模式，斯宾诺莎称为永恒："永恒不可用时间去界说，或者说永恒与时间没有任何关系。"② 因此，永恒并不意味着情感的无止境的延续或社会的安定；这些都立足于理性，即对现在或当前的不断的把握，而斯宾诺莎明确地区别了永恒与"现在的实际存在"③。永恒当然也不是某种彼岸的存在，因为斯宾诺莎所说的神无非是自然，彼岸对他来说是可笑的。

---

① 〔荷〕斯宾诺莎:《伦理学》，贺麟译，北京：商务印书馆，1997 年，IIIDefAff47，第 163 页。
② 同上书，VP23S，第 254 页。
③ 同上书，VP29，第 256 页。

这个概念或许是斯宾诺莎哲学中最晦涩、最不能用常识来揣测的概念，历来也是学者争论的焦点。但我们也许可以从一个最天真的问题入手：在现实中，永恒的存在究竟可以如何持续？

本章第一节说过，第三种知识形式是对个别事物的直观，可是个别事物肯定是在一定的时间内存在的。斯宾诺莎毫不含混地说："天地间没有任何个体事物不会被别的更强而有力的事物所超过。对任何一物来说，总必有另一个更强而有力之物可以将它毁灭。"① 可见，从存在者的层面来看，永恒仿佛无法与第一种知识所造成的情感的变幻无常区分开来——最高的存在与最低的存在看起来是很相似的，这正是俗话所说的"大隐隐于市"，或者用《精神现象学》的说法，"精神的存在是一块骨头"②。但用存在论的眼光来看，无论个别事物如何生灭，它们在追求自我保存时展现出来的都是它们的个别性，即某种独一无二的、不同寻常的特征，尽管它们未必能认识到这一点，也未必乐于认识到这一点。永恒的存在并不适用于任何个别事物本身，而是适用于它们所共有的个别性。用斯宾诺莎的话说，"在神内必然有一个观念从永恒的形式下表示这人的身体或那人的身体的本质"③。这句话的措辞至关重要：斯宾诺莎谈论的是"这人的身体或那人的身体（hujus, et illius Corporis humani）"，而不是身体的一般概念。从剩余的角度看，这里所强调的正是一般概念与本地化的特殊范围之间的差距。本章第一节说过，这种差距还意味着第三种知识在根本上总是缺乏充分考虑的，甚至是在一瞬间产生的。

对斯宾诺莎推崇备至的德勒兹把这种永恒的存在表述为"普遍的个别性"。例如，恋爱总是独特的，它在不同的人身上、在不同的时间和地点会展现出无穷的变化，但我们又毫不迟疑地把它们称作恋爱——这就是直观的认知。从一般概念的角度看，恋爱则是一个人在另一个人的大脑中引发的多巴胺水平上升大约一倍的现象。原则上，使用药物完全可以使人产生恋爱的感受，但这似乎是毫无意义的。更

---

① 〔荷〕斯宾诺莎：《伦理学》，贺麟译，北京：商务印书馆，1997年，IVA，第173页。
② 〔德〕黑格尔：《精神现象学》，先刚译，北京：人民出版社，2013年，第213页。
③ 〔荷〕斯宾诺莎：《伦理学》，贺麟译，北京：商务印书馆，1997年，VP22，第254页。

第二章　斯宾诺莎：对剩余的忠诚

讽刺地讲，《安娜·卡列尼娜》的第一句话十分有名："幸福的家庭家家相似，不幸的家庭各各不同"；在这里，各各不同的不幸（安娜、卡列宁、列文等）代表了普遍的个别性，而这部作品所描写的庸俗的俄国上流社会恰好是幸福的。例如，安娜必须拒绝她的丈夫卡列宁所提出的极其宽大的建议，即与情人弗龙斯基断绝关系，以便维护（形式上的）婚姻关系，并挽救一家人的名誉；她必须追随弗龙斯基，直至死去。同时，卡列宁（安娜把他称为"圣人"）也必须在妻子死后收养她与弗龙斯基的女儿，仿佛这是自己的孩子一样。他们在这时都无法不这样做，虽然这两个行为有很大差别。

不过，这一切并不需要以某种平等对话和相互理解为前提；卡列宁根本不理解安娜，只是做了他认为不得不做的事。斯宾诺莎似乎并没有充分论述这一点。在说明第三种知识与第二种知识相比拥有何种力量时，他认为前者更加"亲切有力"，更能"感动我们的心灵"，因为它出自"依存于神的个体事物的本质自身"①。这种感动的另一面就是容易遭到误解。用黑格尔的表达方式来讲，直观的知识对主体自身而言是一种永恒的真理（这是自为的一面），对他人而言则有可能十分平常，甚至有些古怪（这是自在的一面，第四章会予以解释）。例如，不少恋爱关系显得相当奇特，只不过有教养的人已经对这种状况习以为常了。

这种误解的可能性在现代的社会革命中得到了宏大的展现。一切革命都试图打破现存状况（比如"幸福的家庭"），但每一次革命都是独一无二的，是一种普遍的个别性（第一章第二节说过，前资本主义时代的暴动倾向于重复同样的、幻想的主题）。这正是为什么革命的时机总是显得不成熟，革命者总是显得缺乏充分的考虑②：革命（以及恋爱、艺术创作和科学研究，这是巴迪乌所说的四种构成真理的过程，第一章第四节已经提到了）假如可以按照某种现成的蓝图来进行，就根本不会发生了。例如，法国大革命的最终结局无非是巩固了正在成

---

① 〔荷〕斯宾诺莎：《伦理学》，贺麟译，北京：商务印书馆，1997年，VP36S，第262页。
② Slavoj Žižek: *Living in the End Times*, London: Verso, 2010, p.159.

型的资产阶级社会：资产阶级的"真正统帅坐在营业所的办公桌后面，它的政治首领是肥头肥脑的路易十八"[①]。这一切与大革命期间的光荣与恐怖相去甚远。于是，坐享其成的人产生了一种幻觉，仿佛革命是一段不必要的插曲，是一种急躁的、浮夸的乌托邦主义，只有资产阶级社会的庸俗生活才是实实在在的。然而，至少对法国来说，"实实在在"的一切或许都只有在革命之后才能存在，甚至只有在拿破仑的侵略战争之后才能存在，否则就会继续遭到扼制。这里的悖论在于，罗伯斯庇尔、拿破仑等人最终的失败和君主制的复辟也许与资产阶级革命的胜利是一体两面的。但在明智的看客眼中，失败意味着本来就不应该发生，或者至少不应该以那种方式发生。就恋爱而言，这样的看客已经越来越遭人厌恶了（他们未必善于恋爱，却善于抓住机会发表高明的、老成的见解），但就社会革命而言还不是如此；许多人还未能充分理解自己已经拥有的智慧。

今天的马克思主义者在为革命辩护时，经常采取一种喜剧般的手法。在许多并不出色的传统戏剧中，私奔的情侣为了获得家庭的承认，一般需要做两件事：生孩子和考取功名，因为在他们的家庭看来，似乎只有这两件事是有价值的，恋爱则不然。换句话说，永恒的真理仿佛必须用理性的行为，乃至用愚昧和迷信来包装自己，否则就难以存在。通常的包装不外乎夸大和吹捧，这里的包装则是一种自我掩饰和庸俗化，是《老子》所说的"大白若辱，大方无隅"——最洁白的东西仿佛要有些污浊。于是，革命的"伟大"同样成了生孩子和考取功名，即感染了一代又一代人、在世界上赢得了某些地位等。但这种辩护的手法掩盖了社会革命与人类所拥有的最高的知识形式之间的关联。然而，这里所说的永恒或普遍的个别性如今似乎已经不是某种学究式的概念，也不是某种罕见的现象，而是越来越成了一种活跃的、不可或缺的力量。换言之，许多人都或多或少经验到了第三种知识形式，我所举的一些例子或许也可以反映这一点。按照斯宾诺莎，"心灵愈善于依据第三种知识来理解事物，那么它必定愈愿意依据第三种知识来理

[①]《马克思恩格斯文集》第2卷，北京：人民出版社，2009年，第472页。

第二章 斯宾诺莎：对剩余的忠诚

解事物"①，因为这种知识会带来"最高的快乐"和"心灵的最高满足"②。这一切也许有利于今天的人更加确切地理解革命的伟大，即在个别的场合下、以"不成熟"的方式来打破现存状况。例如，列宁所发动的是葛兰西所说的"反对《资本论》的革命"，毛泽东也必须违反共产国际的一些安排，等等。

斯宾诺莎本人当然并没有谈论革命，不少"忠实"的解释者也没有把他看作一名与社会解放有关的哲学家，而是把他放进了通常的伦理学和政治哲学传统。然而，他在《伦理学》中预示了现代革命的一个关键特征，即无视死亡："自由的人绝少想到死；他的智慧，不是死的默念，而是生的沉思。"③ 在哈特和奈格里看来，斯宾诺莎之所以从自己的哲学中排除了死亡，是因为死亡总是"被国家和权力拿来作为武器"，"用来要挟思想自由"④，而革命者必须拒绝这种被动的状况。例如在"68运动"时，著名的黑格尔学者伊波利特询问十分活跃的巴迪乌：

> "你可曾想过死，巴迪乌先生？"……我（按：即巴迪乌，这是他回忆伊波利特的一篇文章）说："没有。"然后他对我说："你不想是对的。"我们已经从黑格尔走向了斯宾诺莎。⑤

永恒的真理是肯定的、积极的，即使这有可能意味着相关的主体必须准备好以某种方式死去。可以说明的是，虽然斯宾诺莎有时把这个观点表述为不畏惧死亡（"畏惧"即"timeo"⑥），但他的意思是无视死亡、不把死亡作为生活的某种不可消除的背景或参照系，而不是以某种更"高"的方式来看待死亡（在我看来，这与司马迁笔下的刺

---

① 〔荷〕斯宾诺莎：《伦理学》，贺麟译，北京：商务印书馆，1997年，VP26，第255页。
② 同上书，VP27D，第256页。
③ 同上书，IVP67，第222页。
④ Michael Hardt and Antonio Negri: *Empire*, Cambridge, M. A.: Harvard University Press, 2000, pp. 77–78.
⑤ Alain Badiou: *Pocket Pantheon*, London: Verso, 2009, pp. 51–52.
⑥ 〔荷〕斯宾诺莎：《伦理学》，贺麟译，北京：商务印书馆，1997年，VP38，第201页。

客是有距离的)。更一般地讲,这种关于死亡的经验(或无经验)在各种永恒的真理中是随处可见的。在一些奇迹般的故事中,一个人的生理机能已经无法维持下去了,却仍然坚持完成了手中的工作,或者等到了某个人,然后就突然倒下了——他还来不及思考自己的死亡,就已经无法思考了。

三、第三种知识形式留下的难题

前面说过,作为对剩余的最初的忠诚,斯宾诺莎哲学还不可能充分考虑资本主义时代的复杂状况。他当然也不认为物质生产是由社会领域中的剩余原则所主导的,因为他的时代似乎并没有发达的资本主义生产。他与配第几乎一样大,分别生活在欧洲最先进的荷兰和英国,但是两者都还只是海上贸易强国(在配第看来,荷兰的优势并不是勤劳的工人,而是"海运和水运的便利"①,因而认为英国有条件学习荷兰的经验)。因此,不仅如前所述,未完成的《政治论》看待社会的方式是进步主义的,而且《伦理学》的结尾也仅仅探讨了个人如何能遵循第三种知识形式。用今天的眼光来看,这种个人层面的伦理学留下了两个难题:它在现实中并不足以有效地克服愚昧和进步主义。

就愚昧的意识形态而言,法国的斯宾诺莎主义哲学家、数学家让·卡瓦耶斯(Jean Cavaillès)提供了一个重大的例子。他在"二战"期间是抵抗运动的战士,最后被纳粹处死了。他曾经说过:

> 我是斯宾诺莎的追随者,我认为我们到处都看到必然性。数学家的逻辑演绎是必然的。数学科学的阶段是必然的。我们正在发动的斗争是必然的。②

"数学家的逻辑演绎"属于客观知识,而"数学科学的阶段"很有

---

① 〔英〕配第:《政治算术》,陈冬野译,北京:商务印书馆,1978年,第18页。
② Alain Badiou: *Pocket Pantheon*, London: Verso, 2009, p. 11.

第二章　斯宾诺莎：对剩余的忠诚

可能指的是第三种知识，因为在卡瓦耶斯之前，集合论、非欧几何等学说的创立者都经历了漫长的挣扎，付出了沉重的代价。"我们正在发动的斗争"则肯定属于第三种知识，因为至少对卡瓦耶斯等人而言，反法西斯运动是一场独特的、创造性的斗争，它既没有合理的方案［在某种意义上，向纳粹投降的菲利普·贝当（Philippe Pétain）元帅才是理性的代表，因为他仿佛更好地"保全"了法国］，又不是以意见和想象为基础的——纳粹的种族主义则把这种知识形式所能引起的错误发挥到了骇人的程度。这一切看起来完全可以通过斯宾诺莎哲学来理解。

然而，对欧洲来说，纳粹所宣扬的种族主义并不是某种全新的东西，反倒是一种极其陈旧的意识形态，在历史上重复过无数次，至今也没有完全消失，只不过仇恨的对象似乎在一定程度上从犹太人转向了穆斯林。于是，虽然卡瓦耶斯等无数人所参与的反法西斯运动是一种永恒的真理，但它所针对的种族主义却是一种不断重复的、至今还在重复的意识形态。对平庸的思想来说，这无非意味着善与恶的对立永远不会终止（所以仿佛社会解放是不值得思考的，或者说思想应该为庸俗的道德主义服务）。但对斯宾诺莎哲学而言，这里的问题要严重得多：这意味着第三种知识即使在一种特定的意见和想象面前取得了历史性的胜利，也终究无法彻底击败后者——永恒的真理似乎在历史中是软弱无力的。似乎永恒由于不需要长久地延续，就真的只能昙花一现。

不仅如此，中国革命也未能免于类似的问题。例如，性别歧视向来是革命的重要对象，而且中国在这方面无疑取得了历史性的成就。但是不少事实表明，目前的状况并不乐观。马克思曾经明确地把娼妓列入"真正的流氓无产阶级"[①]，但这个阶级现在似乎正在不断被再生产出来。同时，据说有一类问题很难用"是"和"否"来回答，比如"你还打你老婆吗？"这种问题叫作既定观点问题（loaded question）；不论回答"是"还是"否"，我都承认了自己打过老婆。但在如今的现实

---

① 《马克思恩格斯文集》第5卷，北京：人民出版社，2009年，第741页。

中，这个问题也许并非毫无意义。愚昧的意识形态惯于在神圣的经典中寻找性关系的"真理"，并用自己和旁人的经验来加以佐证（这里不用考虑欺骗的情况），却对更加严肃的社会调查没有任何兴趣。更一般地讲，许多低劣的意识形态都重新找到了或大或小的市场，尽管它们曾经仿佛被消灭了（它们只有在比较开放的环境下才能以文化等名义存在，虽然它们往往蔑视自由）。然而，这一切不仅不是说革命时期是值得怀念的，而且恰好相反，这表明社会革命作为斯宾诺莎所说的第三种知识并没有能力真正批判第一种知识，或者说无法消灭意见和想象在社会领域中的恶劣影响。

就进步主义而言，资本主义生产方式正是由一种适用于技术领域的客观性所支配的（这种客观性的代表是马克思所说的价值，第五章将予以论述），而且这对整个资本主义社会具有深入的影响。第一章第三节已经表明，剩余价值的生产尽管显著地展现出了剩余的原则，却也会在根本上给社会领域施加一种理性的限制。这种限制会迫使相当一部分生产者（乃至整个地区）专注于单纯谋生的需要，陷入庸庸碌碌的生活，变成马克思所描绘的"坐在家里而眼光不超出自己买茶叶的杂货店的英国人"[①]。进一步讲，倘若人们不能建立一种全新的秩序，那么就连危机、战乱等也无法真正动摇资本主义的统治，只会造成暂时的干扰。共产主义运动必须从根本上推翻这种理性的统治，而且如前所述，这场运动确实可以被看作斯宾诺莎所说的第三种知识。

然而，要在今天直观到共产主义的真理似乎极其困难。工人运动早已是明日黄花，他们由于民族、行业、岗位等因素而四分五裂；第三世界的农民等下层阶级似乎往往有保守主义倾向；知识分子和学生所追求的不过是一种参与反抗的体验，一种冲击性的、"年轻"的回忆，而不是社会解放；在少数国家发生的强有力的反抗运动虽然有可能为本国带来不寻常的团结和变革，但这些国家在全球资本主义当中的地位却十分有限，因而无法撼动现有的全球秩序，甚至无力抵抗强权的干预。总之，共产主义者似乎无法找到个别的、肯定的真理。如

[①]《马克思恩格斯文集》第2卷，北京：人民出版社，2009年，第621页。

果说这里有某种无法违背的肯定,那就是对全球资本主义的肯定;如果说我们拥有某种关于死亡的经验,那就是总有一天会死在"永恒"的全球资本主义当中。况且,在一个由理性统治的社会中,少数永恒的时刻即使确实来临了(比如恋爱是比较多见的),也会表现为一根可怜的救命稻草,甚至扮演鸦片的角色。但是鲁迅的《伤逝》告诉我们,革命者倘若在局势不利时把恋爱当作一种寄托,就会严重扭曲恋爱本身,并以此为代价来获取短暂的安慰。

  总而言之,按照斯宾诺莎所提供的概念框架,我们可以在当代社会中识别出由第一种知识引起的愚昧和迷信,以及由第二种知识引起的庸庸碌碌的、忙于生计的倾向。但他所给出的个人层面的伦理学无法为批判提供有力的思路。为了解释这两个难题,人们找出了诸多政治的、宗教的、历史的原因;这些当然十分重要,但并不属于本书的内容。另一些人认为,这一切可以单纯通过经济发展(而非粗野的经济增长)来解决;但若全球资本主义系统性地倾向于使一部分群体和地区陷入愚昧或忙于生计,那么即使某些群体和地区摆脱了较坏的状况,也必须以另一些群体和地区为代价,从而无法造成整个处境的转变。第五章将借助马克思的政治经济学批判来进一步考察这两个难题在当今的表现。

第三章

康德：对剩余的常规化

> 封德耐尔说：在一个贵人面前我鞠躬，但我的精神不鞠躬。我可以补充说：在一个身份低微的普通市民面前，如果我在他身上察觉到我在自己本人身上没有意识到的某种程度的品格正直的话，我的精神鞠躬，不管我愿意还是不愿意，哪怕我依然昂首挺胸，以免他忽视我的优越地位。
>
> ——康德：《实践理性批判》[①]

---

① 〔德〕康德：《康德著作全集》第5卷，李秋零编，北京：中国人民大学出版社，2007年，第82页。

伊曼努尔·康德（1724～1804）一生从未离开过他的家乡哥尼斯堡，即现在的加里宁格勒。在这一点上，他与牛顿十分相似。虽然后者并没有始终待在原地——他只去过英格兰的几处地方——但他的科学研究也只需要在家里就可以进行。用海涅的讽刺性的话说，他们都善于用"睡帽睡衣的破布/堵塞宇宙建筑的窟窿"①。这种不动如山的生活形式或许对康德哲学产生了深刻的影响。

同时，康德又坚定地支持法国大革命——他当然非常了解在巴黎发生的光荣与恐怖。在他看来，如果说人类历史究竟是否在前进是一个很难回答的问题，那么这场革命就可以使人对历史抱有一些乐观的态度。他甚至颇为自豪地说，由于在普鲁士拥护革命是十分危险的，容易遭到迫害，所以任何人倘若毕竟敢于站在革命者一边，他的动机就只能是"人类里面的一种道德禀赋"②。在他本人的哲学中，这几乎是最高的评价。当然，这个观点本身并非毫无漏洞：仿佛一个人只要坚定地做一件为主流所厌恶的事情，就足以被视为高尚的人——实际上，这种情况也可能是一种单纯的叛逆。但无论如何，康德的确有理由自豪，因为他在1792年由于自己的立场而受到了普鲁士国王的申斥。

海涅关于康德有一个著名的调侃："他毁灭了上帝存在的一切证明正是为了要恰当地向我们指明，如果我们关于上帝的存在一无所知，那是如何的糟糕。"③ 于是，康德成了一名在适用于技术领域的知性（即前一章所说的理性，这里我将避开"理性"一词）面前热忱地捍卫信仰的哲学家，甚至几乎成了一个庸俗的道德主义者。这种印象造成了严重的误导。他在晚年的《论永久和平》中毫不含混地宣称："建立国家的问题无论听起来多么艰难，纵然对于一个魔鬼民族（只要魔鬼

---

① 〔德〕海涅：《海涅全集》第1卷，胡其鼎译，石家庄：河北教育出版社，2003年，第176页。
② 〔德〕康德：《康德著作全集》第7卷，李秋零编，北京：中国人民大学出版社，2008年，第82页。
③ 〔德〕海涅：《海涅全集》第8卷，孙坤荣译，石家庄：河北教育出版社，2003年，第284页。

第三章　康德：对剩余的常规化

有理智）来说也是可以解决的"① ——这里的"理智（Verstand）"就是知性。这个观点恰好否认了神在实践中的不可或缺的地位，因而是与上述印象不相容的。在我看来，虽然康德绝不是一个天真的启蒙主义者，但他的哲学仍然属于我所说的进步主义，或者说他未能阻止客观性对社会领域的入侵。

本章将首先从《纯粹理性批判》出发来阐述康德哲学中的剩余问题，然后分别以《实践理性批判》和《判断力批判》为基础来展示他对这个问题的处理，并借此说明他对剩余的常规化。顾名思义，常规化所带来的是一种在通常的条件下可以体会、可以操作的东西，而这意味着剩余的原则会受到扼制。然而，这并不是一种单纯的倒退，因为康德正是由此才能够系统性地思考一个斯宾诺莎未曾充分考虑的、同时又非常现实的问题，即我所界定的人道主义。

第一节　康德的剩余问题：先验理念

康德对人的认识能力的考察引起了无数争议，但这无疑是他的伟大贡献之一，而且他的基本观点也不复杂：所有人的头脑都会通过一组共同的功能来处理感官从外部世界接收的信息和身体直接传递给头脑的信息（即外知觉和内知觉，两者都是感性的），并给这些信息赋予一种合理的、有逻辑的形式，由此把它们转化为经验性的知识或关于现象的知识（即我所说的技术领域的客观知识，接下来的"知识"一般指这种知识）。感性的信息表现为杂多的、分散的材料，可是知识（比如一个概念或推理）总是个体化的、有边界的，所以知识不论具有何种经验性的内容，都要服从同一种先验的形式，即康德所说的综合统一。总之，认识过程的起点是感性的杂多，终点是知性的统一。

那么，这组先验的、以统一为目的的功能到底有哪些？是否如康

---

① 〔德〕康德：《康德著作全集》第8卷，李秋零编，北京：中国人民大学出版社，2010年，第372页。

德所说的那样包括时间和空间的形式以及 12 个知性范畴？这些功能又是如何形成的？是千万年来的生物演化的结果，还是社会和文化的产物（从而并不是全人类所共有的）？这些讨论虽然很有价值，但它们所关心的都只是人如何在头脑中处理感性的信息，而不是人如何与实际存在的自在之物打交道；自在之物始终处于这些信息的背后。用《纯粹理性批判》的话说，由于"知性永远不能逾越感性的界限，只有在感性的界限内部对象才被给予我们"①，所以知性永远无法触及自在之物。因此，自在之物的概念并不指示任何对象，而是代表了人类的知性在经验中失败或犯错的可能性，尽管它也不会彻底压抑知性的力量。

由此看来，康德哲学仿佛很好地区分了我所说的技术领域与社会领域——他给出了许多不同层面的称呼，如现象与本体、理论与实践、知识与信仰或道德、自然与自由等。的确，知性在脱节的、不连贯的社会领域中会遇到无可解决的困难，但这只能证明康德正确地看到了知性的局限，而不能证明自在之物等概念确实可以恰当地思考社会领域中的剩余；自在之物尽管是一种"敌人的敌人"，却并不因此就自动变成了"朋友"。我将表明，为了"弥补"知性的局限，康德恰好把它的客观性和它对统一的追求提升到了一种无以复加的地步。

一、建构性原则与范导性原则

康德有一对十分著名的术语，即建构性原则与范导性原则（康德哲学中的"regulativ"似乎不适合译为"调节"，而应该译为"范导"），它们是由康德独创的，在《纯粹理性批判》中才首次登场。建构性原则指的是主体在形成任何特殊的知识时所依据的原则（如前所述，知识是感性的材料与知性的形式相互结合的产物），而范导性原则代表了知性超出自身、追求总体性（Totalität）的倾向。按照卢卡奇等人给马克思主义传统留下的印象，"总体性"一词似乎属于黑格尔的辩

---

① 〔德〕康德：《康德著作全集》第 3 卷，李秋零编，北京：中国人民大学出版社，2004 年，B 303，第 201 页。

第三章 康德：对剩余的常规化

证法，但它实际上是康德的重要概念之一。知性的本性就是不满足于自身的局限，例如追问整个自然的本性对人类而言是一种强有力的范导性原则。更确切地说，知性的这种本性与前面所说的它在经验中失败的可能性（由自在之物的范畴来代表）是一体两面的：假如知性的运行没有受到任何阻碍，例如一个人除了有理数的四则运算之外不懂得任何数学或别的知识（当然，这个例子并不现实），那么知性就不会展现出总体性的倾向了，因为它已经占有了一切。但在康德看来，人类的知性无法摆脱这种"自然的和不可避免的"[①] 倾向。然而，范导性原则并没有任何建构知识的能力，或者说康德意义上的总体性不可能表现为任何一种经验性的知识。例如，没有任何一种传统的或现代的知识可以真正把握整个自然。相反，一切自然知识都遵循建构性原则，因而只能处理特殊的自然对象，否则就只是迷信。

只有在这个意义上，我们才可以初步理解康德的名言："我不得不扬弃知识，以便为信仰腾出地盘。"[②] 这里的"扬弃"意味着一种过程，它的起点是单纯的知识，而没有信仰；更确切地说，在一开始只有建构性原则在运作，而没有别的力量。只有在扬弃的过程完成之后，知识与信仰才会以某种方式并存（下一节将详细论述知性在康德的道德哲学中的地位）。在这里，范导性原则意味着这种扬弃的过程必定会发生，或者说知性必定会试图超出自身的局限，而不会把建构知识当作自己的全部使命。因此，康德绝不会说"抛弃知识"，也不会把某种道德或信仰作为扬弃的出发点。一些愚昧的意识形态宣称自己赞同康德，主张整个自然的终极目的是自由的人（本章第三节会予以讨论），却不屑于了解客观的自然知识——这完全背离了康德哲学。

后代的康德主义的一大焦点是提出不同的范导性原则。例如，柄谷行人把马克思所设想的共产主义视为一种范导性原则。他发现，恩格斯在编辑《资本论》时做了一处非常致命的改动。马克思原本写道：

---

① 〔德〕康德：《康德著作全集》第3卷，李秋零编，北京：中国人民大学出版社，2004年，B 354，第232页。
② 同上书，2004年，B XXX，第18页。

>在资本主义生产内部……全部生产的联系是作为盲目的规律强加于生产当事人,而不是作为他们的集体的理性来服从于他们的共同的控制。①

恩格斯却把它改为:

>在资本主义生产内部……全部生产的联系是作为盲目的规律强加于生产当事人,而不是作为由他们的集体的理性所把握、从而受这种理性支配的规律来使生产过程服从于他们的共同的控制。②

在恩格斯的版本中,"集体的理性(assoziierten Verstand)"或"集体的知性"既然在经验性的生产过程中支配了一定的规律或法则(Gesetz),就必须被理解为一种建构性原则,这些规律则是建构出来的知识。按照这条思路,"集体"实际上相当于支配规律的主体或掌握知识的主体,而这在现实中往往表现为一个集中的权威,如国家。但按照马克思的原文,"集体的理性"并不包含关于生产过程的规律,而是一种把关于生产的知识联合起来的要求。换句话说,关于生产的知识只能处理各种特殊的生产过程,但在广泛的联系中(这是资本主义时代所带来的),所有这些知识(和它们背后的生产者)倾向于构成一个总体,而"集体的理性"不外是这个总体的名称。于是,"集体的理性"是作为一种范导性原则而存在的;它本身并不会在经验性的层面上直接表现为任何一种知识,当然也不会引入某种集中的权威。不过,柄谷行人似乎相信关于特殊的生产过程的知识完全可以按照康德所说的建构性原则来理解(这与前面的分析是一致的),但用我的话说,这意味着生产过程是由适用于技术领域的客观性来支配的;第五章第二节将详细阐述一种不同的观点。

---

① Kojin Karatani: *Transcritique*, Cambridge, M. A.: The MIT Press, 2003, pp. 178 – 179.
②《马克思恩格斯全集》第 46 卷,北京:人民出版社,2003 年,第 286 页。

二、知性概念与先验理念

作为知性的不可摆脱的倾向，范导性原则有一些更加具体的表现，康德把它们称作先验理念。与先验理念相应的是知性概念，它包括通过建构性原则所得出的经验性的知识和12个知性范畴。可以说明的是，知性概念与先验理念同样并非出自过往的哲学，而是由康德独创的。两者有一个共同点：它们都是个体化的、有边界的，因而都意味着一种统一。不过，如果说知性概念并不是一个深奥的术语，那么先验理念就要古怪得多。首先，它是一种理念，而这是德国唯心主义的头号主角之一，也是后面三章（包括马克思的政治经济学批判）的关键。

第一章第一节提到，理念意味着主体既要遵循它的规定和命令，又不可能完全符合它的要求。例如，天真的启蒙主义认为人的知识可以不停地进步，却不会达到终点。更通俗地说，一个人经常需要给自己设定一个较高的目标（比如在写作时要求自己一天写 4 000 字），但我的实际目的并不是达到这个目标，而是接近它（比如写 3 000 字）。这里的悖论是很明显的：我如果要求自己写 3 000 字，大概就只会写 2 000 字了，所以 4 000 字实现为 3 000 字，3 000 字实现为 2 000 字，等等——理念实现为某种在它自身看来并不完善的状况。这种不完善是不可或缺的，或者说是理念的存在条件。理念绝不是为了让人达到而存在的，而是为了让人达不到而存在的，甚至从一开始就是为了让人达不到而设计的（比如压制情欲）。理念的运作就像一则著名的浪漫故事所说的那样，一名女性让一名追求她的男性在窗户下面待一个月，但这名男性在最后一天离开了，因为这是让作为理念的女性保持为理念的唯一办法。这个故事的科学版本无非是行星的公转：引力在一定的条件下并不会导致不同的物体相互碰撞，而是既让它们保持距离，又不让它们分道扬镳。受理念支配的主体总是预见到了自己的失败，却不会失去希望，因为这种失败尽管在他自己看来是注定的，却从来没有被当作一种失败。用理念来支配他人的主体总是预见到了对方的失败，却仍然义正词严地指责对方。例如，当我预想的 4 000 字"成功"

地实现为 3 000 字时,我还是感到自己有罪。

这一切与范导性原则是一致的:由于范导性原则既代表了知性超出自身的本性,又不能表现为经验性的知识,所以先验理念就像上面的例子一样,只能作为一种指示、一种导向、一种引诱而存在,而不能完善地、如实地在经验中存在,否则就会变成知性概念。

其次,先验理念还是先验的,所以与上面的例子不同,它不依赖于经验性的条件;康德把这个特征称作绝对或无条件。他由此找出了三类符合这些要求的理念:

> 其中第一类包含着思维主体的绝对统一,第二类包含着现象的条件序列的绝对统一,第三类包含着一切一般思维对象的条件的绝对统一。①

三者分别关系到灵魂、宇宙(即自然整体)和神,我将在下一小节分别加以考察。

这样一来,我们就得到了剩余概念的康德版本:社会领域中的主体性在这里看似意味着要与自在之物打交道,从而要求知性超出自身的界限,而这种倾向是由服从范导性原则的先验理念来规定的。问题在于,先验理念强调的是绝对统一,而不是不同的特殊范围之间的分隔和脱节。从剩余的角度看,康德哲学固然拒绝直接用经验性的知识来支配社会领域,但它的重心实际上仍然是适用于技术领域的客观性。

三、三类先验理念

康德关于先验理念的讨论集中在"先验辩证法"部分(通常译作"先验辩证论")。按照康德,如果主体企图运用先验理念来建构知性概念,或者说把先验理念用在经验性的层面上,就会导致辩证的幻象。

---

① 〔德〕康德:《康德著作全集》第 3 卷,李秋零编,北京:中国人民大学出版社,2004 年,B 391,第 253 页。

第三章 康德：对剩余的常规化

例如，按照柄谷行人对马克思的解读，恩格斯就以辩证的方式误解了"集体的理性"，把它当成了一个建构性的概念，从而使它有可能体现为一个集中的权威。然而，人类似乎很不善于分辨知性概念与先验理念，因而总是有可能陷入辩证的误区。下一章还将回到辩证法的问题。

灵魂的理念指的是任何一个主体的绝对统一。由于人的身体无非是经验性的存在者，从而是知性的对象，所以这样一具身体或其中的一部分与任何自然对象并没有差别，尤其是与灵长目动物十分近似。例如，《悲惨世界》中的冉·阿让因为饥饿，所以需要面包；芳汀生了一个女儿，就想要把她养大；等等。然而，这样的描述显然是严重不足的：冉·阿让最终因为偷面包而坐了19年牢，芳汀则被迫靠卖淫来供养女儿。可见，单纯把人的身体视为知性的对象——比如休谟所说的"一束知觉"，或拉美特利所说的机器——是不足以理解犯罪、出卖劳动力等现象的。这里还可以举出一个喜剧性的例子：赫拉克利特的学生克拉底鲁（Cratylus）提出，"人连一次也不能踏进同一条河流"，于是有人欠债不还，并主张当初借债的自己已经不存在了，现在的自己不是债务人；用康德的表达方式来讲，经验中的身体肯定会随着时间的流逝而发生新陈代谢，因而当初的债务人作为知性的对象的确已经消失了。这一切表明，只有一种在时间中保持不变的主体才能确保债权与债务以及其他所有形式的权利与责任。这种持久性不仅可以不理会身体的变化，而且在死亡之后仍然会延续，因而人在身后也会有一定的权利与责任。灵魂的绝对统一正是主体的这种在时间中的持续存在，而这在经验性的层面上是不需要依据的。在这里，辩证法表现为企图从身体中找到灵魂的某种经验性的存在。

在考察宇宙或自然整体的理念时，康德用了很多篇幅来谈论著名的四组二律背反，不过本书并不打算研究它们的具体内容。我所关注的是康德在解决这四组二律背反时所使用的两种无限性的概念："不限定进展（progressus in indefinitum）"与"无限进展（progressus in infinitum）"——这两者实际上正是黑格尔后来反复提到的单调的无限性与真正的无限性，尽管黑格尔似乎从来没有发现或承认这一点（下一章将进一步讨论黑格尔的相关学说）。按照康德，无限进展意味着主体已经预先把握了一个对象的整体，因而在考察其中的任何一个部分与其他部分的关系时，这些部分也都是主体已经把握的。例如，对于一个特定的圆（给定圆心的位置和半径），上面的任何一点到另一点的运动轨迹都是可以确定的，而且这样的轨迹显然是无限的。因此，这种无限性是包含在有限性中的无限性，是以某种给定的有限性为基础才能成立的无限性，而这正是黑格尔所说的真正的无限性。当然，有限性也可以包含在给定的、更大的有限性中，例如对于同一个圆，它的周长、面积等都是有限的。总的来看，任何一个给定的整体都有可能包含若干无限和有限的方面。

相反，不限定进展意味着主体未曾把握对象的整体，因而若要考察其中的某个部分与其他部分的关系，就总是有可能触及未曾给定的东西。例如，当一个人在荒无人烟的沙漠中行走时，他的运动轨迹就是不限定的。因此，这种无限性相当于黑格尔所说的单调的无限性：主体无论怎样按照这种无限性的规定来前进或后退，都无法达到总体性，只能与局部打交道。这种无限性虽然可以有程度的不同，却没有本质上的差别。例如，一个人可以在沙漠中走得远一些或近一些，却很难看见多少新东西。可见，不限定进展并没有与某种有限性相对立，或者说不限定进展仅仅表现为无数既有程度的差别、本质上又没有差别的有限性。

本雅明在自传中的一句话涵盖了这两种无限性："一个人在城市里找不到路不算什么。但要在城市里迷路，正如在森林里迷路一样，就需要一些本领了。"[①] 在城市里找不到路是无所谓的，只要查阅一下地图、问一下行人等就可以解决。城市的道路表现为一个已经得到把握的整体，尽管一般的行人只能把握这个整体的一部分。在森林里迷路就完全是另一回事了：也许没有任何人或机构对这片森林有整体的把握，所以搜救会变得十分困难。可见，前一种情况是无限进展，而后一种情况是不限定进展。至于在城市里迷路，则是本雅明的一个心愿。

---

① Walter Benjamin：*Berlin Childhood around 1900*，Cambridge，M. A.：The Belknap Press，2006，p. 53.

由此，康德主张时间和空间的界限以及存在者的可分性——这是两组数学的二律背反——都服从不限定进展，而不是无限进展：人类无法在经验中把握时间、空间或存在者的整体，因而无限进展是不适用的（用黑格尔的术语来讲，这里看不到包含在有限性中的无限性）。人们之所以会设想时间、空间或存在者的整体，是因为这种总体性是一种范导性原则，是一种不可摆脱的倾向。在这里，辩证法表现为将时间、空间和存在者的整体当作经验性的对象、当作一种可以建构出来的知识，而未能把这种总体性仅仅用作范导性原则。

后两组二律背反被称作力学的二律背反：是否存在与自然因果性相反的自由？是否存在无条件的最高存在者？康德延续了先前的思路，认为在经验性的层面上只存在自然因果性和有条件的存在者——这两点是相互关联的，因为因果序列与条件序列是一回事——因而因果序列在现实中只能以不限定进展的方式来延伸，却永远"得不出因果关系中的条件的绝对总体性"①。无条件的存在者和自由则代表了这种总体性，例如自由意味着仿佛主体有能力撇开现有的因，主动把一连串因果序列发动起来，即"完全自行开始一个时间序列的因果性"②。康德举例说，一个恶意说谎的人不能把自己的过错归结为"糟糕的教育、不良的社交"③等因素（虽然这些事实可能是值得严肃对待的），而是必须承担责任。用阿伦特的著名的例子来说，即使纳粹主义在当时的德国处于无可动摇的地位，支配了整个社会生活，尤其是党卫军，阿道夫·艾希曼（Adolf Eichmann）等人也不能以此来为自己开脱。在这里，辩证法意味着把自由的、无条件的存在者当成了知性概念，仿佛违背自然因果性的奇迹真的存在一样。可见，康德对自然因果性的看法与前一章第一节提到的斯宾诺莎的观点（即没有不动的推动者，因果序列是无穷无尽的）是一致的，但是康德引入了一种特别的自由。下一节将表明，这种自由并不能超出适用于技术领域的客观性，因为

---

① 〔德〕康德：《康德著作全集》第3卷，李秋零编，北京：中国人民大学出版社，2004年，B 561，第353页。
② 同上书，B 562，第354页。
③ 同上书，B 583，第366页。

规定这种自由的道德法则完全是客观的。

神的理念被康德称作一种理想,它指的是"一切可能性的总和"①。作为一种范导性原则,它要求人们

> 如此看待世界中的一切结合,就好像它们产生自一个极为充足的必然原因似的,以便在此之上建立说明世界中的结合时的一种系统的、按照普遍的规律而必然的统一性的规则。②

这里的"好像……似的"无非是说,要经验性地证明这个连贯的、统一的必然原因的存在——即证明神在经验中的存在——是根本不可能的,或者说这种企图是辩证的,可是人们必须装作相信神是存在的。庸俗的康德主义在这里就宣称,神的理念即使不具有现实性,也毕竟有利于在实践中巩固道德(康德本人的确有类似的说法,但他关于宗教的评论绝不能代替他对哲学概念的分析)。这种解读显然属于前一章提到的一种流行的政治哲学观点,即把神树立为一种道德权威,以便让民众有鸦片可以享用。然而,康德假如持有这种可笑的看法,为什么又要把神理解为"一切可能性的总和"?自古以来,作为道德权威的神有无数版本:神为善人准备了天国,为恶人准备了地狱;神可以降下天火、发动洪水;神让善良的夫妇可以生孩子或生儿子,让罪恶的夫妇生不出孩子或生女儿;等等。所有这些版本大概都有"教导"民众的力量,而且似乎要远远胜过康德的版本。"淳朴"的民众似乎不太会对整个世界的连贯和统一感兴趣——因为这明显是一种知性的兴趣——而是更加关心此岸的或彼岸的报酬。因此,康德所界定的神要么只是一个不太成功的"高贵的谎言",要么根本不能从这个角度来理解。我将在下一节回到这个问题。

---

① 〔德〕康德:《康德著作全集》第3卷,李秋零编,北京:中国人民大学出版社,2004年,B 601,第377页。
② 同上书,B 647,第404页。

第二节 《实践理性批判》中的客观法则

一、道德法则的客观性

康德在《实践理性批判》中开宗明义地界定了自己眼中的道德法则：对实践的原理而言，

> 如果条件被认识为客观的，亦即对每一个有理性的存在者的意志都是有效的，那么，这些原理就是客观的，或者是一些实践的法则。①

一种行动倘若不具有普遍的、适用于一切主体的有效性，或者一旦普遍化就会导致自相矛盾，就不符合康德意义上的道德，从而是不自由的，而是被经验性的条件所束缚，或者说是病理性的。例如，人们只要认识到了生男孩与生女孩的几率是一样的，就决不应该一边把生育后代作为一项重要的伦理要求，一边赞同纳妾等，因为纳妾显然意味着积极地阻碍一部分男性履行生育后代的义务——这种做法之所以不道德，是由于它本身是自相矛盾的，而不需要用外在的标准来判断。

不过，就连康德本人的学说也没有充分遵循道德法则。他在《论永久和平》中提出了一个非常特别的观点，即永久和平必须依赖于一则"秘密条款"："哲学家们关于公共和平的可能性之条件的准则，应当被为战争而武装起来的国家引为忠告。"② 换句话说，为了有助于确

---

① 〔德〕康德：《康德著作全集》第 5 卷，李秋零编，北京：中国人民大学出版社，2007 年，第 19 页。
② 〔德〕康德：《康德著作全集》第 8 卷，李秋零编，北京：中国人民大学出版社，2010 年，第 374 页。

保和平，国家有必要在战争与和平的问题上"悄无声息"① 地参考哲学家的看法，但不能公开这样做（不过，《论永久和平》是公开发表的著作，因而康德实际上在公开谈论一种秘密的必要性——这本身是一个悖论）。国家之所以必须在暗中这样做，是因为"一个国家的立法权威，人们当然必须认为它有最大的智慧"②，而求教于哲学家难免贬低国家的形象（当然，康德默认了他们处于国家机器之外）。简言之，国家不仅应该像一个人一样，而且应该如同屈原笔下的"美人"。

康德当然并没有直截了当地宣称国家在这里必须欺骗民众，但这个问题是无可回避的。假定一个国家的哲学家（或外国的哲学家、其他类型的民众等，这不影响问题的实质）关于这个国家的安全问题发表了许多不同的意见，然后国家"悄无声息"地吸取了其中的某一种或某一些意见，或者暗中与某些哲学家会谈，例如布莱尔首相在发动了伊拉克战争之后秘密会见了哈贝马斯（当时并没有任何报道）。可是国家的政策或多或少会暴露出它所听从的是哪些哲学家（或随便什么言论家），民众也不难对此有所了解，特别是在教育水平较高、媒体比较发达的时代。这样一来，康德所提出的秘密条款就失效了。唯一的解决办法是故意把关于国家安全的政策变得含混不清，让人看不出哲学家在其中的影响。这样一来，国家就是在主动欺骗民众，而欺骗的行为在康德那里绝不可能成为普遍的道德法则。虽然《论永久和平》所描述的国家经常被视为一种空想，但是仔细看来，它似乎也无法远离现实。

无论如何，康德所说的道德法则处于上一节所阐述的先验理念的层面上。一方面，道德问题与技术问题分享了同样的思考方式，即必须撇开主体的特殊性，服从客观性的要求。这种道德与我所说的人道主义（和其他许多版本的人道主义）相一致，是从所有人的某些共同特征出发的，而不会把本地化的观念和习俗看作某种"不足为外人道"

---

① 〔德〕康德：《康德著作全集》第8卷，李秋零编，北京：中国人民大学出版社，2010年，第374页。
② 同上。

的东西。因此，道德法则可以像客观知识一样确定无疑地推论出来，并得到普遍的理解（我很快就会说明，这种推论的能力在康德看来也不是道德学者的专利）。由道德法则规定的自由无非是对这些"知识"的服从。另一方面，道德法则无法在经验性的层面上化身为一股实际的推动力量，无法像自然法则一样直接造成确定的后果——它们经常会遭到违背，而且这对理念来说是不可避免的。尽管如此，主体据说终究不可能丢弃道德法则，所以它们是无条件的，具有绝对命令的形式——如前所述，无条件意味着它们并不会由于遭到违背而丧失吸引力，而会在人们心中保持为一种仿佛没有分量的重担。总的来看，主体仿佛享有一种宽泛的自由：他可以选择自己的言行，不一定要服从道德法则，而且确实经常不服从——这可以叫作形式的自由。可是他只有在服从时才能获得康德意义上的自由。可见，自由主义传统所强调的主要是自由选择或形式的自由，而康德所阐述的是一种以自由选择为外表的别无选择，是一种有标准答案的选择。

康德所说的道德法则至少在理论上把客观性推到了最大的范围，即人类社会。不仅他本人以世界公民自居，而且他在《什么是启蒙？》中更加确切地论述了这个问题：对理性的公开运用是

> 某人作为学者在读者世界的全体公众面前所做的那种运用。至于他在某个委托给他的公民岗位或者职位上对其理性可以做出的那种运用，我称之为私人运用。[①]

按照通常的看法，对理性的私人运用指的是为个人或家庭谋取利益，公开运用则关系到公职和社会活动；可是康德毫不含混地指出，"公民岗位或者职位"同样是私人的，许多"共同体利益"[②] 也是私人的，等等。对理性的公开运用不仅意味着超出自私自利的眼界——这是全部政治哲学永远在重复的主张——而且意味着把共同体的界限撤

---

① 〔德〕康德：《康德著作全集》第 8 卷，李秋零编，北京：中国人民大学出版社，2010 年，第 41～42 页。
② 同上书，第 42 页。

在一边（当然，任何一种理性的主张都很有可能是从某个特殊的共同体中发源的）。可见，康德哲学与任何一种以共同体的利益或优越感为终极目的的意识形态相去甚远。不过，我在前一章说过，公共与私人这对概念有一个不容忽视的祸患：私人空间中的迷信（如原教旨主义）实际上有可能造成难以估量的社会后果。可是按照《什么是启蒙？》，对理性的公开运用有助于一边保护赞同理性的民众，一边"又毕竟不妨碍那些想守旧的教区信众"①。如今的事实表明，这种温和的"不妨碍"绝不只是让守旧的信众在幻想中自生自灭，而会带来更加严重的威胁。

从剩余的角度看，客观的道德法则绝不是毫无意义的，因为我所界定的人道主义（即与社会领域直接相关的技术性的方面，特别是基本的生活需要和安全保障）恰好应该按照康德的道德哲学来思考。例如，凭借资本主义时代以来的生产力，为什么诸多根本无法普遍化的生产关系（比如血汗工厂和更加残忍的奴役）和相应的意识形态还能存在？为什么各个大国在一些地区的作为明显无助于确保安全和稳定，甚至反倒助长了原教旨主义的蔓延，但是主流意识形态始终拒绝严肃地思考这一点？再者，虽然启蒙传统绝不是无可指责的，但用康德的话说，"放弃启蒙，无论是对他个人，甚或是对于后代，都叫作侵犯和践踏人的神圣权利"②——可是为什么无数愚昧的意识形态仍然在发明各种"反思"启蒙的胡说？在这样的问题上，康德哲学固然不能提供多少实际的分析工具，但这并不是说它对客观法则的坚持本身是可疑的。换句话说，"具体"和"现实"绝不能变成特殊利益（包括前面提到的共同体利益）的借口。

但一旦进入社会领域，康德的道德哲学就不再适用了：它极有可能把剩余的原则与病理性的原则混同起来——前一章已经提到，最高的存在与最低的存在看起来往往是很相似的，这正是《精神现象学》所说的"精神的存在是一块骨头"。康德为这种病理性的欲望举了一个例

---

① 〔德〕康德：《康德著作全集》第8卷，李秋零编，北京：中国人民大学出版社，2010年，第44页。
② 同上。

子：据说弗兰西斯一世在与查理五世争夺米兰时说，"我的兄弟查理所想要的（米兰），亦是我想要的"[①]。诚然，这是一个无法普遍化的要求，而且这两名统治者的欲望也许确实是病理性的。但是显而易见，无数恋爱故事都具有同样的形式：在《双城记》中，卡尔顿想要的（露西），亦是达尔内想要的，而前者最后冒名顶替后者走上了刑场；在《悲惨世界》中，艾潘妮想要的（马吕斯），亦是珂赛特想要的，而艾潘妮最后在街垒战中为马吕斯挡了一枪，牺牲了自己。这些"病理性"的举动彻底超出了康德的眼界，因为它们根本不会带来利益，反倒断绝了主体享乐的可能性。从剩余的角度看，不同的特殊范围之间的分隔（这里是恋爱的关系）从根本上阻碍了让主体的行动得以普遍化的可能性，哪怕这种行动是真理性的；但从进步主义的立场来看，这仿佛是一种缺陷。

在逻辑上，康德哲学其实已经为这个困难提供了一条出路，虽然他恐怕并没有意识到这一点。在《纯粹理性批判》所列举的 12 个知性范畴中有三个"质的范畴"[②]：实在性、否定性和限定性。实在性与否定性的对立就是很简单的肯定与否定的对立，但是限定性意味着什么？康德本人的例子是灵魂不死（上一节已经谈论了这个问题）：在这里，不死的含义并不是说灵魂会像一个生命体一样持续存在，而是说灵魂的存在与身体的生死无关，不受生死的影响[③]。换句话说，生与死的对立体现了实在性与否定性的对立——两者是相互否定的——而这里的不死代表了超出这种对立的情况。正因为这种情况的存在，生与死的对立才表现为一种限定，而不死表现为一种无限（用黑格尔的术语来讲，生与死在不死面前表现为一种对立统一，而不死表现为对这个统一的否定）。这种逻辑还有无数例子：数学处于善恶的彼岸，机器既没有自由、又不会被奴役（因而统治者无法从机器身上收获必不可少的

[①] 〔德〕康德：《康德著作全集》第 5 卷，李秋零编，北京：中国人民大学出版社，2007 年，第 30 页。
[②] 〔德〕康德：《康德著作全集》第 3 卷，李秋零编，北京：中国人民大学出版社，2004 年，B 106，第 88 页。
[③] 同上书，B 97，第 83 页。

享乐，这正是为什么统治阶级意识形态总要装出一副充满人性的样子来反对灰色的机器），等等。按照这条思路，客观的道德法则与病理性的准则同样仅仅构成了肯定与否定的对立：前者服从客观性，后者则相反。社会领域中的主体却必须超出客观性的限定。尽管康德并没有发现这一点，但他的逻辑是适用的。

二、"普通的知性"

有一种极其流行的对康德的道德哲学的批评：绝对命令过于空洞，无法具体而有效地指导主体的行为。然而，这个问题正是《实践理性批判》试图探讨的主题之一；这当然不是说他的解答非常成功，但是更加确切地考察这个解答也许是有必要的。康德明确肯定了一般人完全有能力从客观的道德法则出发来思考现实中的各种选择："准则中的哪种形式适宜于普遍的立法，哪种形式不适宜于普遍的立法，普通的知性无须指导也能够做出分辨。"① 例如，自爱并不是道德，因为一旦所有人都奉行自爱的准则，就很容易发生冲突；康德就此评论说："道德和自爱的界线如此截然分明，以至于连最平庸的眼睛也根本不会错过某事是属于道德还是属于自爱这种区别的。"② 在这里，进步主义所要求的某种全面的认知表现为"普通的知性"，乃至"最平庸的眼睛"。可见，从康德本人的角度看，他丝毫没有主张一种抽象的、纯粹形式的命令，而是相信绝对命令在具体的场合下总是很容易获得具体的内容。《悲惨世界》中的冉·阿让十分突出地显示了这种能力。他当然不是一名道德学者，却知道自己偷面包是错的，也知道自己偷走米利埃主教的银器是错的，等等。因此，本章开头所引用的康德的一段话必须非常严格地来理解：

在一个身份低微的普通市民面前，如果我在他身上察觉

---

① 〔德〕康德：《康德著作全集》第 5 卷，李秋零编，北京：中国人民大学出版社，2007 年，第 29 页。
② 同上书，第 39～40 页。

第三章 康德：对剩余的常规化

到我在自己本人身上没有意识到的某种程度的品格正直的话，我的精神鞠躬，不管我愿意还是不愿意。

这里有一个不可或缺的前提：我能够发现这个普通市民拥有某种正直的品格。进一步讲，按照康德的原则，这个市民也应该不难从我的言行中看出我的品格。在这里，两个人的身份的差别并没有使他们受到各自的特殊范围的约束，而且这一切是在日常的条件下进行的。

康德还举了一个非常值得从马克思主义的视角来考察的例子。在他看来，"用一切可靠的手段扩大我的财产"① 是无法普遍化的。例如，假定我帮别人保管一件物品，后来物主去世了，而且没有证据可以证明托管的事实；这时，直接占有这件物品就是一种"可靠的"扩大财产的方式。但一旦这种做法普遍化，据说就没有人会委托别人保管任何物品了。当然，康德的推论实际上还需要一个前提：所有人都不愿意自己托人保管的物品在未经自己允许的情况下变成保管者的所有物。不过，这里没有必要质疑这个前提，否则就走得太远了。

这个例子中的物主似乎很容易换成大资本家：他占有了许多企业的大量股份，不仅不从事劳动，而且不参与管理、监督等工作，甚至居住在远离这些企业的更加舒适的地方——总之，他把资本委托给了别人。按照康德的原则，工人和管理层绝不能侵占这名资本家的利润，因为一旦这种做法普遍化，就根本不会有投资了。为了让资本主义生产方式顺利运行，仿佛就必须保护资本家的"投资热情"。那么，"普通的知性"会如何看待这个结论？即使就资产阶级意识形态而言，这里也是一片延续了上百年的战场。有人极力反对伤害资本家的积极性，有人则认为适度的公平有利于剩余价值的不断生产。因此，康德所主张的道德法则与其说过于空洞，难以付诸实践，不如说过于具体，严重低估了"普通的知性"内部的张力和对抗——当然，这种张力和对抗直接意味着"普通的知性"这个说法是不适用的。可见，康德的道

---

① 〔德〕康德：《康德著作全集》第5卷，李秋零编，北京：中国人民大学出版社，2007年，第29页。

德哲学为常规化付出的代价是难以思考、难以估计社会领域中的分隔和对抗。

不仅如此,康德的观点甚至不能有效地思考当时正在兴起的资本主义社会。他举例说,一个淫秽的人宣称自己抵抗不了诱惑,但若

> 在他遇到这种机会的房子前面竖起一个绞架,在他享受过淫欲之后马上把他吊在上面,他在这种情况下是否还会不克制自己的偏好呢?人们可以很快猜出他会怎样回答。①

康德的意思当然是说,这个人肯定会爱惜性命,放弃淫欲——这不过是康德的一孔之见。航海家、征服者和殖民者恰好会在死亡的威胁面前选择满足自己的欲望,而不是选择长命百岁,资本家在利润面前也从来不是以守法著称的。更极端地讲,资本主义精神不仅不会像康德所想的那样由于惧怕死亡而收敛自己的欲望,而且恰好会对可怕的前景抱有向往和憧憬,会由于危险而感到兴奋。在《鲁滨逊漂流记》的开头,鲁滨逊的父亲知道儿子热爱航海,就告诫后者航海容易丧命,还描绘了他们的中产阶级家庭是何等幸福;鲁滨逊虽然有些动摇,但很快就变得更加坚定了,甚至宣称要离家出走。这种驱动无非是导言所说的剩余,即冲破现有的适度、把恰当和平常抛在一边。历史上的任何适度其实都是以这种不顾性命的驱动为根基的,但是资本主义社会毫不隐晦地展示出了这一点,而这让康德所强调的"普通的知性"显得有些平庸。

此外,常规化还应该有一个后果:所有主体的不同的道德行为必须是相容的。正如当地球的北半球处于春季时,南半球不可能处于夏季一样,不同的人各自在不同的地方形成的道德判断也不应该发生冲突。虽然康德本人并没有提到这一点,但按照他的思路,这似乎是必要的。可是《悲惨世界》提供了一个强有力的反例:冉·阿让必须代替死去的

---

① 〔德〕康德:《康德著作全集》第5卷,李秋零编,北京:中国人民大学出版社,2007年,第33页。对康德这段话的批判性解读请参考 Slavoj Žižek, *Tarrying with the Negative*, Durham, N.C., Duke University Press, 1993, p. 95。

芳汀去寻找她的女儿珂赛特,而沙威必须当即逮捕冉·阿让,以防后者再次逃窜。在这里,一方要帮助孤苦无依的母女,另一方则要履行警察的职责;从康德的角度看,似乎双方都是符合道德的,但他的哲学无法设想他们之间的冲突。更一般地讲,悲剧的斗争总是出现在具有同等的合理性的若干阵营之间,而康德哲学在这一点上相当乏力,或者说康德哲学是无视悲剧的。下一章将进一步阐述这个问题的哲学意义。

在马克思的思想发展过程中,或许并没有哪个阶段是由康德主导的,但是康德式的人道主义在他的早期文本中经常出现。以《〈黑格尔法哲学批判〉导言》为例,他不仅把普遍的、"人的权利"放在特殊的、"历史的权利"①之上,还明确提到了绝对命令:对宗教的批判

> 也归结为这样的绝对命令(dem kategorischen Imperativ):必须推翻使人成为被侮辱、被奴役、被遗弃和被蔑视的东西的一切关系。②

在这里,马克思不过是重新表述了康德在《实践理性批判》中提出的一条绝对命令:理性存在者的自律意味着

> 不使理性存在者服从任何不按照一个能够从承受主体本身的意志中产生出来的法则而可能的意图;因此,这个存在者决不可以仅仅被用作手段,而是同时本身也用作目的。③

简言之,侮辱、奴役、遗弃和蔑视的关系都不可能符合客观法则,也不可能把人作为目的。同时,青年马克思对"群众"的强调——理

---

① 《马克思恩格斯文集》第1卷,北京:人民出版社,2009年,第17页。
② 同上书,第11页。
③ 〔德〕康德:《康德著作全集》第5卷,李秋零编,北京:中国人民大学出版社,2007年,第93页。

论必须"说服人"、必须"掌握群众"①——也与"普通的知性"是一致的,至少他仍然把掌握"普通的知性"看作理论的一个目标。但这一切与马克思后来对社会领域,尤其是对资本主义生产方式的考察是有很大距离的,第五章将详细分析他的价值理论对客观性的批判。

三、伪善和犬儒主义

康德所确立的道德法则还有另一面,即在经验性的层面上缺乏建构性的力量,否则就会陷入辩证的错误。在这里,常规化意味着严格的道德最好不要造成实际的冲击。用康德的术语来讲,只有道德法则才能引起人的"敬重"②,但这种敬重仿佛只是一种虚名。倘若利用别的手段来促使主体遵循道德法则,就会"造成不能持久的十足伪善"③。例如,倘若遵守道德可以带来财富、名誉、地位,乃至快乐,主体的动机就会变得混杂,他对道德法则的敬重就会削弱乃至消失。更抽象地讲,一旦道德与经验性的幸福之间出现了系统性的关联,道德就会受损。简言之,具有现实力量的道德法则直接等于伪善——这正是理念的特征。

这里隐含了一种弗洛伊德所说的"道德受虐狂"的倾向:如果在一个社会中,服从道德的人大体上可以在经验性的层面上获得较好的回报(当然远远不限于物质利益,甚至可以包括死后的荣誉等),那么按照康德的思路,这个社会不仅不会变得文明,反而会趋于伪善,因为人们可以预计到道德行为通常是对自己有好处的。这时,人们将很难分辨出一个看似有道德的人究竟怀有怎样的动机。若要消除这种系统性的预期,这个社会就必须使有道德的人在现实中的遭遇大致保持在难以捉摸的、不甚乐观的水平,或者说压低"好人有好报"的几率。用康德的话说(他把道德与幸福的一致称作至善),"要求促进至善的

---

① 《马克思恩格斯文集》第1卷,北京:人民出版社,2009年,第11页。
② 〔德〕康德:《康德著作全集》第5卷,李秋零编,北京:中国人民大学出版社,2007年,第86页。
③ 同上书,第77页。

第三章 康德：对剩余的常规化

道德法则也必定是幻想的，是置于空的想象出来的目的之上的，因而自身就是错误的"①。用通俗的话说，既然真金不怕火炼，火就不应该熄灭，免得把真金埋没了。于是，社会据说将以道德与幸福的一致为目标而不断进步，但这个目标绝不能实现；人们既要感受到这种进步，又不能确认这种进步。

这里可以再次回到本章开头所引用的康德的说法：

> 在一个身份低微的普通市民面前，如果我在他身上察觉到我在自己本人身上没有意识到的某种程度的品格正直的话，我的精神鞠躬，不管我愿意还是不愿意，哪怕我依然昂首挺胸，以免他忽视我的优越地位。

现在的重点是"我依然昂首挺胸，以免他忽视我的优越地位"：康德实际上认为，道德水平的高下很难影响权力关系，或者说权力并不需要理会道德。显而易见，权力关系站在自然因果性一边。主体必须善于利用包括权力在内的诸多因果关系，才有可能在现实中获得幸福。于是，为了在单纯的理想中设定道德与幸福的一致，康德才终于诉诸神的理念，即"自然的至上原因"②。正如上一节末尾所说，康德所设想的神绝不是某种用来诱导民众的道德权威，而是整个世界的统一的必然根据。这种神的启示并不是"你必须如何如何做"，而是"你如果遵循道德，那么即使无法利用自然因果性来获得幸福，也可以在头脑中相信幸福的可能性，因为我代表了整个世界的统一，在我这里道德与幸福是一致的"。简言之，这种神据说确保了主体"对幸福的希望"③。当然，这种神也必须付出代价：他只是不太幸福的人所必需的一个假定或公设，而不是一种直接在经验中发挥作用的力量，否则就只会导致伪善。

---

① 〔德〕康德：《康德著作全集》第 5 卷，李秋零编，北京：中国人民大学出版社，2007 年，第 121 页。
② 同上书，第 133 页。
③ 同上书，第 138 页。

康德还探讨了一种非常特别的情况：假如神以不可抗拒的力量来迫使人类服从道德法则，那将会如何？更现实地讲，一个强有力的国家（如新加坡）可以制定细致的法律，尽量涵盖各种场合下的道德法则，并对违法行为进行严格的惩罚。康德就此写道：这时，

> 人们的行为就将会变成一种纯然的机械作用，其中就像是在木偶戏中一样一切都姿势对路，但在人物形象中却不会看到任何生命。①

对道德法则的敬重在木偶身上是看不到的，因而康德拒绝认为这种情况是真正符合道德的。人身上不仅有违背道德的可能性，而且在康德看来——从一种理念的立场来看——这种可能性必须发挥作用，否则人要么就变得伪善，要么就退化成了木偶。

这种缺乏现实力量的道德法则如果与康德所描述的"普通的知性"结合起来，就会产生一种十分讽刺的状况：一般人在各种具体的场合下都非常明白怎样的行为才是道德的，可是整个社会的道德水平并没有任何可观的改善，或者说许多人总是难免做出不道德的选择或怀有不道德的动机。这种状况正是在当代变得愈发显著的犬儒主义：有某种特别的力量驱使主体去做一些在他本人看来比较低下的、缺乏意义的事情（下一节还会进一步予以考察）。例如，所有人都知道货币本身是没有多少使用价值的（金银还有一些工业和装饰的用途，纸币已经没有多少货币以外的用处了，信用货币则连生火都做不到），因而囤积货币是很可笑的；只有用货币来购买商品，才能满足人的需要。然而，在发生货币危机时，强势的货币（黄金、美元，乃至艺术作品等）会突然变成人们追逐的对象，因为只有设法积累这些毫无用处的货币（艺术作品在追求保值的买主那里往往也没有使用价值），才能在危机过后保持或增加自己的财富。反之，倘若一个人的手中有很多其他类型的

---

① 〔德〕康德：《康德著作全集》第 5 卷，李秋零编，北京：中国人民大学出版社，2007 年，第 156 页。

商品或弱势的货币,很可能就会在危机中遭受重大损失。马克思由此写道:

> 昨天(按:危机之前),资产者还被繁荣所陶醉,怀着启蒙的骄傲,宣称货币是空虚的幻想。只有商品才是货币。今天,他们在世界市场上到处叫嚷:只有货币才是商品!他们的灵魂渴求货币这唯一的财富,就像鹿渴求清水一样。①

在这里,"启蒙的骄傲"代表了"普通的知性",即知道货币并无用处;但是危机会迫使人们违背自己心中十分清楚的客观法则。面对这种犬儒主义(马克思把它称作货币拜物教,第五章第二节会予以详细的考察),马克思试图揭示它为什么必然会出现,康德则只能肯定它必然会出现,因为理念就是这样来运作的(当然,正如本章第一节所说,唯心主义者仍然会无休止地指责不道德的人)。

在这个背景下,人们或许很容易想象,假如普遍的道德法则获得了经验性的力量,或者说与现实中的随便什么形式的好处产生了系统性的关联——这正是康德所说的辩证法——那么康德哲学就变成了黑格尔哲学,或者说一种以常规化为标志的、比较温情的哲学变成了一种更加积极的、也更加强调权威的哲学。这种想法似乎非常流行,却极大地误解了黑格尔,下一章将予以讨论。

在今天的全球资本主义当中,欧洲与美国在一定程度上站在康德意义上的辩证法的两端。双方大体上持有类似的人道主义立场,并推动建立了国际刑事法庭等机构(它们当然怀有更多的想法,这里不予考虑)。但是相对而言,欧洲并不喜欢向其他国家许诺这种道德可以带来怎样的利益,美国则惯于把利益和享乐描绘成这种道德的主要后果之一(例如,谁想要获得援助,就必须遵循某些人道主义规范;在庸俗文化中,美国的标志也经常只是好莱坞和华尔街)。用康德的话说,美国实际上是在引诱其他国家陷入伪善。它有时甚至直接扮演神的角色,用军事手段来迫使他人服从人道主义——这里不应该追问这种干

---

① 《马克思恩格斯文集》第5卷,北京:人民出版社,2009年,第162页。

预主义的做法能否普遍化,因为神本身就是普遍的,是一切存在者的绝对统一。

第三节 《判断力批判》中的合目的性

本章开头提到,康德热情地拥护法国大革命,并为此遇到了不小的麻烦。不论出于什么原因,他对待革命恐怖的态度是有一些反复的。在1797年的《道德形而上学》中,他十分严厉地谴责了处决路易十六的做法,认为雅各宾派实际上不过是害怕"也许有一天东山再起的国家对人民进行报复"①,而这看来只能是一种病理性的目的。由于弑君据说过于极端,所以康德断定这"必然会使得重建一个被颠覆的国家成为不可能的"②。这句话近乎奥妙:乍一看,重建国家的不可能性意味着康德认为法国必然会衰亡(这明显是错误的,因为他甚至亲眼见到了拿破仑的崛起);但在上下文中,"国家"指的是君主制,所以这句话的含义也可以说是康德认为法国将无法恢复旧制度,而这不仅是正确的(19世纪的法国国王是远远不能与过去相比的),而且康德未必反对这种情况。但无论如何,本书所关注的是1790年的《判断力批判》——当时革命恐怖尚未发生,康德在这里围绕合目的性的概念提供了一条更加完整的哲学思路,也许有助于说明所谓的历史目的的问题。

一、合目的性的概念

合目的性指的是"偶然的东西的……有法则性"③,即经验性的存

---

① 〔德〕康德:《康德著作全集》第6卷,李秋零编,北京:中国人民大学出版社,2007年,第333页。
② 同上。
③ 〔德〕康德:《康德著作全集》第5卷,李秋零编,北京:中国人民大学出版社,2007年,第421页。

在者与客观法则的一致性,或者用常见的表达方式来讲,就是自然与自由的统一。但这种一致性或统一必须以理念的方式来理解:主体之所以相信无数特殊的自然对象是合目的的,绝不是因为他清楚地看到了这些对象的特征如何有利于它们自身的目的,以至于诸多对象如何有利于某种自然整体的目的,反倒是因为他经常看不到这一点——很多对象往往有一些特征看起来是多余的、无用的(如人的阑尾),而且有些对象的存在似乎根本就是多余的(如荒漠)——可是他仍然倾向于断定这些特征应该与某种目的相关。例如,"作为道德存在者的人"(即自由的人)被康德视为"创造的终极目的"①,而无数病理性的行为看起来明显不符合这个目的,但是康德坚持认为,"即使按照自由概念(以及它所包含的实践规则)的因果性的规定根据未在自然中得到证明",与自由相一致的结果也"应当按照自由的这些形式法则来在世界上发生"②,而合目的性正是这种"应当"的名称,是一种无条件的信仰。

从这个角度看,对《判断力批判》的一种流行的解释或许是误导性的(康德本人的措辞也加深了这种误导)。这种解释认为,"第一批判"所阐述的自然法则的可能性条件与"第二批判"所阐述的自由的可能性条件仿佛无法统一,于是康德必须再写一部"第三批判",以便在自然与自由之间建立一座桥梁。可是上一节已经表明,道德法则在康德眼中总是可以毫无阻碍地通过"普通的知性"转化成经验性的准则,因而自由与自然在人们的头脑中并没有隔阂;进而,道德与幸福之所以在现实中缺乏系统性的关联,是因为道德法则不能拥有建构性的能力,只能有范导性的用法,而它与幸福的关联一旦过于紧密,就会促使主体为了幸福而服从道德法则,从而使道德法则表现出不应有的建构性的力量。可见,如果说自然与自由之间还需要一座桥梁,就容易让人以为道德与幸福之间需要建立某种系统性的关联,而这对康德来说恰好陷入了辩证法。

---

① 〔德〕康德:《康德著作全集》第5卷,李秋零编,北京:中国人民大学出版社,2007年,第454页。
② 同上书,第205页。

事实上,"第三批判"的一大要点是把"第二批判"中的一个消极的方面颠倒为积极的方面。上一节说过,《实践理性批判》包含了一种犬儒主义:许多人虽然很清楚道德的要求,却难免会选择不道德的行为。但在《判断力批判》中,整个自然的合目的性意味着就连这些不道德的行为也不单纯是消极的,而是与"创造的终极目的"相联系的,尽管这一点无法在经验中得到证实。不论是利益的算计、庸俗的享乐,还是更加恶劣的行为,至少在1790年的康德看来都可以凭借一种根本无须证明的方式、凭借一种乐观的范导性原则来获得某种正当性。从这个立场来看,就连斯密所说的"看不见的手"或黑格尔所说的"理性的狡计"都是多余的,因为这两者都引入了现实的目的,即共同的福利或理性的自身运动,但是合目的性的概念根本不需要这些。这一切正如19世纪的英国诗人罗伯特·布朗宁(Robert Browning)所写的那样:"神在他的天国里——世界上一切都好。"(God's in His heaven — All's right with the world)在这里,"他的天国"是一种讽刺,实际上意味着神只能待在自己的方寸之地,根本没有资格干预现实世界,而且现实世界归根到底也不需要他的干预(这与康德哲学是完全一致的)。从剩余的角度看,常规化在这里达到了极致,因为就连不道德也显得无可厚非了;适用于技术领域的客观性在康德哲学中的支配地位也达到了骄傲的程度,因为就连对客观法则的违背也直接由于合目的性的概念而得到了赦免。

这种骄傲决定了《判断力批判》的基本思路:康德着力说明的并不是自然对象如何能与某种目的,乃至与终极目的或自由的人相一致,而是这种一致性根本无法成立。合目的性的概念只有在目的不能直接发挥作用时才有意义,而一旦目的获得了建构性的力量(比如人的日常行为也是有目的的),这个概念就无法存在了。这条悖论性的思路完全符合理念的规定,却很容易被忽视。人们倘若试图"巩固"康德意义上的合目的性、为它寻找经验性的根据,恰好就破坏了它的力量,因为它是以无根据为力量的。归根到底,理念和信仰越是贫困,就越是富有。

在详细分析这条看似不可思议的思路之前,我需要概括一下《判

第三章　康德：对剩余的常规化

断力批判》的基本框架。康德首先探讨了一些美学，即合目的性如何给人带来愉快，然后才进入正题，考察了合目的性如何用来理解自然。我在前一章讲过，自然状态学说看上去是从作为前提的自然状态推论出作为结果的政治哲学，实际上却是从自己希望的结果出发，反过来构造一种适合的自然状态，并使后者看起来如同一个前提。《判断力批判》或许也是如此：康德的美学恐怕根本不能构成一项独立的研究，而是由他的真正目标——整个自然的合目的性——所决定的（下一章会在不同的背景下谈到伯克关于美和崇高的看法）。许多研究者都指出，康德的美学其实只是一块踏板，而且康德本人的审美能力决不是无可置疑的。

二、美和崇高

按照康德，美的对象会直接让主体感到一种与知性相适应的愉快，尽管主体在这时或许并不是在认识某个东西。在欣赏一幅传统的绘画时，知性仍然是必不可少的（例如，主体必须辨认它画的是什么东西）；但在更加"纯粹"① 的情况下，美是与知性概念完全分离的——比如在听见悦耳的鸟叫时，主体并没有进行声学的分析，也没有提出生物学的问题，只是感到十分愉快（这当然不是说美学"高"于科学）。这意味着自然界的美胜过了人造的对象，因为人的制作活动无论如何都要依靠知性。于是，最高超的艺术据说应该好像"纯然是自然的一个产品似的"②，而不能显示出斧凿的痕迹。简言之，美的对象最好不要服务于认识的目的，而自然界可以最好地完成这个任务。

事实上，康德对自然界的赞美达到了喜剧的程度。他批评一名游记作家说："马斯登在其关于苏门答腊的描述中评说道，那里大自然的自由的美到处包围着参观者，因而对他来说很少再有吸引力"，反倒是一处有规则的、符合知性的胡椒园显得更美；康德反驳说，有规则的

---

① 〔德〕康德：《康德著作全集》第5卷，李秋零编，北京：中国人民大学出版社，2007年，第237页。
② 同上书，第319页。

胡椒园最终是不能"使他得到娱乐的","与此相反,在那里多样性过分丰富到肆无忌惮的大自然,不服从任何人为规则的强制,却能够给他的鉴赏不断地提供营养"①。这是不折不扣的意识形态。康德本人从来没有见过哥尼斯堡的树林和草地以外的植被形式,所以他在这里的评论(和"第三批判"中的其他许多说法)无非是斯宾诺莎所说的想象:对他来说,苏门答腊的森林只可能是哥尼斯堡的树林的某种复杂的、夸大的版本,因为他的头脑中只有这点信息。但是问题在于,他为什么如此热切地捍卫"多样性过分丰富到肆无忌惮的大自然"?因为他越是强调自然界的深不可测,就越能消除合目的性的根据,使它成为单纯的范导性原则。

因此,康德在这里不仅是在探讨美,而且是在抗拒知性,或者说是在抗拒客观的自然法则。这实际上是为了在后面考察自然的合目的性而做的准备工作。《巴黎圣母院》的开头与康德在这里的做法是很相似的。雨果用了很多笔墨来描绘巴黎的节日庆典的"盛大",实际上是为了显示庆典的无聊,因为用康德的话说,这里的活动都是完全按照现成的知性来安排的(我们中国人可以找到无数类似的庆典和仪式)。在这样的气氛下,"吉卜赛"少女艾丝美拉达登场了;她在这里扮演的角色如同康德所说的自然界的美,展现出了无与伦比的丰富性,立刻吸引了无数巴黎人。于是,正如自然界在康德对美的论述中破坏了知性的规则一样,艾丝美拉达的出现也破坏了巴黎的正常运转。

康德在讨论崇高时也反复强调了类似的主张。在他看来,崇高的情感意味着主体的知性受到了某个强有力的自然对象的冲击——这个对象是可怕的、"违背目的"②的——但是主体心中已经具有的对理念的敬重也会由此被激发起来,因为如前所述,理念必定会超出知性的界限,而这种超越与崇高的情感十分相似。严格来讲,自然对象无论多么宏伟、幽深、恐怖,都不可能真正击败知性,只可能造成一时的震撼(康德当然不会对自然抱有愚昧的崇拜);可是这也足以唤起主体

---

① 〔德〕康德:《康德著作全集》第 5 卷,李秋零编,北京:中国人民大学出版社,2007 年,第 252 页。
② 同上书,第 255 页。

第三章 康德：对剩余的常规化

对理念的敬重了。不过，正如美可以与知性概念分离一样，崇高的情感也不需要诉诸任何确定的理念，不需要服务于任何道德目的，只需要促使主体确认理念在自己心中的存在，确认自己有能力超出经验性的、病理性的层面。许多庸俗的意识形态之所以赞美崇高，是为了特别突出某些道德；康德的观点则接近于毛泽东的名句"苍山如海，残阳如血"——人们并不需要知道这句词的背景（即娄山关战役），甚至不需要知道作者，也完全能体会到其中的崇高。在今天的流行文化中，看似陈旧的革命文艺再次受到了欢迎，这也证明了康德的看法：这些作品原本所主张的理念并不是必不可少的（至少较好的作品可以做到这一点），因而即使去除或淡化这方面的特征，它们仍然可以显示出一种绝非虚假的崇高。总之，崇高的情感之所以是合目的的，是因为它本身不仅可以缺乏目的，而且最好不要有目的。

但从康德本人的标准来看，他对崇高的分析并不充分。在他眼中，一个自然对象倘若能够驱使主体超出"感性的界限"，就必定是庞大的或强势的；这个推理似乎并不准确，因为任何一种令人震惊的对象都可以扮演这个角色，但它未必具有惊人的尺寸或威力。在《巴黎圣母院》中，崇高的形象无疑是加西莫多，而他之所以令人震惊，无非是由于他的容貌过于丑陋，向来遭到蔑视和嘲笑，因而他的勇敢的举动颠覆了人们（尤其是读者）对他的成见。用康德的术语来讲，"感性的界限"取决于头脑所接收的信息，而丑陋的加西莫多恰好是人们一般连看都不愿意看的对象（他只有在选丑大赛时才成了众人的焦点）；于是，他作为一种仿佛不可见的存在者恰好在现实中代表了理念。这一切符合康德对崇高的界定，但他和其他不少学者都没有考虑到。

以上论述表明，康德对美和崇高的探讨实际上都是在展示合目的性的概念，而不是在专门研究美学，甚至对美学有一些扭曲。进一步讲，美和崇高远远不能涵盖人类对美的所有感受。例如，悲剧完全有可能与这两者都毫无关系：美狄亚的复仇和哈姆雷特的复仇都很难符合康德所界定的美和崇高，尽管前者更加果断，后者则非常犹豫。喜剧同样超出了《判断力批判》的框架，甚至很可能会被当成一种庸俗的艺术形式。无论如何，接下来我将进一步表明，《判断力批判》的主题——合目的性如何用来理解自然——也延续了他的基本思路。

三、整个自然的合目的性

与斯宾诺莎一样,康德明确认为所谓自然的目的无非是人的目的:

> 人是尘世惟一能够给自己形成一个关于目的的概念,并能够通过自己的理性把合目的地形成的诸般事物的集合体变成一个目的系统的存在者。①

康德用了许多例子来说明人的目的(特别是由道德法则规定的自由)根本不适用于自然本身。概括地讲,

> 就人作为许多动物种类的一种而言,自然倒是无论就毁灭性力量来说还是就生产性力量来说都没有给人丝毫的例外,而是使一切都服从于自然的没有一个目的的机械作用。②

由于自然本身根本不听从人的目的,所以康德毫不含混地指出,机械的因果性是理解自然的首要原则,也是唯一的建构性原则:人们必须"把自然的一切产品和事件,甚至最合目的的,都加以机械的解释,只要这种解释始终为我们所能进行"③。这个观点显然与一些流行的对康德哲学的印象完全相反:他不仅没有想方设法把机械作用压制在狭小的领域内,更没有藐视机械作用(这是愚昧的意识形态和无能的道德主义拼命想要做的),而且主张尽可能地按照机械主义来理解自然。第二章第三节说过,斯宾诺莎也试图通过第二种知识形式来考察庸人的行为和当时的国家,虽然他所阐述的第三种知识形式远远不是康德所

---

① 〔德〕康德:《康德著作全集》第5卷,李秋零编,北京:中国人民大学出版社,2007年,第444页。
② 同上书,第445页。
③ 同上书,第432页。

说的合目的性。康德必须让终极目的或自由的人在并不友好的自然中完全丧失客观性,才能让整个自然的合目的性作为一种客观的范导性原则来发挥作用,而不至于陷入辩证法,例如直接按照某个关于目的的观念来建构自然知识。因此,虽然人类据说必须相信"整个自然都是在目的论上隶属于……终极目的的"①,但这个信仰又决不能有任何经验性的用处,而是必须保持为一种纯粹的信仰——整个自然的合目的性意味着无条件地肯定自然的全部机械作用是与由道德法则规定的自由相一致的。

可以说明的是,在讨论美的对象时,康德试图抗拒知性,以便确保美的对象远离认识的目的,而自然在这里表现为某种"肆无忌惮"的存在,代表了更加纯粹的美;在讨论整个自然的合目的性时,康德却极力强调由知性确立的自然因果性,以便确保一切自然对象远离自由和道德,仅仅表现为机械的存在。知性和自然都在不同的层面上扮演了完全相反的角色,尽管康德的基本思路是一样的。

康德对整个自然的合目的性的论述非常类似于莫扎特的歌剧《狄托的仁慈》(*La clemenza di Tito*)中的一个场景②。罗马皇帝狄托遇到了严重的叛乱;在镇压叛乱时,他想要赦免罪犯,却不得不感叹说:"每当我赦免了一名罪犯,我就发现了另一名。"但他不仅决定继续显示出自己的宽大,而且把这看作一种奇特的较量:"让我们看看,谁更加持久,是他人的背叛还是我的仁慈……让罗马知道,我始终如一,无所不晓,赦免了所有人,忘掉了所有事。"这句话完全可以改成康德的版本:"让我们看看,谁更加持久,是现实中的机械作用还是我对合目的性的信仰……让自然知道,我始终如一,无所不晓(例如康德非常了解自然科学,与愚昧的道德主义完全不同),赦免了所有病理性,忘掉了所有不道德。"正是在这个意义上,康德才在《论永久和平》中写下了本章开头引用过的一句话:"建立国家的问题无论听起来多么艰难,纵然对于一个魔

---

① 〔德〕康德:《康德著作全集》第5卷,李秋零编,北京:中国人民大学出版社,2007年,第454页。
② Slavoj Žižek: "From Politics to Biopolitics … and Back", *South Atlantic Quarterly* 103. 2/3, 2004, p. 503.

鬼民族（只要魔鬼有理智）来说也是可以解决的。"更一般地讲，这种对理念的无条件的肯定是德国唯心主义最惊人的力量，同时也是它最致命的弱点，庸俗的唯心主义则总是想要掩盖这个弱点。

上一节说过，康德的道德哲学注定会把剩余当成一种病理性的现象，因为他无法恰当地理解社会领域中的脱节。《判断力批判》则带来了一种特别的转机："病理性"的现象虽然据说仍然是由机械的因果性所支配的，却不再是一种犬儒主义，而是一种合目的性。换句话说，"第三批判"不自觉地让剩余的原则得到了某种肯定。不过，下一章将表明，黑格尔的辩证法更加明确地强调了剩余的原则，只不过他最终借助思辨哲学重新为自己建立了一种客观的立场。

在今天，人们仿佛已经非常清楚整个自然的合目的性——它很容易转化成历史的合目的性——所隐含的严重后果了。用前一章末尾留下的第一个难题来讲，在历史上反复出现，至今仍未绝迹的种族主义是否具有合目的性？断然否定看起来是很容易的；以纳粹主义为代表的种族主义只可能被看作不可辩护、不可救赎的罪恶，绝不可能通向某种"终极目的"。但这一切仅仅立足于对合目的性概念的一种过于简化的理解，仿佛这个概念指的是以随便什么方式来给一切东西寻找理由一样。但如前所述，康德所说的整个自然的合目的性要求人们尽可能地"把自然的一切产品和事件，甚至最合目的的，都加以机械的解释"——例如，人类的许多看似奥妙的观念、制度、习俗等可能在很大程度上是由机械的（包括生物化学的）原因或病理性的要求所引发的。从剩余的角度看，康德实际上要求技术领域能够比较有效地运作，或者说整个自然的合目的性若要成立，就必须以启蒙为前提，而这与整个康德哲学是连贯的。

可是《启蒙的辩证法》等著作似乎恰好论证了种族主义是启蒙的必然产物。按照霍克海默和阿多诺，启蒙的倾向植根于人类消除恐惧的企图，因为"人们相信，当不再有任何未知的东西时，自己就可以免于恐惧"，而启蒙正是这种对认知的强烈欲望；于是，启蒙不允许任

第三章 康德：对剩余的常规化

何东西"停留在外部，因为'外部'的观念正是恐惧的真正根源"①，而这种敌视他者的思考方式是与种族主义完全一致的。于是，现代科学、古代人用来解释自然的神话、种族主义等全部成了对他者的恐惧——这种做法本身就是一种无以复加的对他者的恐惧，因为它永远在重复同一个概念框架。接下来我将初步表明，只要按照康德的提议，对种族主义等意识形态"加以机械的解释"，就可以把它们与启蒙传统区分开来。

我可以从我们中国人的地域主义开始。有一则低劣的笑话想要污蔑某地偷窃成风，于是描绘了当地人的许多高超的、神奇的偷窃手法；如果把这些手法（除了一些根本不现实的情况）单独拿出来，比如把它们放到综艺节目上去，那简直是令人赞叹的。可是问题恰好就在这里：这些笑话的企图正是首先引起人们对某个对象的赞叹，然后使人们感到自己受到了威胁，因为这个对象似乎拥有某种常人所不具备的能力或技巧。换句话说，很多高超的能力或技巧只要出现在合适的语境中，就会立刻转变成一种威胁、一种可怕的暗示。因此，地域主义的花招无非是描绘一种强有力的敌人，以便让我方处于（潜在的）受害者的位置。不仅如此，反智主义和性别歧视往往也都是这样运作的：科学家据说企图统治世界（这显然反映了反智主义者自己的欲望），"过分"美丽的女性则容易引起灾难，等等——他们所拥有的优势仿佛突然颠倒成了他们的罪名。用鲁迅的话说，"中国的男人，本来大半都可以做圣贤，可惜全被女人毁掉了"②；同样，我的家乡本来可以拥有发达的商业、低廉的房价和干净的空气，可惜全被贪婪而狡猾的投机者毁掉了，等等。

正是在这个意义上，《威尼斯商人》中的夏洛克向自己的女儿杰西卡说（当时城里正在举行复活节的庆典）：

> 怎么！还有假面跳舞吗？听好，杰西卡，把家里的门锁

---

① Horkheimer and Adorno, *Dialectic of Enlightenment*, Stanford, C. A.: Stanford University Press, 2002, p. 11.
② 《鲁迅全集》第 1 卷，北京：人民文学出版社，2005 年，第 524 页。

上了；听见鼓声和弯笛子的怪叫声音，不许爬到窗槛子上张望，也不要伸出头去，瞧那些脸上涂得花花绿绿的傻基督徒们打街道上走过。①

与地域主义的情况一样，夏洛克对"傻基督徒"的敌视恰好来自某种他不愿意承认的羡慕，即对方拥有欢乐的庆典，而且与杰西卡相爱的也是一名基督徒。同样的逻辑无疑也适用于反犹主义（《威尼斯商人》已经展现了这一点）：犹太人据说拥有神乎其技的赚钱技巧，因而只有消灭或赶走他们，本地的经济才能脱离困境。与此类似，黑人的形象主要是身体能力，尤其是性能力的"过分"强大，中国人则"过分"勤劳，等等。有一种老旧的侦探小说守则禁止侦探小说中出现中国人，因为中国人据说善于飞檐走壁、妙手空空，而这样的作案手法显然会破坏侦探小说的风格。总之，若要制造种族主义的恐惧，就需要想象他人的不同寻常的优越，甚至需要把这种优越发明出来。

由此可见，种族主义等意识形态是以自卑和自我贬低为基础的；它们之所以对于下层民众特别有吸引力，并不是因为后者缺乏教养等，而是因为他们的生活状况原本就是卑下的、遭到贬低的。简言之，这些意识形态实际上是他们的生活状况的副本（double）。虽然他们的生活状况肯定是社会问题，但是制造副本的技术并非如此。

这一切对于打击地域主义、种族主义等并没有直接的用处，因为陷入愚昧的人（和他们背后的"贤者"）显然很难接受"机械的解释"。前一章末尾留下的难题并没有那么容易解决。然而，这表明启蒙与种族主义相去甚远，因为康德所说的整个自然的合目的性既包含了启蒙主义的要求，又有助于我们至少理解种族主义。

---

① 〔英〕莎士比亚：《莎士比亚全集》第 2 卷，朱生豪等译，北京：人民文学出版社，1994 年，第 34~35 页。

第四章

黑格尔：对剩余的强行推进

> 无限目的的实现不过是扬弃那种以为目的尚未实现的错觉。善、绝对的善在世界上永恒地实现着自身，其结果是善已经自在自为地实现，而用不着期待我们。我们就是生活在这种错觉中，但这种错觉同时也是一种推动力量，而我们对世界抱有的兴趣是建立在这种力量上面的。理念在其发展过程里自己造成这种错觉，设定一种与自身对立的他物，而理念的行动就在于扬弃这种错觉。
>
> ——黑格尔：《小逻辑》[1]

---

[1] 〔德〕黑格尔：《哲学全书·第一部分·逻辑学》，梁志学译，北京：人民出版社，2002年，§212Z，第352～353页。

格奥尔格·黑格尔（1770～1831）大概是最后一名对自己所能触及的科学和艺术无所不知的哲学家。不仅如此，他在成为哲学教授之前还做过报社主编，并凭借自己的文章使报纸的发行量成倍上涨——马克思在《莱茵报》也做过类似的成绩，不过他恐怕并不知道自己十分尊敬的黑格尔在这方面居然也是自己的前辈。黑格尔也做过中学校长，每周上课16个小时，并在这个时期完成了《大逻辑》（这并不是为了讲课而写的；他拒绝向中学生讲授自己的逻辑学）[①]。在他之后，人类精神的巨大发展或许已经断绝了这样一位大师存在的可能性；用第一章第二节引用过的海德格尔的话说，"如果是伟大的东西，终结也是伟大的"。

黑格尔对法国大革命的拥护和对拿破仑的赞赏都十分有名。在晚年，为了支持他的朋友、犹太人爱德华·甘斯（Eduard Gans）成为柏林大学法学教授，他还参与了大学内部的斗争，因为一些教授认为犹太教授会引起学生及其家庭的不安。作为所谓的普鲁士国家哲学家，他在讲课时却受到了官方的监视。当《宗教哲学讲演录》在他身后出版时，他的夫人（当然是一名基督徒）几乎不敢相信这是自己丈夫的作品。到了1840年，相对开明的弗里德里希·威廉三世去世了，即位的是反动的弗里德里希·威廉四世，于是，就连主张君主立宪的黑格尔主义也逐渐不能为官方所容忍了，他的追随者也很快各自走上了不同的道路。

既然这一章要阐述黑格尔对剩余的强行推进，那么顾名思义，他肯定在某种意义上承认了社会领域中的剩余（这一点与康德式的常规化相反），同时试图以一种不顾现实条件的方式来坚持这种原则。我将首先从《法哲学原理》《大逻辑》和《小逻辑》出发来论述黑格尔哲学中的剩余问题，然后分别以《精神现象学》和《历史哲学》的部分章节为基础来展示他对剩余的强行推进。

---

① Terry Pinkard：*Hegel*，Cambridge：Cambridge University Press，2000，p. 281.

第四章　黑格尔：对剩余的强行推进

第一节　黑格尔的剩余问题：无限目的

黑格尔以关心社会问题著称，所以本书似乎应该更加注重他的社会理论，就像当前黑格尔研究的流行趋势一样。在某些时候，这种趋势的潜台词无非是除了社会理论之外，黑格尔的其他学说要么过于晦涩，要么早已过时。但从这位巨人自身的标准来看，他关于资产阶级社会（即通常所说的市民社会）的理论或许恰好是最薄弱的。事实上，马克思在伦敦的家里只有《大逻辑》《小逻辑》《历史哲学》和《哲学史讲演录》①，却没有他在年轻时专门批判过的《法哲学原理》，这也许并非偶然。概括地讲，黑格尔的社会理论有两个根本缺陷：

第一，他并不了解第一章第二节所讨论的人口过剩，尽管马尔萨斯的《人口原理》是在1798年发表的，比《精神现象学》还要早。黑格尔虽然阅读过英国经济学家的著作，却略过了当时影响极大的马尔萨斯。结果，他仅仅注意到了资产阶级社会必定会产生贫富分化②、欧洲人向美洲移民③等事实，而暴民对他来说始终是一个难以理解的问题。用德国学者弗兰克·鲁达（Frank Ruda）的话说，贫困的暴民遭到了资产阶级社会的剥夺，而在黑格尔哲学中，"这种侵权行为既没有被承认为一种侵权行为，也没有被扬弃"④。

第二，黑格尔仍然把职业［即"等级（Stand）"］当作一种认同对象："个人只有成为定在，成为特定的特殊性，从而把自己完全限制于需要的某一特殊领域，才能达到他的现实性。"⑤但这与资本主义生

---

① Norman Levine: *Marx's Discourse with Hegel*, Hampshire: Palgrave Macmillan, 2012, pp. 37 – 38.
② 〔德〕黑格尔：《法哲学原理》，范扬、张企泰译，北京：商务印书馆，1961年，§245，第245页。
③ 〔德〕黑格尔：《历史哲学》，王造时译，上海：上海书店出版社，2001年，第85页。
④ Frank Ruda: *Hegel's Rabble*, London: Continuum, 2011, p. 62.
⑤ 〔德〕黑格尔：《法哲学原理》，范扬、张企泰译，北京：商务印书馆，1961年，§207，第216页。

产方式相去甚远，因为对相当一部分工人来说，职业仅仅表现为单纯的谋生手段，而且倘若工资太低、工作条件太差，他们还会厌恶自己的职业。更一般地讲，下层民众不论从事何种职业——他们往往频繁地变换工作——都很难认同自己的阶级地位。当代的认同理论有时也会轻视这个问题。这些理论旨在考察一个群体的某个身份特征（性、民族、爱好、文化等）如何能得到这个群体自身的认同和他人的承认，以及由此会发生怎样的社会运动。然而，资本主义生产方式会系统性地生产出一个根本无法达到自我认同的群体，即无产阶级。黑格尔大致看到了这种现象，并主张通过殖民来输出无产者[①]，但这至多只是一种权宜之计。至于一些人把他对职业的看法当成一种伦理的"理想"，那是完全违背黑格尔哲学的。

总之，虽然黑格尔恐怕从来不是一个保守主义者，更不是一个辩护士，但他的社会理论确实反映了当时德国的落后。他的真正贡献终究是他的辩证法。前一章已经分析了康德对辩证法的批判，这一节将考察黑格尔对这个问题的回应，尽管他从来没有正面回应过康德（《哲学史讲演录》关于康德的部分仅仅提到了一次辩证法[②]，而且无足轻重）。

一、辩证法的格式

如今有一种新奇的观点，即认为黑格尔的辩证法并不遵循三段论或三位一体的格式，仿佛任何格式都必定是外在的、没有哲学意义的（事实上，黑格尔很少违反这种格式）。这种观点实际上反映了辩证法的格式并没有得到很好的理解。虽然概括性的描述有很多——按照三段论，就是大前提、小前提、结论；按照三位一体的观点，就是圣父、

[①]〔德〕黑格尔：《法哲学原理》，范扬、张企泰译，北京：商务印书馆，1961年，§246ff.，第246页及以下。

[②]〔德〕黑格尔：《哲学史讲演录》第4卷，贺麟、王太庆译，北京：商务印书馆，1983年，第279页。

圣子、圣灵；马克思在《哲学的贫困》中把它表述为正题、反题、合题①（黑格尔并没有使用过这个说法，而且它并不准确）——但是直接地看，这些描述似乎并不足以显示出辩证法的哲学意义。为了方便起见，我将借助一个比较具体的例子——《法哲学原理》中的家庭、资产阶级社会和国家——来阐述我对黑格尔的辩证法的理解。

我不妨从一个最简单的事实开始：家庭是很小的，资产阶级社会和国家则不仅要大得多，而且是几乎一样大的（后面会说明"几乎"指的是什么）。这个事实本身不过是说，资产阶级社会包含了众多家庭，而国家需要管理家庭和资产阶级社会。用黑格尔的话说，"家庭自然而然地和本质地通过人格的原则分成多数家庭"②，然后它们就组成了资产阶级社会。于是，资产阶级社会中出现了普遍性与特殊性的对立；这两个方面都是不可或缺的，都必须以某种方式得到肯定，尽管它们彼此之间又是对立的，或者说它们都倾向于否定对方。例如，倘若一名工人在一条流水线上完成一个操作需要 3 秒，而一般的工人只要 2 秒，那么普遍性通常就会压倒特殊性：前一名工人会遭到处罚，甚至会失业。只要资产阶级社会还在比较平稳地运行，或者说只要其中的对抗和斗争还不是特别强烈——用黑格尔的话说，只要它还是现实的、合理的——那么普遍性与特殊性就总是已经以某种方式达成了妥协、取得了和解。例如，这名迟钝的工人或许找到了一份要求比较低的工作，另一名迟钝的工人则因为偷窃而被捕了，等等。然而，这种和解的可能性和条件绝不是轻而易举就能把握的：劳工市场是否运转良好？侦查和司法工作是否有效？一旦现有的和解遭到了严重的破坏，资产阶级社会就会失去合理性和现实性，或者说会出现巨大的混乱。简言之，和解只是偶然的。

这种偶然性的一个重要表现是人们倾向于采取知性的思考方式（启蒙在这里是一个不言而喻的前提）。例如，有人也许认为应该限制

---

① 《马克思恩格斯文集》第 1 卷，北京：人民出版社，2009 年，第 599 页。
② 〔德〕黑格尔：《法哲学原理》，范扬、张企泰译，北京：商务印书馆，1961 年，§181，第 195 页。

企业主解雇工人的权力；有人认为应该加强就业培训；有人认为应该更加严厉地打击犯罪、维持治安；等等。这些措施仿佛都有助于资产阶级社会的稳定。可是原则上，人们并没有理由断定相反的措施是错误的。扩大工人及其组织的权力或许会降低生产率，把资源投入就业培训和打击犯罪则有可能花费很大，收效却很小。于是，人们倘若不愿意像古希腊以来的诡辩家一样搬弄是非，就必须寻找证据来支持自己的主张——这是资产阶级社会运转良好的一个标志。如前一章所说，这种建构知识的工作正是知性的任务。但若抛弃康德所说的"普通的知性"，即据说一般人在具体的场合下总是知道自己应该做什么，那么究竟应该采取哪些措施就容易引发无休止的争议。简言之，资产阶级社会中的斗争与妥协是按照知性的原则来运作的，而且绝不会达到某种终极的完善。

就辩证法而言，康德与黑格尔正是在这里分道扬镳的。康德正确地看到，理念不可能通过知性的运作而变成现实，除非借助辩证的幻象。表面上，黑格尔的意见是"合理的国家"会推行合理的措施，而且国家据说是"神自身在地上的行进"[①]，所以黑格尔的辩证法不过是给康德所说的幻象赋予了一个冠冕堂皇的名号，因而是神秘的、保守的——反动的意识形态有时也会因此而肯定黑格尔哲学。

在这个问题上，无论怎样分析黑格尔所说的国家的组织形式和运行方式都是没有意义的。这方面的学说探讨的是国家如何才能比较自觉地按照客观性的要求来安排自身（公务员需要接受监督、撇开私人关系[②]，议员应该有活跃的交流、理性的商讨[③]，等等）。换句话说，合理的国家应该力求以自觉的方式来促使知性趋向理念，即促使一种比较局限的客观性趋向一种绝对的客观性，但这个目标是不可能达到的。更确切地讲，与其说某个固定的国家为知性的运行赋予了自觉，不如说随便什么组织或势力只要能够做到这一点，就是真正的国家；国家

[①] 〔德〕黑格尔：《法哲学原理》，范扬、张企泰译，北京：商务印书馆，1961年，§258Z，第259页。
[②] 同上书，§295～296，第313～314页。
[③] 同上书，§309，第327页。

不单纯是一个指示对象,而是从资产阶级社会中产生的能够自觉地运用知性的力量。用传统逻辑的话说,主词(国家)与其说是谓词(对客观性的自觉的追求)的所有者,不如说是这个谓词的产物。但无论如何,这一切只能让国家的措施尽量接近客观性的要求,或者说尽量获得普遍的理解和认同,却不可能跨过知性与理念之间的鸿沟。因此,无论国家给知性的运行提供了多少帮助,也无论国家怎样强调客观性、怎样改进资产阶级社会中总是已经存在的妥协与和解,康德的上述观点都不会失效。

到这里,前面提到的"几乎"就可以登场了。黑格尔所设想的国家终究包含了一个资产阶级社会所不具备的方面,即立宪君主。乍一看,这并不解决任何问题,因为立宪君主不过是国家的象征。按照黑格尔,"在一个有良好组织的君主制国家中,惟有法律才是客观的方面,而君主只是把主观的东西'我要这样'加到法律上去"① ——而且法律是在议会中决定的。可见,君主似乎没有任何实际的用处。然而,恰好作为国家的象征,黑格尔所界定的君主还有另一项基本任务:在对外战争中代表本国②。只要国家存在,国家之间的对抗就始终是可能的。这就是黑格尔针对知性的局限所给出的答案:国家在根本上并没有能力消除由资产阶级社会孕育的对立,而这种无能为力的状况最终表现为国家毁灭的可能性。换句话说,国家内在的、无可避免的不完善终究会在对外战争中受到致命的考验,而结局总是难以预料的。

进一步讲,这种对国家的否定具有两种可能的形式。其一,任何个别的国家都有可能在战争中发生激烈的动荡(国家倘若组织得不够好,那么即使没有战争也有可能发生混乱),并转变为别的国家形式,包括沦为殖民地等。在这里,否定的产物在概念上仍然是国家或国家的一部分。其二,黑格尔强调了从国家到世界历史的过渡:从世界历史的角度看,不同的国家之间的关系恰好再次展现出了普遍性与特殊性的对立,因而在一定程度上与受知性支配的资产阶级社会是一样的。

---

① 〔德〕黑格尔:《法哲学原理》,范扬、张企泰译,北京:商务印书馆,1961年,§280Z,第302页。
② 同上书,§329,第345页。

在这里，倘若不同的国家之间彼此和解的方式（战争当然是一个活跃的因素）具备了比较自觉的客观性，那么就像合理的国家会尽量在本国推行合理的措施一样，现在将在世界舞台上出现一个主导人类社会的民族，即世界历史民族。简言之，客观性在一个更高的层面上找到了新的代表。这样一来，国家就遭到了彻底否定：战争与和平最终会导致世界历史民族成为人类社会的主角和哲学思考的重心，国家则变得次要了。

抽象地说，辩证法具有如下格式：

（1）随便什么起点，只要能进展到下一步。

（2）引入一对新的原则（如资产阶级社会中的普遍性与特殊性），它们的对立总是已经达到了某种偶然的和解。知性已经在运作，但是无法摆脱偶然性，或者说无法达到理念所要求的客观性。

（3）并没有引入新的原则，而是自觉地按照理念的要求来运用知性，为知性的运作提供有利的条件，尽量促成上述对立的和解。但这在根本上绝不可能使理念得到完善的实现。同时，某种彻底否定的可能性也出现了。

在这三个环节中，关键的进展并不是出现在第二个与第三个环节之间，而是发生在第一个与第二个环节之间，因为至关重要的对立是随着第二个环节才出现的。例如，现代国家和资产阶级社会大体上是一起出现的，而家庭显然要古老得多。就逻辑、自然和精神而言，自然和精神都包含了思想与现实的张力，逻辑则是纯粹的、仿佛仅仅停留在阴影中的思想。在这个意义上，正题、反题、合题的说法是误导性的，因为它看起来更加强调从反题到合题的某种跳跃。

从黑格尔开始，"统一""绝对""总体"以及"理念"本身都获得了新的含义：在康德那里，它们指的是一种在经验性的层面上无法达到的理想，一种纯粹的倾向和信仰，一种不可能实现的完善；在黑格尔那里，它们恰好指的是这种不可能实现的完善在经验中的不完善的实现，例如合理的国家之所以是符合理念的，并不是因为它确实达到了理念，而是因为它力图自觉地服从理念的要求。用前一章第一节的例子来讲，如果我预想的 4 000 字实现为 3 000 字，那么康德只会把 4 000

字称作理念，黑格尔则会把3 000字也称作理念。同时，对理念的彻底否定也是黑格尔发明的，虽然他并没有使用"彻底否定"这个说法。我把彻底否定界定为对理念的否定。例如，它并不适用于家庭和资产阶级社会，仅仅适用于国家，而黑格尔常用的扬弃、过渡等术语可以适用于这三者，所以是不够确切的。换言之，在康德那里，没有任何实际存在的东西比得上理念的绝对统一；黑格尔丝毫不反对这一点，但他首先直接把实际存在的绝对统一（当然是不完善的）称作理念，然后主张没有任何实际存在的理念比得上它自身所遭受的彻底否定。任何理念都会遇到一种自己独有的彻底否定，而这意味着黑格尔并不是从某个固定的标准出发来批判理念的（这种做法叫作外部反映）。因此，康德哲学表现为客观法则（所谓的星空和道德法则）与经验性的存在者之间的二元对立；黑格尔哲学绝不是某种粗浅的合二为一，而是把康德式的对立内化到了每一个具体的总体当中，而这些具体的总体构成了辩证法的诸多环节或诸多不同形式的客观性，其中后一个环节是对前一个环节的彻底否定。

二、无限目的

按照黑格尔本人的逻辑学，他与康德在辩证法问题上的差别可以表达为真正的无限性与单调的无限性之间的差别。前一章讲过，这两种无限性实际上就是康德在《纯粹理性批判》中分析四组二律背反时所区分的两种无限性，即无限进展与不限定进展，前者意味着对象的整体已经得到了把握，后者则相反。必须预先指出的是，"单调的无限性"经常被错误地译作"坏的无限性"。据梁志学的考证，"schlecht"虽然有"坏"的含义，但是当年还有"单调、简单"的含义，后者相当于现在的"schlicht"；他主张按照后一种含义来理解这个词[①]。我当然不懂200年前的德语，但我对这个范畴的理解是与"坏的无限性"不

[①] 〔德〕黑格尔：《哲学全书·第一部分·逻辑学》，梁志学译，北京：人民出版社，2002年，第408页。

相容的。更一般地讲，能在黑格尔的体系中出现的范畴——即使是《法哲学原理》中的"不法"——都不可能带有通常的道德主义气息。

倘若以为单调的无限性是坏的（仿佛真正的无限性是好的），就会产生很大的误导。黑格尔喜欢把计数作为单调无限性的例子：一个人在计数时无论如何前进，都永远达不到无限，而是始终处于无限的对立面。用黑格尔的话说，这种无限"只是彼岸……只是作为实在地建立起来的有限物之否定"[①]（一些庸俗的黑格尔学者由此认为数学的思考方式是坏的、低劣的）。可是自然数的概念本身就是真正的无限性：一方面，自然数的集合拥有无穷多的元素，因而直接把握了计数的操作所能涉及的一切，"彼岸"则消失了；另一方面，这个集合不仅有明确的界限，而且必须停留在这个界限之内，否则就会遇到它自身的彻底否定，即整数。可见，真正的无限性不外是对自身的界限的认识，从而是包含在有限性中的无限性，但它并没有在单调的无限性之外引入任何新的原则，因而也不可能把单调的无限性当作某种有待摒弃的坏东西。例如，即使一个人把握了自然数的集合，计数的操作依然是以单调的方式来进行的。

之所以康德与黑格尔的辩证法分别体现了这两种无限性，无非是因为前者所说的绝对统一和总体性被理解为一种彼岸和不可能达到的"应当"，后者则相反，总体都被理解为无数具体的总体，它们都会遇到自身的彻底否定。从原则上讲，黑格尔的辩证法根本不需要在康德的唯心主义之外引入任何新东西，只需要完成一种纯粹形式的转化，把理念从无法达到的完善（单调的无限性）变成已经达到的不完善（真正的无限性），并把诸多真正的无限性作为一系列辩证的环节。

然而，这种形式的转化会在哲学上产生实质性的后果：只有黑格尔的辩证法才能用来理解历史的进展。对于任何历史性的环节，本章开头所引用的一段话都是适用的：

无限目的的实现不过是扬弃那种以为目的尚未实现的错

[①] 〔德〕黑格尔：《逻辑学》上卷，杨一之译，北京：商务印书馆，1982年，第149页。

觉。善、绝对的善在世界上永恒地实现着自身，其结果是善已经自在自为地实现，而用不着期待我们。我们就是生活在这种错觉中，这种错觉同时也是一种推动力量，而我们对世界抱有的兴趣是建立在这种力量上面的。

历史性的总体绝不可能达到它自身所设定的完善，但这不仅不意味着"无限目的"只会以单调无限性的方式停留在彼岸，而且恰好意味着这种观点会引起一种常见的错觉：人们以为理念还有待实现，却不知道理念从一开始就是为了无法实现而存在的，或者说它只是一种引诱。只有当主体尚未识破自己的错觉时——只有当他还相信自己所奉行的理念时——他才能保持对现实世界的兴趣。一旦某个社会的无限目的不再表现为一种单调的无限性，而是被理解为一种真正的无限性（黑格尔直截了当地把这称为"无限目的的实现"），理念就会丧失吸引力，会突然变成根本不现实的从而缺乏意义的东西，尽管它其实从一开始就是不现实的，只不过人们陷入了错觉。借用马克思的句式来讲，一个社会在它所能容纳的全部错觉都被扬弃以前，是决不会灭亡的。

这样一来，我们就得到了剩余概念的黑格尔版本：这里的一般概念是无限目的。在社会领域中，一系列无限目的主要表现为诸多特殊的时间范围，而陌生、突破性的行动和实际处境的转变都是很容易看到的。例如，按照《精神现象学》的描述，古希腊伦理立足于性别分工，完全不能理解自行决定的个人，而安提戈涅的形象就代表了这种个人在古希腊晚期的出现，所以她与当时的伦理是相互陌生的。安提戈涅不顾城邦的禁令、坚持埋葬战死的兄弟的行为也代表了突破性的行动。最终，以性别分工为基础的古希腊伦理退出了历史舞台，自行决定的个人则占据了主导地位，而这正是实际处境的一次历史性的转变。这一切完全符合剩余的特征。此外，作为哲学巨人的黑格尔也没有违背剩余的原则，因为如本节开头所说，他实际上不太了解资本主义社会。

三、思辨的立场

既然剩余的概念已经得到了充分的体现,为什么黑格尔哲学仍然是一种进步主义,仍然是由适用于技术领域的客观性来支配的?这关系到这种哲学的"封闭"——这也是一个无可回避的问题。前面说过,黑格尔的辩证法表现为由诸多具体的总体所构成的不断进展;于是,常见的解释认为他的哲学仿佛晚节不保,在最后终于把自己封闭起来了。比较同情黑格尔的学者则试图证明他没有犯这样的错误,例如齐泽克喜欢引用《精神现象学》最后的两句诗:"看到他的无限性翻起泡沫/溢出(aus)这精神王国的圣餐杯"①——仿佛泡沫并没有被扼制在精神王国内部。在《哲学史讲演录》的"结论"部分,黑格尔也明确地把自己的学说称作"哲学到现在为止达到的观点"②。但无论如何,在用开放或封闭这样的概念来评价黑格尔哲学之前,我们似乎有义务从黑格尔哲学的立场来思考开放、封闭等概念——这是他应得的基本工资。

前面对辩证法的解释隐含了一个前提:与每个具体的总体相伴随的彻底否定总是与这个总体非常不同的。从剩余的角度看,这无非意味着不同的特殊范围之间的脱节。但在逻辑上还有另一种可能性:彻底否定与原本的总体是连贯的,或者说就连彻底否定也不会带来任何新东西。这正是黑格尔所说的绝对。用《1844年经济学哲学手稿》的话说,绝对意味着"最后的、以自身为目的的、安于自身的、达到自己本质的人的生命表现"③。这看起来是不可思议的,仿佛一个鲁钝的人经常与各式各样的人打交道,却不能学到任何东西,所以只能把"安于自身"作为自己的生命表现。然而,在一种非常特定的意义上,这个人就是苏格拉底。众所周知,按照神谕,苏格拉底是最聪明的人,于是

---

① 〔德〕黑格尔:《精神现象学》,先刚译,北京:人民出版社,2013年,第503页。
② 〔德〕黑格尔:《哲学史讲演录》第4卷,贺麟、王太庆译,北京:商务印书馆,1983年,第372页。
③ 〔德〕马克思:《1844年经济学哲学手稿》,北京:人民出版社,2000年,第113页。

第四章 黑格尔：对剩余的强行推进

他自己解释说，他之所以最聪明，是因为他知道自己无知，而别人不知道。

这个解释具有深刻的哲学意义。首先，它符合上面所说的情况：无论苏格拉底怎样与他人谈话，无论他的全部认知经历了怎样的变化或否定，他就自己的无知而言都不会学到任何东西——他在无知这一点上永远只会停留在原地。其次，这种认知本身的逻辑结构是非同寻常的。一般来说，认识活动可以分成两个方面，即认识能力和知识的内容，而无知指的是这两个方面的欠缺。用黑格尔的话说，这两个方面分别体现了主体性与实体性。按照通常的见解，黑格尔的基本主张之一是实体性与主体性的统一；可是当苏格拉底知道自己无知时，他之所以具备这两个方面（因为知道自己无知本身也是一种认知），反倒是为了知道自己缺乏这两个方面。实体性与主体性的统一是不足以描述这种状况的，但这正是黑格尔在《精神现象学》末尾力图阐述的思想：

> 概言之，精神的完成在于完满地认识到它所是的东西，亦即完满地认识到它的实体，所以这种知识意味着精神返回到自身之内，并在这个过程中抛弃它的实存，把它的形态转交给回忆。当精神返回到自身之内，于是沉浸在它的自我意识的黑夜中，但它那已经消失的实存却在黑夜里面保存下来。这种保存下来的实存，这种从知识那里重新诞生出来的旧有实存，是一种新的实存，是一个新的世界和一个新的精神形态。精神在其中同样必须无拘无束地从新世界的直接性从头开始，在新世界的抚育之下重新壮大，仿佛一切先行的东西对它来说都已经消失无踪，仿佛它从过去那些精神的经验里面没有学习到任何东西。①

简言之，精神之所以经历了漫长的认识过程，反倒是为了知道自己"从过去那些精神的经验里面没有学习到任何东西"，因而自己"必

---

① 〔德〕黑格尔：《精神现象学》，先刚译，北京：人民出版社，2013年，第502页。

须无拘无束地从新世界的直接性从头开始"。例如,共产主义事业之所以经历了漫长的过程,似乎反倒是为了知道这些经验并没有多少用处,因而必须从头开始。在这里,《逻辑哲学论》的最后一句必须颠倒过来:我们必须说很多话,才能保持沉默①。用曾子评价孔子的话说,这可以叫作"有若无,实若虚"(《论语·泰伯》8.5)。童话《纳尼亚传奇》的结局也是如此:在帮助主角一行人击败女巫之后,狮王阿斯兰悄悄脱掉了王袍,作为一只狮子赤裸着离开了——因为它不是一头驯狮(顺带一提,童话的艺术形式在这个情节中发挥出了无可替代的力量,因为只有童话中的狮子才可以既穿衣服,又不穿衣服,而这是其他艺术形式做不到的)。

进一步讲,这种奇特的逻辑结构恰好是与"封闭性"一体两面的:它必定是封闭的,而且只有它是封闭的,其他的一切则是开放的,至少是服从辩证法的。前面所说的实体性与主体性的统一(即认识能力与知识的内容之间的一致)只能构成一种特定的精神形式或社会形式,或者说只能成为一个特殊范围,因而始终有可能遇到它自身的彻底否定。例如,极度渊博的亚里士多德也无法超出在古希腊伦理中具有基础地位的性别分工,用他的话说,"男人的勇敢在发号施令中显示出来,而女人的勇敢则体现在服从的行为上。对于其他德性亦是如此"②。从他的立场来看,前面提到的安提戈涅式的自行决定的个人就是一种彻底否定。因此,一方面,辩证的过程在原则上可以无穷无尽地运行下去,黑格尔也没有独断地给它设置任何终点;但另一方面,在这个过程中出现了一个非同寻常的产物,即知道自己无知的知识——黑格尔把它称作绝对知识——它彻底脱离了无穷无尽的辩证运动,变成了一种永远不变的精神形式。

在《哲学科学全书》的绪论中,黑格尔把这种从辩证法中孕育出来、却又超越了辩证法的立场称作思辨:辩证法仍然是"否定性"的,

---

① 这个表述来自我的同学祁涛。
② 〔古希腊〕亚里士多德:《亚里士多德全集》第9卷,苗力田编,北京:中国人民大学出版社,1997年,1260a22~24,第28页。

第四章 黑格尔：对剩余的强行推进

必须无休止地发起运动，思辨则进展到了"肯定性"① 的方面。黑格尔的立脚点在根本上并不是马克思主义传统所强调的辩证法，而是思辨哲学（这当然不是说马克思主义在这一点上是错误的）。思辨的立场也规定了黑格尔眼中的哲学家的个体精神：一个人从事哲学的先决条件是按照《精神现象学》的方式来使自己达到绝对知识的层面，即知道自己什么也没有学到，必须从头开始；然后，他就可以开始正式研究哲学了②。不仅如此，黑格尔的文本中还频繁出现一种值得注意的措辞，即"对我们来说（für uns）"，这里的"我们"就是哲学家。在考察一个对象时，它"对我们来说"所具有的规定往往不同于它"对自身来说（für sich）"所具有的规定；后者一般也译作"自为"，而前者实际上相当于"自在（an sich）"，因为"自在"就是"潜在"的意思。换句话说，哲学家所看到的是对象身上的某些潜在的方面，某些未曾显现出来的、未曾被这个对象自身所认识的可能性〔更一般地讲，"自在"或"潜在"相当于"对他者来说（für anderes）"，哲学家只是他者的一种〕。可见，"自为"意味着一种不断移动的视角，因为辩证法的每一个环节都拥有不同的自我理解；"对我们来说"则标志着一个在形式上固定不变的视角，一个虽然拥有深厚的教化却仿佛一无所知的视角。只有站在这个绝对的制高点上，思辨哲学家才可以回过头来观看辩证运动，而且只观看辩证运动。因此，在思辨的层面上，适用于技术领域的客观性重新占据了主导地位。

因此，如果说辩证法充分展现了剩余的原则，那么思辨哲学就代表了另一种迫切的要求：辩证运动必须在哲学家眼前无休止地进行，不断支配各种各样的现象，不断上演对立、和解和彻底否定的情节。这可以说是传统的哲学家唯一真正的乐趣。前面说过，人们对世界的兴趣必须立足于一种错觉，即信仰某个理念，以为它还有待实现，却不知道它在经验中的不完善是无法克服的；哲学家却根本不信仰任何确

---

① 〔德〕黑格尔：《哲学全书·第一部分·逻辑学》，梁志学译，北京：人民出版社，2002 年，§ 79，第 152 页。
② 〔德〕黑格尔：《逻辑学》上卷，杨一之译，北京：商务印书馆，1982 年，第 29~32 页。

定的理念，而是乐于观看理念的运动。虽然黑格尔之后的哲学惯于以各种各样的方式来利用这位仿佛终结了哲学的巨人——把他作为马克思的一名重要的前辈，一名温和的社会理论家，一名从来没有被超越的艺术哲学家，等等——但这一切恰好并不能显示出他在何种意义上终结了苏格拉底以来的哲学：黑格尔实际上花了很多力气来说明知道自己无知的思辨哲学所具有的基本规定或基本欲望，即观看辩证运动。

然而，为了满足黑格尔式的乐趣，社会绝不能处于随便什么形态，而是必须处于某些非常特定的形态，必须让辩证法可以发挥否定的力量。这一点对于黑格尔所说的自由是不可或缺的，尽管自由的概念在他那里的确具有更加宽泛、更加通俗的含义。思辨哲学特有的自由（即有利于辩证运动的自由）似乎很少被注意到，但是黑格尔实际上不仅极其详尽地阐述了这种特别的自由，而且达到了不顾现实条件的程度。接下来两节将展示他是如何强行推进这种自由的。

第二节　《精神现象学》中的恐怖和恶

一、两种常见的解释

虽然许多看法都认为黑格尔哲学十分温和，乃至过分迁就现存状况，但这些看法在哲学上不仅往往大相径庭，而且有可能完全相反。一种常见的观点强调说，黑格尔批判并拒斥了1793年的革命恐怖；相关的文本不仅可以在《法哲学原理》和《历史哲学》中找到，而且特别在《精神现象学》中表现为"绝对自由与恐怖"一节，或者说表现为精神的发展过程中的一个必要的环节。人们时常提到这一节的名句：由革命恐怖带来的"死亡之所以是最冷酷的和最平淡无奇的东西，就在于它并不比劈下一棵白菜根或吞一口水具有更多的意义"①。黑格尔

---

① 〔德〕黑格尔：《精神现象学》，先刚译，北京：人民出版社，2013年，第365页。

的这种描述甚至让革命恐怖获得了某种诡异的喜剧色彩。尽管 18 世纪末并没有流水线，甚至几乎还没有机器工业，但是断头台已经表现为一架高效的处理"白菜根"的机器，而这在很大程度上预示了卓别林的《摩登时代》中的一个著名场景：工人完全被机器的节奏所支配，只能重复执行简单的操作。这种喜剧性的场面显然只会让恐怖更加恐怖。进而，不少人从这里引出了对一切革命暴力的批判：在革命的洪流中，个人总是显得过于渺小，很容易遭到吞噬，所以黑格尔据说是一名改良主义者。

然而，辩证的过程总是应该表现为后一个环节对前一个环节的批判和扬弃；这个观点原本是黑格尔哲学的基本特征，但在革命恐怖的问题上却会遇到很大的麻烦。既然黑格尔等人所说的扬弃同时涵盖了取代和保存这两种相反的含义，那么《精神现象学》从革命恐怖这一节中保存了什么？上述解释突然陷入了困境。表面上，紧跟在这一节之后的内容——康德以降的道德哲学——仿佛脱离了革命恐怖也可以成立。况且，《实践理性批判》根本就是在雅各宾派掌权之前发表的。黑格尔完全可以先讨论法国大革命背后的某种抽象的自由概念，然后转入德国的道德哲学。换句话说，1789 年的革命仍然可以属于精神的发展过程，1793 年的恐怖则至多是一个单纯的反面教材，而不会成为扬弃的对象。于是，正如现象学与结构主义之间的确不需要加入纳粹主义的环节一样，仿佛法国大革命中的恐怖也不应该在精神的进展中拥有太高的地位。但无论如何，《精神现象学》并不是这样写的。更一般地讲，这里的问题关系到解释黑格尔哲学时的一种庸俗的倾向：由于扬弃的概念包含了两个相反的方面，所以解释者可以任意让其中一个方面占据主导地位。于是，辩证法仿佛有时唱红脸，有时唱白脸，而辩证的环节仿佛有时是伟大的遗产，有时是黑暗的回忆。这恐怕并没有严肃地对待黑格尔哲学。

与此同时，马克思无疑也认为黑格尔哲学过于温和，但他的解释方式是连贯的：在现实问题面前，黑格尔的辩证法过多地保存了旧的环节，而不是用新东西来加以取代。按照《1844 年经济学哲学手稿》，"在扬弃例如宗教之后，在承认宗教是自我外化的产物之后，他仍然在作为宗教的宗教中找到自身的确证"①。换句话说，黑格尔首先证明了宗教本身（"作为宗教的宗教"）无法提供真理，无论宗教文本隐含了多少思想；然后，他依然肯定了宗教本身的权威。借用第一章第一节引用过的列宁的话说，这种权威"是干什么用的？是给哪一个阶级的"？从黑格尔的立场来看，宗教本身的权威仅仅适用于未能扬弃宗教的人，对于已经扬弃宗教的人（如哲学家）则是没有意义的。前两章都提到，一种流行的政治哲学观点恰好主张把神作为一种道德权威杜撰出来，而斯宾诺莎和康德都不赞同这种观点。更一般地讲，黑格尔实际上一边证明了无数精神形式自身的非真理性，一边又承认许多人无法理解或不愿相信这一点，因而这些精神形式可以原封不动地在这些人中间运行。这样的情况在黑格尔的哲学体系中随处可见。例如，黑格尔本人完全站在新教一边，却又不认为罗曼语国家可以摆脱天主教。家庭的界限据说也是一部分人不可能逾越的：这些人在《法哲学原理》中表现为女性（"女子的归宿本质上在于结婚"②），在《历史哲学》中则表现为我们中国人（"国家的特性便是客观的'家庭孝敬'"③）。于是，《红楼梦》虽然由于"脂粉气"而受到了一些人的嘲笑，却把黑格尔所说的两个方面直接结合起来了。

因此，黑格尔式的扬弃隐含了一种特别的高傲：它明确宣称许多人的精神形式或生活形式是比较低级的，同时却又积极地维护这些已经受到批判的生活形式，不愿意打破它们对一部分人的支配。换句话说，被扬弃的环节只有在哲学家的头脑中才只是一个环节，而在一部分人的生活中却是一种总体性的权力。黑格尔似乎相当珍惜自己的教养与民众的或高或低的教养之间的差距，不太愿意看到这道鸿沟消失。显而易见，这是各种统治阶级意识形态的拿手好戏，它们一边极力证明自己有资格凌驾于民众之上，一边又热情地"保护"民众的随便什么信仰和习俗，以便把民众继续压制在"淳朴"的精神形式中。这一切

---

① 〔德〕马克思：《1844 年经济学哲学手稿》，北京：人民出版社，2000 年，第 109 页。
② 〔德〕黑格尔：《法哲学原理》，范扬、张企泰译，北京：商务印书馆，1961 年，§164Z，第 182 页。
③ 〔德〕黑格尔：《历史哲学》，王造时译，上海：上海书店出版社，2001 年，第 122 页。

正如在鲁迅的《故事新编·理水》中,一位"大人"在与洪水灾区的"下民"代表会面时说:"你们不识字吗?这真叫作不求上进!没有法子,把你们吃的东西拣一份来就是!"① 一般来说,这里所谓的"没有法子"正是"大人"的存在条件,而一旦民众"上进"了,就只会造成统治关系的崩坏。

然而,马克思的解释方式如果一以贯之的话,恰好就意味着革命恐怖的环节也必须被保存下来。正如一部分人据说应该被束缚在家庭中一样,革命恐怖也应该是某些人难以逾越的界限;黑格尔哲学既然以一种特定的方式肯定了女性和中国人在家庭的原则之下的持续存在,就应该以同样的方式来肯定雅各宾派的持续存在,不论后者采取何种面貌。但在包括马克思的解释在内的许多解释中,这一点都是不能成立的,雅各宾专政在黑格尔的体系中似乎是已经过去的东西。因此,马克思的解释方式隐含了一个重大的讽刺:他试图指责黑格尔过于温和,或者说黑格尔的批判"虚有其表"②,但从他的观点中可以推论出黑格尔哲学包含了非常不温和的一面。接下来我将表明,把革命恐怖保存下来的正是德国的道德哲学,而这是黑格尔进一步批判的对象。

二、恐怖与道德

这些解释上的困难是由于革命恐怖并不是按照黑格尔本人的方式来理解的。《精神现象学》简短而明确地说出了革命恐怖的思想前提:在绝对自由的主体看来,"每当它被代表,它就不存在"③。这里出现了自我与他人之间的巨大鸿沟,类似于萨特所说的"他人即地狱"。从绝对自由的立场来看,任何形式的现代主权都是不正当的,因为主权总是意味着个人必须把自己的权利或多或少转让给所谓的主权者。黑格尔特别提到,就连卢梭的方案——"去服从自己制定的(确切地说是

---

① 《鲁迅全集》第 2 卷,北京:人民文学出版社,2005 年,第 393 页。
② 〔德〕马克思:《1844 年经济学哲学手稿》,北京:人民出版社,2000 年,第 109 页。
③ 〔德〕黑格尔:《精神现象学》,先刚译,北京:人民出版社,2013 年,第 364 页。

它参与制定的）法律"——也无法"蒙蔽"① 绝对自由的主体，因为后者毫不妥协地要求亲自做出所有决定。用经典的句式来讲，主体坚决要求自己认识自己，而不是依靠他人来认识自己并按照这种外来的认识去行动。这样的主体在法国大革命期间仅仅表现为巴黎的许多个人，但在今天，类似的情况也出现在形形色色的多元主义那里：在性别、民族、文化等基础上建立的一些群体也要求绝对自由，完全拒绝他者的眼光和他者的压力。不论这些意识形态自己如何看待法国大革命和其中的个人主义，它们都继承了后者不愿"被代表"的强烈欲望。

不过，没有理由认为这种绝对自由必定会过渡到革命恐怖，例如当代的一些激进的多元主义虽然表现出了类似的绝对自由，却没有多少革命恐怖的倾向。《精神现象学》并没有讨论这个问题。黑格尔只是强调说，社会中的所有主体如果都坚决拒绝被代表，就不能完成任何共同的工作，只能做出"否定的行动"②。这个评论固然不错，但与革命恐怖似乎仍然有距离。《历史哲学》中的讨论要详细得多。黑格尔首先指出，单纯用法国人的"躁急"来解释革命是"肤浅"③ 的，然后不无义愤地描述了在旧制度的最后时期，法国的民众是如何被代表的：

> 当时法兰西的局面是乱七八糟的一大堆特殊权利，完全违犯了"思想"和"理性"——这是一种完全不合理的局面，道德的腐败、"精神"的堕落已经达到极点——这一个"没有公理"的帝国，当它的实在情形被人认识了，它更变为无耻的"没有公理"……大家看见那些从人民血汗所征收来的款项，并不用作促进"国家"的目的，而是极不合理地浪费掉了。④

在这里，黑格尔仿佛提前回答了马克思的《〈黑格尔法哲学批判〉

---

① 〔德〕黑格尔：《精神现象学》，先刚译，北京：人民出版社，2013年，第364页。
② 同上。
③ 〔德〕黑格尔：《历史哲学》，王造时译，上海：上海书店出版社，2001年，第438页。
④ 同上书，第440页。

导言》中的一句十分尖刻的话:"应当让受现实压迫的人意识到压迫,从而使现实的压迫更加沉重;应当公开耻辱,从而使耻辱更加耻辱。"① 黑格尔却如同一位世故的长者一样指出,一种"没有公理"的状况如果得到了广泛的认识,或许只会"变为无耻的'没有公理'"。无论如何,按照黑格尔的描述,整个局面是严重缺乏人道的,是随意挥霍"人民血汗";严重的危机并非源自某种抽象的、纯粹形式的自由概念,而是源自非常现实的生存需要。一些庸俗的黑格尔主义喜欢强调法国人沉迷于一种神话般的自由,然后借此反衬德国哲学的"现实性",但这是毫无理由的。黑格尔在《历史哲学》中明显认为,与绝对自由相对抗的是可怕的腐败、掠夺和压迫(虽然绝对自由在这种处境下并不是唯一可能的反应,因而法国人的气质也许的确起到了一定的作用)。

在这个背景下,雅各宾派,尤其是罗伯斯庇尔对德性的强调就不难理解了。用黑格尔的话说:

> 这种"德性",现在不得不违反"多数"来主持政府,这多数人众由于腐化、由于旧的利害、由于一种堕落为放纵淫佚的自由和暴戾恣肆的热情,便成为不忠于德性了。②

事实上,无论敌友,从来没有人怀疑罗伯斯庇尔极度正直、大公无私、毫不畏惧。在这个意义上,革命恐怖既可以说是把德性有疑点的人送上断头台,又可以说是把违背罗伯斯庇尔的人送上断头台,因为他作为一个现实的人直接代表了德性本身。面对这种惊为天人的形象,常见的批评无非是说他过于极端、过于轻视普通人的生命——这些观点固然不错,但与哲学毫无关系。罗伯斯庇尔的存在具有一个重大的哲学意义:他是康德所说的道德法则的直接化身,或者更严格地说,他在经验性的层面上完善地实现了自由的理念,从而现实地证明

---

① 《马克思恩格斯文集》第 1 卷,北京:人民出版社,2009 年,第 6~7 页。
② 〔德〕黑格尔:《历史哲学》,王造时译,上海:上海书店出版社,2001 年,第 444 页。

了康德意义上的辩证法未必是一种幻象。因此,他并不是前面所说的主权者,因为他并没有像主权者一样代表自己的民众;他直接就是人们(按照康德,这里应该包括所有"普通的知性")心中已经具备的道德法则。当罗伯斯庇尔谴责一个人的德性时,他可以说并没有以国家的名义来宣布一个决定;这种谴责毋宁说是这个人自己对自己的谴责,是这个人心中的客观性对他的病理性的谴责。简言之,罗伯斯庇尔是道德法则在地上的行进。前一章说过,这正是"第二批判"所设想的以不可抗拒的力量来迫使人类服从法则的神。

必须说明的是,这种不可思议的状况与我对理念的界定——它表现为主体既无法达到、又不得不追随的目的——并不冲突。理念是为了让人达不到而设计的,但把理念设计出来的力量当然不是某种超越的存在者,而是来自此岸世界,所以没有理由认为一切理念实际上都是肯定达不到的。例如,我即使把写 4 000 字作为一个理念,也未必没有可能写到 4 000 字;康德固然以为客观的道德法则只具有理念的地位,但是罗伯斯庇尔的存在显示出了他在理论上的失误。当然,这个失误无伤大雅,因为罗伯斯庇尔是可一而不可再的。

正是在这个意义上,黑格尔在"绝对自由与恐怖"一节的末尾把德国的道德哲学界定为"不具备现实性的绝对自由"①——只要让罗伯斯庇尔的形象回到他在康德那里"应有"的位置,即先验理念的层面,并去除辩证的幻象,雅各宾专政在原则上就变成了康德的道德哲学。因此,革命恐怖对于黑格尔所阐述的精神的发展过程是不可或缺的。假如只有 1789 年的革命,却没有革命恐怖和罗伯斯庇尔,那么康德以降的道德哲学或许就不会有如此重大的发展。事实上,当时关于自由的学说并不少,但是恐怕没有第二种学说是被罗伯斯庇尔的阴影所笼罩的,《精神现象学》也没有提到其他关于自由的学说。总之,德国的道德哲学以丧失现实力量的方式保存了革命恐怖,而这似乎是扬弃革命恐怖的唯一可能的途径——加拿大学者丽贝卡·科迈(Rebecca Comay)十分精妙地把这种情况概括为"保持距离的革命,或道德恐

---

① 〔德〕黑格尔:《精神现象学》,先刚译,北京:人民出版社,2013 年,第 368 页。

第四章　黑格尔：对剩余的强行推进

怖"①。

不过，实际上有一种与德国的道德哲学正相反对的保存革命恐怖的途径，即抛弃对客观法则的肯定，仅仅继承它推行恐怖的能力——这就是伯克所说的"崇高"。可以说明的是，从苏尔坎普（Suhrkamp）出版社的二十卷黑格尔《著作集》来看，他自始至终都没有提到过以才华闻名的伯克；这种沉默或许意味深长，因为伯克不仅在当时大名鼎鼎，而且他的反革命代表作《法国革命论》的德译本正好发表在黑格尔十分喜欢的刊物上②。伯克所理解的美和崇高同康德有一些差别。与康德一样，伯克认为崇高是与强大的力量相称的（前一章论述了这个观点的漏洞，不过这一点在这里并不重要）：崇高"憎恨平庸"③。与康德不同的是，伯克对美抱有怀疑的态度，认为它会"使整个系统从坚固中松弛下来"，因而给"我们最有益的、最美好的制度除了尘土和污秽之外不会带来任何东西"④。在一定程度上，黑格尔也对美抱有类似的怀疑："有一种软弱无力的美，它憎恨知性，因为知性要求它去做它无能为力的事情"⑤——黑格尔在这里试图肯定知性的力量，反对一种常见的以"生命"的名义来抗拒知性的意识形态。但无论如何，伯克的这些文字看上去仅仅关涉到美学。

然而，美和崇高的概念在《法国革命论》中起到了重要作用。与流行的反革命不同，伯克作为一名有才华的保守主义者注意到了一个令人有些难堪的事实：旧制度是美的，革命者则是崇高的；换句话说，前者是柔弱无力的，后者则强大得多⑥。从他本人的标准来看，革命者在这个方面胜过了旧制度。他在后来的书信中明确承认了这一点："这是一个可怕的真相……却也是无可掩盖的真相；论能力，论机敏，论

---

① Rebecca Comay：*Mourning Sickness*，Stanford，C. A.：Stanford University Press，2011，pp. 81ff.
② 同上书，第 75 页。
③ Corey Robin：*The Reactionary Mind*，Oxford：Oxford University Press，2011，p. 49.
④ 同上书，第 44 页。
⑤ 〔德〕黑格尔：《精神现象学》，先刚译，北京：人民出版社，2013 年，第 21 页。
⑥ Corey Robin：*The Reactionary Mind*，Oxford：Oxford University Press，2011，p. 49.

观点的清晰，雅各宾派都在我们之上。"① 今天的保守主义经常表现出前一章所说的道德受虐狂的倾向：对它们来说，不断描绘自己如何被更加强大的力量所压倒是一件极其愉快的事情，因为这不仅可以骗取毫无用处的同情，而且可以让它们更加相信自己可怜的正当性。伯克的保守主义远远没有这么无能。他明确提出了对付革命者的办法："为了消灭这个敌人（按：指雅各宾派）……不论用什么手段，都应该使反对它的力量与这个系统所运用的力量和精神之间具备某种类同或相似。"② 换句话说，反革命应当效仿革命的"崇高"。因此，伯克试图从革命恐怖中保存下来的东西正是德国的道德哲学所抛弃的东西。至于道德法则，伯克毫不意外地用了很多篇幅来鼓吹教会的道德权威，而这是康德（和斯宾诺莎）无法认同的。

事实上，后来的历史研究表明，旧制度并非毫无"崇高"之处。在路易十六被拘禁之前，他秘密地联系其他欧洲国家，希望它们对法国开战，以便让法国人切身体会到君主的必要性。在这里，前面所说的黑格尔的君主概念——在对外战争中代表国家——以一种骇人的方式得到了确证，尽管黑格尔以为路易十六体现了"天主教徒的宗教的良心"③。借用伏尔泰的句式来讲，为了巩固旧制度，即使没有战争，也要把它制造出来。所有这一切表明，对伯克不置一词的黑格尔与保守主义之间的巨大差别可以在理论上得到阐明。进一步讲，保守主义者至今也经常对"崇高"表示仰慕，而这也是有理论传统的。

三、世界历史个人的恶

当然，《精神现象学》并没有停留在罗伯斯庇尔和康德那里。在批判德国的道德哲学时，黑格尔的许多观点与前一章是一致的，例如他

---

① Corey Robin: *The Reactionary Mind*, Oxford: Oxford University Press, 2011, p. 227.
② 同上书，第49页。
③〔德〕黑格尔：《历史哲学》，王造时译，上海：上海书店出版社，2001年，第444页。

指出，道德主体与自然因果性的关系只可能是一种"未完成状态或不道德"①（因为道德法则缺乏现实力量），而这正是前面所说的犬儒主义。同时，前一章第二节还提到，常规化的客观法则应该意味着不同的道德行为不会相互冲突，尽管康德并没有讨论这一点。黑格尔则不仅考虑到了这种情况，而且指出了它的不可能性：

> 要么人们根本不能采取任何行动，因为每一件具体的事情都包含着一般意义上的对立，每一件道德事情都包含着义务的对立，所以任何行动都注定会损害某一个方面，损害某一个义务；要么人们采取行动，于是那些相互对立的义务总会有一方遭受到现实的损害。②

道德、义务是相互冲突的，因而没有任何行动可以完全符合道德——这种不可兼得的困境显然是很常见的。黑格尔由此讽刺说："当我什么都不做的时候，我采取了一个道德的行动"③——道德行动就是不行动。在《悲惨世界》中，这正是沙威临死前的困境：他究竟应该抓捕逃犯冉·阿让，还是应该放走救过自己性命的冉·阿让？需要注意的是，单纯逃避行动在这里是没有用的，因为这相当于放走冉·阿让，而这是上述两种选择之一。最终，他唯一所能采取的道德行动就是戴上手铐跳进塞纳河，由此让自己彻底免除行动的义务。

不仅如此，这条思路也可以直接颠倒过来：道德行动就是按照随便哪种客观法则来行动；更确切地说，道德行动就是首先采取独断的行动，然后在必要的情况下把法则作为一张标签贴上去，因为合适的法则、合适的名义往往是不难找到的。黑格尔举例说，仿佛一个人的"暴行或不公"相当于"在别人面前坚持他自己的独立性"，"懦弱畏缩"相当于"不但维持了自己的生活，而且能够给周围的人带来利

---

① 〔德〕黑格尔：《精神现象学》，先刚译，北京：人民出版社，2013年，第386页。
② 同上书，第391页。
③ 同上。

益"①，等等。这正是《悲惨世界》中的德纳第：最初作为一个旅店老板，他善于用恶劣的行为来坚持自己的独立性（即无耻地压榨芳汀和珂赛特）；后来旅店倒闭了，他就通过辛苦的行骗来努力维持自己和家人的生活。按照这种逻辑，从党卫军的军官到今天善于利用避税天堂的资本家都可以算作有道德的人了。这种做法在今天还有一种无往不利的形式：为了孩子。任何形式的腐败、排挤和掠夺都是为了（自己的）孩子着想，而且这条理由一旦拿出来，仿佛就显得不可置疑，尤其很容易让愚昧的意识形态倍受感动。在这些庸人看来，让孩子在革命者的街垒战中牺牲无疑是很不道德的，但是《悲惨世界》中的加弗罗什正是这样一名牺牲者。

不行动与独断的行动是一体两面的，因为它们都既不愿意放弃道德的名义，实际上又只能向现存状况投降。当然，这里的现存状况也不是随便什么状况，而是客观的道德法则既对人们有吸引力却又没有现实力量的状况，或者说是由理念支配的状况。必须注意的是，这个僵局远远不只是一个道德哲学的问题，而是关系到黑格尔的思辨哲学能否成立。上一节说过，思辨的立场要求辩证运动无休止地发生，以便满足"无知"的哲学家对观看的爱好；可是一旦整个社会陷入一种固定不变的僵局，或者说一旦剩余的原则无法运作，对理念的彻底否定就不会出现了，辩证法也就终止了。为了维护思辨哲学（和他自己），黑格尔必须给康德式的道德哲学所留下的僵局找到一条出路。

在逻辑上，这里有三条出路（如图4-1）：（1）坚持道德法则，并拒绝向现存状况投降，而这无非是回到罗伯斯庇尔式的恐怖；（2）顺从现存状况，并丢弃无用的道德，或者把道德当作调侃和嘲讽的对象，而这正是犬儒主义；（3）丢弃无用的道德，同时拒绝投降——这种逻辑上的可能性是否有现实意义？事实上，这就是黑格尔相当欣赏的拿破仑。尽管《精神现象学》的这一节并没有提到这个名字（黑格尔的

---

① 〔德〕黑格尔：《精神现象学》，先刚译，北京：人民出版社，2013年，第396~397页。

确提到了"仆从眼里无英雄"①，极有可能是在暗指拿破仑，但这句话本身只是古代谚语；此外，《历史哲学》在引用这句谚语时明确说到了拿破仑），但不仅在他写作《精神现象学》时，拿破仑的军事行动已经开始，而且在这部著作即将完成时，他还在耶拿目睹了这位"马背上的世界精神"（黑格尔的原话并没有"马背上"这个限定词）。总之，按照《精神现象学》的思路，德国的道德哲学没有能力走出罗伯斯庇尔的阴影，只能与他保持一点距离，而为了推动精神的进展，就必须依靠作为世界历史个人的拿破仑。

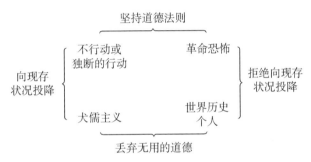

图 4‑1　道德哲学的僵局与三条出路

黑格尔在《精神现象学》中毫不掩饰地把拿破仑的出现称为"恶"。用后来的《历史哲学》的话说，"假如没有热情，世界上一切伟大的事业都不会成功"②，而热情是拒绝受客观法则支配的。这当然决不是笼统地认为恶能够推动历史，因为这里的恶必须既与现存状况毫不妥协，又违背客观的道德法则。这一点或许可以说是拿破仑的帝国主义与后来的所有帝国主义之间的根本差别。例如，欧美目前在中东的干涉恰好既需要人道主义的旗号，又或多或少服务于自己在石油等方面的利益，因而按照前面的格雷马斯方阵，这不外是一种独断的行动。无论如何，从辩证法的角度看，黑格尔所说的恶意味着同时拒斥当前的现实和这种现实本身的"无限目的"，因而确实是前面所说的

---

① 〔德〕黑格尔：《精神现象学》，先刚译，北京：人民出版社，2013年，第410页。
② 〔德〕黑格尔：《历史哲学》，王造时译，上海：上海书店出版社，2001年，第23页。

"扬弃那种以为目的尚未实现的错觉"。罗伯斯庇尔式的道德根本不是某种彼岸的、有待实现的"应当";相反,它在此岸的不完善的实现——即道德法则的软弱无力,至少在革命恐怖结束之后是如此——就是它唯一真正的实现方式,因为它只能以这种方式来实现。现有的精神形式的不完善实际上是这种精神形式的无可逾越的最终结局,拿破仑式的恶则表现为对这种精神形式的彻底否定。这一切同时也是辩证法持续运作的必要条件。

因此,当恶的行动者被道德法则评判为恶时,他不仅"供认不讳",而且这"并不意味着它在对方面前的自贬、自谦和自甘堕落"①——他并不认为自己比对方低下。面对这种恶,唯一可能的评判是"对行动者所表示出的宽恕",而这意味着康德以来的道德哲学最终"放弃了自己,放弃了自己的非现实的本质"②,或者说放弃了理念所带来的错觉。只有到了这里,恶的行动者与表示宽恕的评判者才能获得相互一致的自由。黑格尔在《历史哲学》中谈论世界历史个人时也写道:"'自由的人'是不嫉妒的,他乐于承认一切伟大的和崇高的,并且欢迎它们的存在。"③因此,思辨哲学特有的自由是一种以恶与宽恕为标志的自由。

按照上述解读,黑格尔在《精神现象学》的这些伟大的章节中力图达成的目的之一是非常抽象的,即继续推动辩证法,以便满足思辨哲学的要求(就这部著作而言,他很快就会在"绝对知识"一章中正面阐述思辨的立场,我在上一节已经讨论过了)。这个目的促使他求助于世界历史个人,求助于他们的恶,而且他在晚年的《历史哲学》中也坚持这一点。然而,他从来没有充分理解世界历史个人的存在形式。接下来我将表明,虽然黑格尔通常并不是一名对哲学观点的现实条件不予考虑的哲学家,但他并没有探讨世界历史个人的现实条件,而是以强行推进的态度来对待这个对于辩证法至关重要的概念。

黑格尔在《历史哲学》中写道:世界历史个人"之所以为伟大的人

---

① 〔德〕黑格尔:《精神现象学》,先刚译,北京:人民出版社,2013年,第410页。
② 同上书,第413页。
③ 〔德〕黑格尔:《历史哲学》,王造时译,上海:上海书店出版社,2001年,第31页。

第四章　黑格尔：对剩余的强行推进

物，正因为他们主持了和完成了某种伟大的东西"①。如前所述，这种"伟大的东西"是对现存状况的彻底否定，而不能从现有的某种理念中推论出来；用黑格尔的话说，"伟大的人们立定了志向来满足他们自己，而不是满足别人"②。由此，当世界历史个人开始行动时，他们所拥有的一切不外是坚如磐石的自信和相应的行动力乃至强制力。第二章提到，斯宾诺莎所说的第三种知识正是在未经充分考虑的情况下出现的。更直白地说，世界历史个人与某种"狂人"的差别在一开始是根本不可能显现出来的，而且这种不可能性对世界历史个人而言是一个不可取消的条件——倘若一个人与狂人的差别是不难辨认的，他就不是世界历史个人，或者用尼采的表达方式来说，他就"太人性"了。例如，毛泽东在一开始没有办法得到较好的认可，因为他的思路偏离正统太远了。

由此可见，黑格尔的思辨哲学表面上想要欢迎世界历史个人，实际上期待的是世界历史个人的候选人，即狂人，而其中的世界历史个人很有可能只是极少数。世界历史个人只有在事后才能以回溯性的方式来得到确认，只有在尘埃落定之后才会显现出自己的轮廓，而这种回溯性的逻辑正是著名的"密纳发的猫头鹰要等黄昏到来，才会起飞"③——所以《历史哲学》仅仅提到了亚历山大、恺撒、拿破仑等。黑格尔哲学如果一以贯之的话，就不能对狂人和由此造成的混乱施加任何概念上的限定，甚至可以说必须拒绝思考这种混乱，因为它在一开始是无法在哲学中思考的。许多不同的宗教文本都以各种方式描绘了这样一种无法无天的时代。更现实地讲，狂人是很容易失败的，所以思辨哲学必须期望诸多狂人前仆后继、屡败屡战。然而，黑格尔本人（特别是在当代备受推崇的《法哲学原理》）和后来的许多黑格尔主义者并没有充分贯彻上述原则。虽然《历史哲学》毫不隐晦地认为，世界历史个人"不会那样有节制地去愿望这样那样事情，他不会有许

---

① 〔德〕黑格尔：《历史哲学》，王造时译，上海：上海书店出版社，2001年，第31页。
② 同上书，第30页。
③ 〔德〕黑格尔：《法哲学原理》，范扬、张企泰译，北京：商务印书馆，1961年，第14页。

多顾虑……不免要践踏许多无辜的花草，蹂躏好些东西"①，但是黑格尔并没有看到，这些特征并不是世界历史个人的专利，而是狂人所共有的。总之，黑格尔所描述的世界历史个人是一种过于清晰的存在，而没有与他们的现实条件关联起来。

所有这一切与马克思对现代工人阶级的思考有非常相似的地方，尽管马克思并没有提到这一点。《共产党宣言》丝毫不屑于隐瞒工人阶级的恶，而是宣称要消灭家庭、私有制和国家，或者说要"用暴力推翻全部现存的社会制度"②（这句话单独来看完全适用于恺撒、拿破仑等）。可见，马克思所设想的无产阶级革命虽然与法国大革命有确定的关联，却与罗伯斯庇尔和康德对道德法则的强调相去甚远。进一步讲，如果说世界历史个人在这里表现为（一部分）工人阶级，那么狂人的存在和屡败屡战的情况应该也是不可避免的。在《路易·波拿巴的雾月十八日》中，马克思的确说出了这样的观点：

> 无产阶级革命……经常自我批判，往往在前进中停下脚步，返回到仿佛已经完成的事情上去，以便重新开始把这些事情再做一遍；它十分无情地嘲笑自己的初次行动的不彻底性、弱点和拙劣……它在自己无限宏伟的目标面前，再三往后退却，直到形成无路可退的局势为止。③

这种反复并不是因为革命者试图实现某种实际上不可能实现的理念，而是因为一个主体（包括个人和集体）不太可能直接成功地扮演某种世界历史性的角色。1848年革命失败之后的马克思在这一点上似乎比黑格尔更加清醒。当然，这并不是说马克思所关注的工人阶级确实有能力承担世界历史个人的角色，因为事实并非如此。

---

① 〔德〕黑格尔：《历史哲学》，王造时译，上海：上海书店出版社，2001年，第32～33页。
② 《马克思恩格斯文集》第2卷，北京：人民出版社，2009年，第66页。
③ 同上书，第474页。

第三节 《历史哲学》中的哲学的历史

一、反映的历史与哲学的历史

按照黑格尔,如果一名历史学家只是记载自己的见闻,而且他与自己记载的对象"有着休戚与共的关系"①(例如希罗多德本人就是古希腊人),那么他的作品就叫作"原始的历史"。这种历史著作独有的优势在于作者自己也属于这段历史,因而拥有最切身的体会。黑格尔甚至断言,修昔底德所记载的伯利克里的演说即使不完全是原版,而是由修昔底德完成的,也"终究和演说者的性格相差无几"②。可见,倘若单纯因为一部史书过于生动地描述了许多场面、言辞乃至心理活动,就认为这些杜撰的内容不可信,那或许就太武断了。与"原始的历史"相比,"反映的历史"包含了与作者并非处于同一时代的内容,因而从剩余的角度看,作者与写作的内容之间肯定是相互陌生的。在挑选和描述自己不曾体会过的东西时,作者所依据的原则扮演了关键角色,也决定了作品的水准。这样的作者往往还试图寻找有当代意义的经验和教训,或者"从史料的字里行间寻出一些记载里没有的东西来"③,而这些都有可能是有价值的。

最后,"哲学的历史"则把世界历史看作"一种合理的过程",并主张"这一种历史已经形成了'世界精神'的合理的必然的路线"④,而这种精神在本质上就是自由:"'自由'是'精神'的唯一的真理,乃是思辨的哲学的一种结论。"⑤ 我在上一节已经表明,思辨哲学特有的自由在根本上是一种以恶与宽恕为立脚点的独一无二的自由。因此,

---

① 〔德〕黑格尔:《历史哲学》,王造时译,上海:上海书店出版社,2001年,第1页。
② 同上书,第3页。
③ 同上书,第7页。
④ 同上书,第10页。
⑤ 同上书,第17页。

哲学的历史并不会涵盖历史上的各种看似重大的事件，而是仅仅关心与上述路线相关的历史。顺带一提，即使拒绝认为世界历史的进展是一条直线，把它替换成随便什么形态，在这里也没有任何影响。

问题在于，反映的历史似乎也可以用同样的方式来理解。这种历史的作者（不论他所考察的主题是什么）越是对自己的写作原则有明确的、自觉的认识，就越有可能给出一条有趣的历史路线，以此来挑选和使用历史材料、安排它们的位置。这样一来，反映的历史在形式上就与哲学的历史难分轩轾了。反过来讲，哲学的历史似乎也具有反映的历史的一些特征：黑格尔同样必须跨越多个历史时代，而且是以思辨哲学特有的自由为原则来选择和组织历史材料的，也确实需要"从史料的字里行间寻出一些记载里没有的东西来"，等等。总之，哲学的历史可以说只是反映的历史的一种特例；它并没有引入某种全新的思考历史的方式，只是把焦点对准了思辨哲学所强调的自由。

这一切是不奇怪的，因为按照本章第一节所给出的辩证法的格式，辩证法的第二个与第三个环节并没有原则上的差别；第二个环节只要具备了充分的自觉，就转化成了第三个环节。黑格尔所界定的历史写作的三种方式同样应该按照他本人的辩证法来理解：哲学的历史不过是一种达到自觉的反映的历史，因为哲学家知道自己是从非常特定的标准出发的，也知道自己的历史写作需要构成一条怎样的路线，而反映的历史至少在当时不具有这样的自觉性。同时，这在理论上也意味着哲学的历史应该是与它自身的彻底否定相伴随的。

由此可见，黑格尔所说的反映的历史和哲学的历史都可以从两条基本思路出发来考察。其一，既然它们或多或少会自觉地按照某种原则来使用历史材料、安排它们的位置，就会出现这种安排是否公平的问题。其二，按照某种历史路线来考察和组织历史材料的方法可以被彻底丢弃。在黑格尔眼中，让一份历史材料进入自由的实现过程肯定是一种极高的荣誉，就像在日耳曼人的神话中，英勇的战士会在死后进入英灵殿一样。但在瓦格纳的《诸神的黄昏》最后，女武神布伦希尔德却烧毁了英灵殿，也烧死了众神。接下来我将按照前一条思路来分析黑格尔所给出的哲学的历史，并简要地阐述后一条思路的意义。

二、中国和日耳曼

第一条思路的意图可以说是质疑和改进黑格尔（或其他历史作者）的历史叙述，但不会超出他的基本框架。他把主要的四个历史阶段分派给了东方、古希腊、古罗马和日耳曼世界，并认为各个东方民族都只有一个人是自由的，古希腊和古罗马也只有少数人是自由的，日耳曼世界则达到了普遍自由。于是，对我们中国人来说，首当其冲的问题大概就是黑格尔关于中国的看法是否公平。

这篇论文没有必要详细地叙述历史。就哲学而言，这里的关键是上一节所分析的恶与宽恕：为了在黑格尔的意义上判断中国人的自由状况——这里说的不是某些青史留名的人，而是一般人——首要的依据是中国人在何种程度上能够丢弃无用的道德，同时拒绝向现存状况投降，以及中国人在何种程度上能够宽恕这种恶的行动。可以预先说明的是，目前有一种十分肤浅的观点，认为自由的水平不外是与国家权力的大小成反比的；由于古代中国官方的税收大体上确实不高，所以中国人据说非常自由，甚至过于自由了，必须加以控制。事实上，这种自由的另一面正是黄河等河流的永无止境的泛滥、军事的乏力等。更讽刺地讲，有一种经典的看法认为中国之所以能在很早就建立庞大而有效的政治组织，主要是为了集中力量来治水；可是过低的税收实际上阻碍了水利等公共项目的开展。黑格尔在《法哲学原理》中嘲笑了这种庸俗的自由概念：

> 专制国家的专制君主总是姑息人民而只拿他周围的人来出气。同样，专制国家的人民只缴纳少数捐税，而在一个宪政国家，由于人民自己的意识，捐税反而增多了。没有一个国家，其人民应缴纳的捐税有像英格兰那样多的。①

---

① 〔德〕黑格尔：《法哲学原理》，范扬、张企泰译，北京：商务印书馆，1961年，§302Z，第322页。

可见，从黑格尔的立宪国家的立场来看，税收过低是缺乏自由的标志，而税收的提高是自由的一个必要条件，尽管决不是充分条件。不过，这里所说的自由并不是思辨哲学所特有的。

从思辨哲学的角度看，黑格尔既然认为中国毕竟有一个人是自由的，就应该说明皇帝有能力、有必要采取恶的行动。他写道：

> 做皇帝的却须担任那个不断行动、永远警醒和自然活泼的"灵魂"……明朝最后的那位皇帝是很温和、很光荣的；但是因为他个性柔顺，政府的纲纪废弛了。国内的骚乱便难以遏止。①

可见，恶的缺乏（或没有能力"不断行动"）的确对自由是有害的。如我们所知，借助恶的行动来左右历史确实是不少皇帝和类似的人可以做到的，而且上一节所说的狂人也有很多。但是反过来，比较普通的中国人似乎的确不太能够体会黑格尔意义上的恶。正如上一节所分析的那样，另外三种情况也许更加常见：有人倾向于强硬地坚持道德，甚至采取略显恐怖的手段（比如在约束女性时）；有人则忍气吞声地或放荡不羁地顺从了不道德的现实，遵循了《老子》所说的"和其光，同其尘"；还有人企图既强调道德法则，又不愿或不能打破不道德的现实，结果只能不行动或独断地行动（例如，《聊斋志异》中的许多书生都没有功名，只能混杂在其他民众中间，却又总是想要维护书生的道德形象；于是，他们往往在私下接触女性的鬼怪，因为从周围的眼光来看，这正是一种不行动）。《历史哲学》中还有一个例子特别适合最后一种情况：黑格尔嘲笑说，有人认为亚历山大的行动不过是"出于一种功名心和征服欲，而他的功成名就，就算是功名心和征服欲支配他的动机的证明"；于是，他们觉得自己"是优于亚历山大和恺撒的，因为他没有这种热情……他只是过着太平的生活，让人家也能够

---

① 〔德〕黑格尔：《历史哲学》，王造时译，上海：上海书店出版社，2001年，第127页。

过太平的生活"①。在普通的中国人中间,这种对欲望和热情的怀疑以及对太平的追求似乎极其常见。第二章第三节也提到了一种在通俗的戏剧中相当常见的道德危机,即情侣私奔;可是他们最终不仅会成为一对符合道德的夫妇,而且会变成一对受人仰慕的模范夫妇。总之,虽然《历史哲学》关于中国的部分远远比不上黑格尔的著作的一般水平,但他对中国的基本判断也许是与思辨哲学的立场相一致的。

同时,黑格尔在自由的实现过程中给日耳曼人安排的份额也是值得考察的,因为日耳曼人现在仍然是一股重要的力量。那么,目前的日耳曼人是否有能力采取黑格尔所说的恶的行动,又是否有能力宽恕恶的行动者?也许目前欧盟的债务问题提供了一个相当糟糕的例子(这里不涉及关于希腊人多么懒惰的传说,下一章第一节将探讨与此相关的问题)。按照布鲁塞尔(即欧盟总部所在地,主导经济政策的当然是德国)在2015年年初向希腊提出的方案,希腊根本不可能还清债务,因为这个方案会严重打击希腊国内的生产,从而废除它偿还债务的能力(现在希腊与德国已经达成了暂时的妥协)。布鲁塞尔之所以会拿出这种完全不切实际的方案,只是由于它符合新自由主义经济学的教义。同时,新自由主义现在恰好是以道德法则的面貌出现的,原因非常简单:它在2008年以来的衰退中根本没有发挥多少作用,实际上已经成了一种相当可疑的学说;用比较天真的眼光来看,这个事实仿佛应该削弱新自由主义的地位,但如前一章所说,道德和信仰恰好是以无条件的方式运作的。只要信仰还有吸引力,信仰在现实中所面临的一切阻碍就只会表现为现实的错误(例如,新自由主义的措施据说遭到了许多势力的干扰,否则早就见效了),而不是信仰自身的错误。可见,日耳曼人现在未必能达到黑格尔的预期。

进一步讲,日耳曼世界与普遍自由的关联方式在概念上与先前的历史阶段有一个关键的差别。按照黑格尔,日耳曼世界所达到的观点决不是全体日耳曼人是自由的,而是"一切人本身就是自由的,也就

---

① 〔德〕黑格尔:《历史哲学》,王造时译,上海:上海书店出版社,2001年,第32页。

是人之为人是自由的"[1]。反之,东方、古希腊、古罗马的观点都停留在本民族之内。换句话说,只有在日耳曼民族那里,自由的概念才首次超出了民族的限制,变成了一种关于人类社会的见解。这与斯宾诺莎在《神学政治论》中对待古犹太人的方式有一些相似:斯宾诺莎之所以对这个驱逐自己的民族感兴趣,是为了找出对全人类有普遍意义的教训;不过,黑格尔在日耳曼人身上寄托的使命在根本上并不是批判性的,而这与斯宾诺莎对古犹太人的批判相反。然而,日耳曼人(尤其是当时的英国人)在全世界的殖民活动大体上是与黑格尔向日耳曼民族提出的要求相抵触的。诚然,一些殖民地原本的自由状况是极度糟糕的,而且并不是所有殖民者都企图奴役或消灭其他民族,但是《历史哲学》对殖民问题关注得并不多。至于在今天的全球资本主义当中,日耳曼民族(或随便什么民族)是否会实际地坚持"一切人本身就是自由的,也就是人之为人是自由的",那也是很可疑的。

  从剩余的角度看,这一切表明黑格尔在塑造日耳曼民族的形象时采取了强行推进的态度:为了使思辨哲学特有的自由显得更加有根据,他或多或少捏造了一个以普遍自由为使命的民族,但这个民族难以完成他所说的恶的行动(虽然做出了一些其他种类的恶行)。若要按照黑格尔的框架来改进他的学说,就必须找到另一个角色,它既主张全人类的自由,又能够力图以思辨哲学所要求的恶与宽恕的方式来实现这种自由。很明显,马克思所设想的现代工人阶级是一个候选人,上一节末尾已经提到了。但在现实中,工人阶级似乎根本无法承担这个历史性的角色,于是后来的马克思主义又找出了一大堆不同的临时演员,却始终不够满意。黑格尔式的强行推进几乎变成了马克思式的强行推进——这正是我在第二章末尾谈论的第二个难题。

三、散落的历史

  最后,我需要考察前面所说的第二条思路,即不再通过一定的原

---

[1] 〔德〕黑格尔:《历史哲学》,王造时译,上海:上海书店出版社,2001年,第19页。

则来看待历史，从而也不再过问各个阶段在历史路线中是否享有公平的位置。既然确定的路线和原则被取消了，历史就仅仅表现为一大堆缺乏组织的材料（如前所述，哲学的历史与反映的历史在这一点上并没有差别）。由于黑格尔式的历史哲学在后来往往遭人摈弃，所以历史研究有时以寻找并重述这些材料为满足，而对这种方法不满的人经常主张重新建立某种历史路线。双方显然是从共同的前提出发的：仿佛历史材料一旦散落了，就必定会失去哲学意义。

然而，散落的优势恰好在于它让一份历史材料得以脱离它原本无法脱离的其他因素。任何历史对象原本都是在某种复杂的实际处境中运行的，因而必定会与无数别的因素产生千丝万缕的联系。对它本身而言，一旦斩断这些联系，它或许就根本无法存在了。例如，柏拉图假如没有前往叙拉古尝试立法并惨遭失败，很可能就会成为一名非常不同的哲学家（这一点无疑也适用于海德格尔）。简言之，所有历史对象曾经都属于某个有机的整体。许多意识形态惯于强调这一点，以便把历史对象完全限制在它的实际处境中，于是这些对象要么只是单纯的陈年往事，要么只有在类似的处境中才能被人回想起来。然而，"有机的整体"根本不是一种赞美；一切社会形式或多或少都是有机的，但这决不是说它们没有包含根本性的张力乃至冲突。倘若以为只要理解了一个历史对象与它原本所属的整体之间的有机的关联，就可以消除对抗的可能性，那不过是一种愚昧的意识形态。简言之，有机性本身是一个批判性的概念。

因此，对后人来说，把历史中的某些方面孤立出来恰好是一种有意义的乃至必要的做法。这些孤立的方面也许可以由此展现出自身所蕴含的更多的可能性：它们实际上可以与许多不同的因素相结合，或者说它们具有许多不同的存在方式。它们在历史上原有的存在方式不过是这些可能性之一，而哲学的历史和反映的历史都只是从这种"真实"的存在方式出发才提出了某种历史路线。换言之，黑格尔所要求的历史路线是对历史材料的一种束缚，尽管这种束缚十分"真实"。例如，柏拉图的学说与他在叙拉古企图推行的贤人政治未必不能分离；贤人政治固然对于他本人具有特别的意义，但是后人即使仿佛忘记了这一点，原则上也没有任何不妥。借用列宁的句式来讲，这叫作"宁肯少些，但要好些"。从剩余的角度看，历史材料同样表现为相互脱节的无数特殊范围，它们原本一同构成的各种实际处境归根到底并没有不容挑战的地位，更何况这些处境本身也早已改变了。倘若把历史上的有机的整体理解为某种坚固的统一体，实际上恰好是把适用于技术领域的客观性挪用到了社会领域。

黑格尔本人应该不会赞同这种散落的历史。他在《历史哲学》中写道：

> 每个时代都有它特殊的环境，都具有一种个别的情况，使它的举动行事，不得不全由自己来考虑、自己来决定……一个灰色的回忆不能抗衡"现在"的生动和自由。①

更完整地讲，引文的前一句话还有一种等价形式（逆否命题）：一个时代如果不能或不愿自己决定自己的行动，就必须停留在陈旧的环境中，防止出现"个别的情况"。虽然这种形式更加愚昧，但它与黑格尔的看法都服从同样的前提，即回忆是"灰色"的，只不过黑格尔主张"现在"是生动的、自由的，而这种愚昧的形式主张现在也应该是灰色的。但无论如何，灰色的回忆只要能够摆脱它原来的实际处境，就有可能来到现在。本雅明在这个意义上写道：

> 历史地描绘过去……意味着捕获一种记忆，意味着当记忆在危险的关头闪现出来时将其把握。历史唯物主义者希望保持住一种过去的意象，而这种过去的意象也总是出乎意料地呈现在那个在危险的关头被历史选中的人的面前。②

在这里，历史唯物主义者必须"捕获"某个"闪现出来"的历史

---

① 〔德〕黑格尔：《历史哲学》，王造时译，上海：上海书店出版社，2001年，第6页。
② 〔德〕本雅明：《启迪》，张旭东、王斑译，北京：生活·读书·新知三联书店，2008年，第267页。

对象,因而决不能单纯依赖于历史对象原有的"真实"的存在方式,也不能借助某种历史路线或历史写作的原则。历史对象闪现的时刻也是它获得色彩的时刻,就像无色的水滴在一定的关头会变成彩虹一样。很明显,记忆如果是可以捕获的,就必须已经是散落的。

然而,这一切根本不是某种后现代的历史观,而是资本主义社会的现实。简单来讲,所有人都在"捕获"他人的产品,把他人的产品从一定的处境中拖出来、放到完全不同的处境中。例如,一名体面的中产阶级捕获了一部来自血汗工厂的手机,一名爱慕虚荣的富人捕获了一件内涵丰富的艺术作品,一批喧闹的旅游者捕获了一处优雅的传统建筑,等等。本书无法进一步讨论历史在全球资本主义时代的存在形式,但在我看来,我们的时代或许是至今唯一一个积极地把历史与现实混合在一起,从而不需要任何历史路线的时代。

第五章

马克思：剩余的复兴

> 为积累而积累，为生产而生产——古典经济学用这个公式表达了资产阶级时期的历史使命。
>
> ——马克思：《资本论》[1]

---

[1] 《马克思恩格斯文集》第5卷，北京：人民出版社，2009年，第686页。

弗洛伊德宣称，现代科学在三个方面破除了人类中心主义或人类的自恋倾向①。首先，哥白尼证明了地球并不是宇宙的中心，而这至少在当时意味着并没有某种超越的主宰在关照人类；然后，达尔文证明了人类并不是一个非凡的物种，而是一种充满偶然性的演化过程的产物；最后，弗洛伊德自己证明了人无法支配自己的意志，或者说人总会被某种社会性的无意识所约束。

这番总结遗漏了一个关键环节：卡尔·马克思（1818～1883）。马克思发现，生产向来不是人类有意识地控制的对象，反而制约了人类社会的一切方面。当然，这种唯物主义决不是说生产之外的一切都可以直接从生产本身中推论出来，而是说生产之外的一切都必须在由生产方式规定的界限内运作。例如，柏拉图所描绘的理想国是不需要奴隶的，这显然超出了他的时代；可是他自己又承认这种社会是不切实际的。可见，他并没有因为当时的奴隶制而束缚自己的思想，却也没有因为思想的自由而摆脱生产方式的制约。从马克思的文本来看，他在《〈政治经济学批判〉序言》中同时使用了"制约"和"决定"这两个词：

> 物质生活的生产方式制约着整个社会生活、政治生活和精神生活的过程。不是人们的意识决定人们的存在，相反，是人们的社会存在决定人们的意识。②

这里的"决定"是"bestimmen"，其实译作"规定"或许更加恰当；"制约"则是"bedingen"，即"为……提供前提或条件"，而这与机械主义是有距离的。我可以借用《西游记》来说明这一点。众所周知，孙悟空（当时还是齐天大圣）没法逃出如来佛的手掌心，但这并不意味着他在上面的活动是由如来佛决定的。按照这部小说的设定，

---

① Slavoj Žižek, *Less than Nothing*, London: Verso, 2012, p. 954.
② 《马克思恩格斯文集》第2卷，北京：人民出版社，2009年，第591页。

后者似乎也没有这种能力。这只手掌相当于生产方式，以此为基础的意识形态不仅完全有可能享有各式各样的自由，而且可以幻想自己不受任何限制，仿佛可以到天边一游。可是一旦这只手掌翻了过来，社会就颠覆了。

我还可以从物理学中找出一个更加极端的例子。在经典力学的时代，人们已经可以观察到布朗运动，比如一杯水中的花粉微粒会无规则地四处移动。从微积分的角度看，这种运动的轨迹基本上是不可微的，因而依赖于微积分的经典力学在解释这种运动时就遇到了麻烦。但无论如何，这里有一个极其简单的事实：布朗运动不会掀起茶杯里的风暴。在宏观上，这杯水终究是经典力学可以把握的。当然，马克思所说的上层建筑要比花粉更有本领一些，因为它真的有可能造成社会混乱。

进一步讲，一个社会一旦发现了生产方式的基础地位，也许就会发生难以估量的转变。原则上，如来佛随时可以把自己的手掌翻过来，让一个社会不明不白地灭亡；这大概是历史的常规：不少混乱和毁灭都是由生产方式的性质或变动所造成的（比如第一章第二节所讨论的暴民问题），但是人们并不知道这一点。不过，《西游记》中的如来佛似乎是一名启蒙主义者，他最后向孙悟空揭示了真相。自资本主义时代以来，特别是在马克思之后，也许全世界都或多或少接受了唯物主义的启蒙。然而，一个已经在这个问题上有所启蒙的社会又将如何运作？在这个时候，单纯谈论唯物主义的基本原则就不够了（我并不是说当代中国已经很好地达到了这个水平，不过本书无法讨论这个紧要的问题）。同时，马克思的唯物主义还阐述了一种历史分期理论。围绕这个理论有无数争议：历史的演化必定是一条直线吗？马克思真的列举了全部可能的生产方式吗？"古希腊罗马"的和"封建"的生产方式在一切社会都存在过吗？所谓的"亚细亚"生产方式究竟是一个严格的概念，还是仅仅暴露了马克思对亚洲的严重无知？这些问题都是很有价值的。但无论历史上的生产方式多么丰富，有一点似乎都是确定无疑的：唯有资本主义生产方式会积极地促使社会——而且是整个人类社会——认识到唯物主义的基本原则，让生产方式对社会生活的制约作用在全人类面前显露出来。简言之，资本主义社会对生产方式的基础地位是有一些自觉的，过去的其他社会形态则不然。正如剩余的概念只有在剩余价值的生产占据主导地位的时代才能显现出来一样，生产方式的概念也只有通过一种特殊的生产方式才能显示出自身的重要性。因此，在逐渐成型的全球资本主义时代，唯物主义的启蒙在一定程度上已经在整个人类社会中完成了；在考察资本主义社会时，不仅我们马克思主义者知道唯物主义，而且这个社会自身也在某种程度上知道唯物主义。就中国而言，我相信这种状况并不遥远。

这种启蒙甚至还可以不断前进。第一章第一节提到，早期的经济学家认为（他们并不都是马克思所蔑视的庸俗经济学家），工资作为劳动的报酬是很自然的；他们并没有发现剩余价值，即工人生产出来的超出工资的价值。于是，马克思在《资本论》中写道：

> 工人和资本家的一切法的观念，资本主义生产方式的一切神秘性，这一生产方式所产生的一切自由幻觉，庸俗经济学的一切辩护遁词，都是以这个表现形式（按：即工资）为依据的。①

马克思在这里站在启蒙的制高点上，因为他与当时的经济学家之间的差别是正确与错误的差别。但很明显，当今受过教育的工人都有可能揭穿这里的幻觉，至少肯定会发现自己经常拿不到加班工资（这当然不是说只有加班才能生产剩余价值），而这种认识并不足以从根本上打击资本主义生产方式。总之，尽管唯物主义的启蒙十分紧要，但这不仅是资本主义社会本身可以接受的，而且马克思的力量也许不止于此。

资本主义社会自身大致按照唯物主义的思路所进行的自我理解就是经济学。虽然马克思之前的经济学家并没有像马克思那样简洁地阐明唯物主义的原则，但他们的学说至少都强调了生产对伦理和政治的

---

① 《马克思恩格斯文集》第5卷，北京：人民出版社，2009年，第619页。

第五章　马克思：剩余的复兴

制约。马克思所开创的工作——这项工作远远没有完成——则被他称作政治经济学批判。本章将仅仅详细讨论其中的一小部分（第一章第三节已经描述了资本主义生产方式中的剩余价值如何显著地展现出了剩余的特征，同时又如何由于它本身而受到了根本性的限制）。我将首先构造一种极度简化的剩余价值学说，然后分析马克思所给出的价值理论，最后重新探讨剩余价值如何实现的问题。按照我的思路，马克思对剩余的复兴意味着他决定性地批判了适用于技术领域的客观性对社会领域的入侵，而这种客观性的关键就是价值的概念，或者毋宁说是价值的理念。

第一节　剩余价值（一）

一、一个极度简化的模型

第一章第二节提到，伯克相信民众至多只能理解"一个本科大学生的形而上学和一个税务官的数学和算学"，但就过剩人口问题而言，这样的数学和算学其实已经是一种"过度"启蒙了。同样，这里也可以构造一种极度简化的剩余价值学说。在一个封闭的经济体中（从村庄到人类社会），假定没有公共项目，并且各个经济主体（以个人、家庭等为单位，这一点无关紧要）在一定时期内生产出来的价值为 p_1, p_2, …, p_n，他们为了基本的生存而必须消耗的价值则为 s_1, s_2, …, s_n（这里还没有仔细分析价值的概念，所以可以暂且把它等同于商品的价格）。需要注意的是，人的生产能力与消费能力并没有内在关联。因此，只要总生产 $p_1 + p_2 + … + p_n$ 大于总消费 $s_1 + s_2 + … + s_n$，就会出现富余（这还不是严格意义上的剩余价值）。如果把全部人口都考虑进来，而不是仅仅顾及在生存斗争中活下来的人口，那么这种富余就只有从资本主义时代开始才有可能成为一种常规。当然，这并不妨碍古代的少数人占有大量财富，并完成各种各样的事业。接下来我将主要谈论资本主义社会。

资本家等剥削者一般不会占有全部富余，或者说工人（无论属于何种产业）所获得的一般不会只有 s_1，s_2，…。诚然，马克思所说的极端的"贫困、劳动折磨、受奴役、无知、粗野和道德堕落"① 从来没有消失，但他也毫不含混地指出，工资会被"历史的和道德的要素"所影响，而它们取决于"一个国家的文化水平，其中主要取决于自由工人阶级是在什么条件下形成的，从而它有哪些习惯和生活要求"②。在我们的时代，工人的消费还会在一定程度上听从流行文化的命令。总之，工人的工资或最终消费经常会高于单纯的生存所需的水平。从文本来看，马克思所讲的"生活资料"是"Lebensmittel"，而《法哲学原理》在描述贫困阶级时所用的词是"生存资料（Subsistenzmittel）"③（通行的汉译本译作"生活资料"）。虽然并没有证据表明马克思在这一点上有意针对黑格尔，但是"生活（Leben）"与"生存（Subsistenz）"的差别是很明显的④。马克思并没有把工人仅仅放在勉强求存的位置上。事实上，最近德国的某家机构在为难民筹集基本物资时，就列出了"牙刷、足球和玩具、以及药品"——"足球和玩具"出现在这里似乎可以反映某种"文化水平"。

于是，人们在基本的生存需要之外还可以消耗更多的价值。尽管总生产与总的最终消费是相等的（这里忽略分配过程中的损耗），却仍然可能出现剥削：剥削者的消费明显大于他的产值，而这当然是因为被剥削者的消费明显小于他的产值（在资本主义生产方式中，他的消费就是由工资支持的）。在这个极度简化的模型中，总的剩余价值就是剥削者或被剥削者的消费与产值的差额。

围绕这个简单的因果关系产生了无数美妙的意识形态。例如，据说只要考虑到公共项目，剥削者对剩余价值的占有就具有了合理性，因为他们其实是把这些资源投入了公共项目。虽然这种说辞通常极其

---

① 《马克思恩格斯文集》第5卷，北京：人民出版社，2009年，第744页。
② 同上书，第199页。
③ 〔德〕黑格尔：《法哲学原理》，范扬、张企泰译，北京：商务印书馆，1961年，§246，第246页。
④ 《资本论》的两种英译本都把"Lebensmittel"译作"means of subsistence"。也许正因为如此，英语学界才有不少人把马克思视为一名着眼于最低工资的理论家。

伪善，但我可以后退一步，假定这些剥削者与 12 世纪的伟大的苏丹萨拉丁一样，死后只留下了几个第纳尔。可是公共项目为什么必须由他们主持呢？这恐怕是因为被剥削者大体上属于第一章开头所说的"死人"，而"死人"很可能是剥削者以高明的手段培养出来的。这样一来，公共项目就只能托付给剥削者了。另一些意识形态宣称，剥削者是对外战争的主力，因而他们的"高贵"地位是"公正"的——这种情况的典型是古希腊城邦。但是黑格尔已经看到，古希腊城邦之所以经常发动战争，主要是为了让（男性）个体"感到自己没有独立性，让它们始终意识到只有在整体之内才能拥有自己的生命"；与整体不合的人更是必须被送上战场，以便让他们"领教他们的主人，亦即死亡"①——简言之，战争是这种伦理的必要条件。黑格尔学者特里·平卡德（Terry Pinkard）不无讽刺地说："古希腊人频频这样做，但是喜欢希腊的人往往倾向于忽视这一点。"②借用伏尔泰的句式来说，就算"高贵"与"低贱"不存在，也要把它们制造出来，以便让剥削显得足够"公正"。最后，较早的资产阶级意识形态认为工资是由契约规定的，而契约的签订据说是自由选择的结果。今天的工人也许不太可能相信这种水平的谎言了。可是他们为什么会接受剥削呢？

二、剥削

倘若剩余价值的数量很小，剩余价值和剥削的概念大概就没有多少意义了。那么，剩余价值必须具有怎样的规模，剥削才会出现？用经典的话说，何种程度的量变才能导致一种本质性的变化？马克思看到，现代雇佣工人的基本特征是严重缺乏生产资料，尤其是缺乏土地，从而不得不"自由"地签订出卖劳动力的契约，否则就无法生存。在《政治经济学批判大纲》中，他把这种状况称作"主体的贫穷，即丧失

---

① 〔德〕黑格尔：《精神现象学》，先刚译，北京：人民出版社，2013 年，第 278 页。
② Terry Pinkard: *Hegel's* Phenomenology, Cambridge: Cambridge University Press, 1994, p.141.

物质实体的贫穷"[1]（齐泽克经常把这个说法表述为"没有实体的主体性"）。反之，资本家由于占有了生产资料，而且往往还拥有一定的财富，所以即使在短期内没能招募到足够的工人，无法使自己的生产资料充分运转，也不难维持自己的生活。诚然，负债累累的企业主肯定支撑不了太久，但是一些大资本家一旦被迫减少一些奢侈的花销，就喜欢抱怨自己的"投资热情"受到了打击——换句话说，为了维持他们的投资热情，从而为了让无数工人不至于失业，就必须允许他们获取不可思议的剩余价值。这种逻辑正如在镇压了巴黎公社之后，法国的正统派想要把王位继承人尚博尔（Chambord）伯爵请回来，但是后者看不上宪立君主的权力，尤其不能容忍三色旗，于是共和国就保持下去了（这个结局还不错，至少没有为了满足某种"高贵"的热情而对他让步）。因此，区分资本家与工人的基本依据是一方在脱离另一方的情况下有可能怎样生活（如前所述，生活并不等于单纯的生存）。

在这个背景下，剥削就不单纯表现为一种分配关系了。被剥削意味着一种生活形式总是或明或暗地受到威胁，或者说受到权力的控制；剥削者则有权力威胁和控制他人，并迫使反抗者放弃原本的生活形式（原则上，放弃原有的东西不一定是消极的，但这是另一个问题）。换句话说，剥削者特有的权力是垄断对某种生活形式而言必不可少的资源，就像资本家在极大程度上垄断了生产资料、过去的地主在一些时候垄断了当地的大量土地一样（当地的范围必须联系到佃农的迁移能力来界定）。这样的剥削概念也许具有较强的适用性。例如，国家之间的关系如今也经常表现出类似的特征：同样作为大量出口油气资源的、在政治上也十分高傲的国家，俄罗斯和委内瑞拉终究是不同的：前者或多或少对欧洲有一些控制力，后者在美国面前则愈发窘迫。对委内瑞拉来说，减少石油产量等做法根本不足以威胁美国，只会使自己的经济和政治雪上加霜。

进一步讲，这种威胁极有可能不仅是在头脑中被认识到的东西，而且是在眼前可以看到的东西。为了让工人感到能从事雇佣劳动毕竟

---

[1]《马克思恩格斯全集》第30卷，北京：人民出版社，1995年，第449页。

是一种莫大的幸运,现实中就需要有穷困潦倒的乃至道德沦丧的失业者,正如在早先,为了让女性感到在家庭中丧失经济独立是一种美德,现实中就需要有自力更生的娼妓一样。在流行文化中,把劳动合同比喻为卖身契、把工作比喻为卖淫(或婚姻、强奸等,这取决于工人对职位或企业所持的态度)是很常见的。这一切就像《水浒传》所说,林冲若要证明自己有落草为寇的决心,就必须实际地去提一颗人头回来。黑格尔在《小逻辑》中把这种情况表述为"本质必定要表现出来"[1]——缺乏表现的本质根本就不是本质。因此,在资本主义社会中,如果说受剥削、受威胁是工人的本质,那么马克思所说的"产业后备军"就是不可或缺的,否则工人及其组织仿佛就容易忘掉自己应有的存在形式。这种相对过剩人口虽然有可能拥有基本的生活保障(这一点与前资本主义社会不同,因为技术条件发生了重大变革),但是至少在主流意识形态中很难扮演体面的角色。在这个意义上,马克思十分强硬地写道:

> 产业后备军的相对量和财富的力量一同增长……他们的贫困同他们所受的劳动折磨成反比。最后,工人阶级中贫苦阶层和产业后备军越大,官方认为需要救济的贫民也就越多。这就是资本主义积累的绝对的、一般的规律。[2]

由此可见,消灭剥削决不等于主张某种公正的分配,而是意味着必须消灭一种以垄断、威胁和控制为特征的经济秩序和政治秩序(这里的垄断是指资本家对生产资料的垄断;后面将表明,对资本主义生产方式来说,工人之间和资本家之间的竞争必须足够活跃)。马克思从来不认为剥削者拿走了"本应"属于被剥削者的剩余价值。相反,产品的归属无非是由契约、习惯、法律和统治者来调节的,在这些现实的权力之上并没有任何更高的"应当"。诚然,马克思把工人为资本家

---

[1]〔德〕黑格尔:《哲学全书·第一部分·逻辑学》,梁志学译,北京:人民出版社,2002年,§131,第245页。

[2]《马克思恩格斯文集》第5卷,北京:人民出版社,2009年,第742页。

生产剩余价值的劳动描述为一种"无偿"劳动;但这并不是说这种劳动"本应"是有报酬的。工人已经在从事一种有偿劳动,即与工资相对应的劳动,可是如前所述,这种有偿劳动从一开始就是剥削关系的产物,或者说是威胁和控制的产物,而无偿劳动和失业不过是另外两种无可避免的产物。这两个方面决不是孩子与脏水的关系。马克思毫不含混地说过:工人

> 应当摒弃"做一天公平的工作,得一天公平的工资!"这种保守的格言,要在自己的旗帜上写上革命的口号:"消灭雇佣劳动制度!"①

二、逃出剥削关系

前一章提到,按照新自由主义意识形态,如今的希腊人已经完全失去了曾经的"高贵",显得极其懒惰,过度依赖福利国家(当然,这并不是说我相信希腊是另一副样子)。一些耸人听闻的故事在媒体上流传,比较严格的调查却十分罕见。用巴迪乌的话说,意识形态家"必须每天都用新的诡辩来滋养新闻报道"②。这些诡辩当仁不让地成了希腊人的"典型"形象——第一章第二节说过,这种制造"典型"的手段是愚昧的标志。事实上,把这些故事的主角换成欧洲的穆斯林、欧美的黑人等也不会有太大差别,反正他们据说大多是靠国家养活的无能之辈。中国的地域主义目前还只是略微有一些类似的迹象。例如,大都市的地域主义者当然还不可能宣称外来的工人是靠某种福利为生的,但他们经常指责后者"滥用"公共设施、"强占"公共空间、"浪费"公共资源等。既然福利和公共设施的维护费用多半是出自社会成员所缴纳的税金(这里忽略国际性的掠夺,虽然这个问题并非不重

---

① 《马克思恩格斯文集》第3卷,北京:人民出版社,2009年,第77~78页。
② Alain Badiou, *Pocket Pantheon*, London: Verso, 2009, p.55.

第五章 马克思：剩余的复兴

要），那么从新自由主义意识形态的角度看，希腊人、欧洲的穆斯林等似乎是剥削者，而全欧洲的勤劳的纳税人则是被剥削者——前者在利用当前的制度来剥削后者。善良的纳税人不禁要问：我凭什么要供养这些懒人？

本书当然无法以实证的方式来考察这个问题。我只能撇开上述现象，转而构造一个理论上的假设：引入"懒人"之后，按照价值的概念来划分的特殊范围或阶级就从两个变成了三个，其中有两个是被剥削者，只不过由于制度等原因，"懒人"的被剥削程度明显小于相对宽裕的勤劳的纳税人。勤劳的纳税人固然不太可能精确地比较自己与"懒人"的生产和消费情况，但他们在许多情况下毕竟可以感觉到，自己分明比"懒人"努力得多，或者劳动方式高级得多、得到了更大的社会承认，双方的享受却没有那么大的差别。倘若他们相信"吃得苦中苦，方为人上人"，就更不能接受自己庸庸碌碌的地位了。于是，他们很容易觉得自己缴纳的税金被用到了"懒人"身上，却不知道在"懒人"那里，生产仍然是大于消费的，或者说"懒人"根本不是靠他们养活的。这两个阶级所生产的剩余价值的总和依然落到了资本家手中。后者倘若比较明智的话，就会设法促使勤劳的纳税人把愤怒的目光对准"懒人"，因而需要拿出一部分资金来制造和传播相应的意识形态。

然而，勤劳的纳税人似乎的确有理由嫉妒一部分"懒人"。他们自己若要做人上人，就不仅要吃苦，而且要成倍地吃苦，因为他们受剥削的程度较高，除非他们终于以政治的或经济的方式挤进了剥削者的行列（这里不考虑投机或腐败的情况）。相反，一部分"懒人"或许工作量并不大，却把许多精力用在了通常意义上的工作之外，而这部分劳动（我仍然把这种活动称作劳动，后面还会加以讨论）在图中是看不见的。换句话说，虽然他们仍旧处于被剥削的地位，而且肯定并不富有，但以价值来衡量的生产和消费已经不足以描述他们的生活状况了——他们在很大程度上逃出了通常的生产和消费体系，他们的社会生活是这种体系难以理解的。第二章说过，斯宾诺莎就是如此。现在还有一位著名的俄罗斯数学家格里戈里·佩雷尔曼（Grigori Perelman），他不仅家徒四壁，而且拒绝接受百万美元的奖金（用流行文化的说法，他懒得去领奖）。在这样的生活中，斯宾诺莎所说的第三种知识形式似乎更有可能出现，而对勤劳的纳税人来说，这种可能性大概就小得多了。勤劳的纳税人更倾向于服从统治者的控制，或许还会为了向上流动的机会而耗尽心血；一部分"懒人"却不太受控制，也不理睬美妙的官方意识形态。这一切很容易使善良的纳税人十分费解：某些穷人的活力乃至快乐究竟是从哪里来的？

按照这条思路，我们可以看到一个"懒惰"的传统：庄周所说的"曳尾涂中"，木桶里的第欧根尼，空想社会主义，《德意志意识形态》所说的"上午打猎，下午捕鱼，傍晚从事畜牧，晚饭后从事批判"①，一部分无政府主义，某些黑客，等等。无政府主义思想家克鲁泡特金在他的名著《面包与自由》中做了一番计算，然后提出，"凡是成年的人，从二十岁或二十二岁起，到四十五岁或五十岁止"，只要每天花五个小时来从事某种"必需的职业"，就足以过上"安乐"的生活，并把充裕的闲暇时间用于各种非必需的活动，如"科学、艺术"②。当然，只有资本主义时代以来的生产力才能使"懒人"变成一种普遍的可能性。

于是，关于社会解放的思想和运动表现为一种非常特别的"穷则独善其身，达则兼济天下"：要么按照斯宾诺莎、佩雷尔曼等人的方式来生活，要么设法推翻通常的生产和消费体系，使人们不再从事无益的工作，并消灭统治者及其意识形态机器。只有前一个方面才称得上伦理，也只有后一个方面才称得上政治。进一步讲，一个初步解放的社会不仅要以"懒惰"为特征，而且公共项目的信息应该是公开的，每个人（当然有年龄限制）的最终消费也不能超过他的产值。用《哥达纲领批判》的话说，"每一个生产者，在做了各项扣除以后，从社会领回，正好是他给予社会的"。马克思所说的"扣除"指的就是维持和扩大生产所需的费用以及公共项目的开支，不过他并没有谈到信息公开的问题。上述三个特征似乎是不难在现实中验证的。不论一种意

---

① 《马克思恩格斯文集》第1卷，北京：人民出版社，2009年，第537页。
② 《巴金译文全集》第9卷，北京：人民文学出版社，1997年，第598页。

识形态有多少"高贵"的花招，它的真实本性都可以从这个角度来加以分辨。

在必要的物质生产之余，"懒人"还可以做什么？马克思、克鲁泡特金等人常用的例子是科学和艺术。不过，也许这种额外的劳动在哈特和奈格里那里才达到了概念的形式：生命政治劳动（相关的主体不叫"懒人"，而叫"穷人"）。就理论而言，他们在《共同世界》(*Commonwealth*)中专门论述了生命政治劳动与马克思所给出的价值理论之间的分歧。按照他们的解释，马克思所思考的是在较早的资本主义生产方式中占据主导地位的生产和消费体系，而生命政治劳动包含了"智力的、科学的、交往的、情感的活动"①，它们的特征是一种共同的创造：这些活动不仅不是工人仅仅运用工具就能完成的，而且不是若干工人通过协作就能完成的。协作虽然也涉及工人之间的互动，却仍然只是一种预先规定的工作模式；共同的创造则没有固定的模式，而是在诸多参与者中间发生的难以预料的过程。由于马克思的学说仅仅考察了协作，所以他的价值理论有根本性的不足（下一节将表明，把劳动束缚在一种客观的框架中的无非是价值，而这与劳动本身是否有创造性并无关系）。

就实践而言，哈特和奈格里明确地把生命政治劳动与许多下层的被剥削者关联起来，例如1960年代和1970年代在美国发生的"黑色力量（Black Power）运动"②。同时，既然生命政治劳动拒绝服从现成的秩序，它所生产的价值就会"溢出任何政治控制和经济控制的边界"③，就像佩雷尔曼的成就"溢出"了百万美元的奖金一样。因此，生命政治劳动一旦形成社会运动，就"不仅会造成财政危机和经济危机，而且会造成更加重要的控制危机"④——统治者不再能控制无数"穷人"的共同生活了。在哈特和奈格里看来，这种广泛的运动是一种现实的

---

① Michael Hardt and Antonio Negri: *Commonwealth*, Cambridge, M. A.: The Belknap Press, 2009, p. 315.
② 同上书，第37页。
③ 同上书，第317页。
④ 同上书，第143页。

可能性，因为在比较发达的后工业社会中，生命政治劳动已经占据了主流（相反，马克思据说是从工业社会出发的）。不过，他们似乎并不在意勤劳的纳税人对下层的敌视，尽管这方面的意识形态是很多见的。

然而，我在第二章末尾留下的难题是一部分地区和群体在今天难免会陷入愚昧或忙于生计。显而易见，这些地区不太可能是后工业社会，甚至还不是成熟的工业社会。在这种情况下，哈特和奈格里的学说似乎略显薄弱。若要实际地使这些地区的民众摆脱愚昧，或者超出单纯谋生的需要，就很难以生命政治劳动或共同的创造为立脚点了，因为这些民众似乎不太容易理解这种劳动形式。例如，《共同世界》只在一小节集中谈论了原教旨主义，并给出了一个相当理想化的结论：

> 生命政治是原教旨主义的终极解药，因为它拒绝让超越的、精神的价值或结构凌驾于身体之上，拒绝让身体被遮盖，而是坚持身体的力量。①

这在原则上当然是不错的，例如在《查理周刊》事件引发了多国政要的集体游行之后，一家犹太原教旨主义报纸从游行的照片中抹掉了作为女性的默克尔总理等人，它的理由是按照它所理解的教义，女性不适合出现在如此严肃的场合——这正是对身体的"遮盖"。在中国，我们很容易在性、地域等问题上找到类似的例子。但这份解药的效力有根本性的局限。几年前在阿富汗发生过一次非常荒谬的游行：游行者是一群已婚女性，她们宣扬的是极端反动的性观念；于是，为了言行一致，她们的游行队伍是被她们的丈夫包围起来的。可见，遮盖身体的力量不仅是外来的压迫，而且是某种自我压迫，这些主体也许必定会拒绝并攻击生命政治。用黑格尔的术语来讲，生命政治只有对"我们"而言才有可能成为原教旨主义的解药，对比较落后的地区自身而言则不然。生命政治在这些地区很难从"自在"过渡到"自为"，在

---

① Michael Hardt and Antonio Negri: *Commonwealth*, Cambridge, M. A.: The Belknap Press, 2009, p. 38.

后工业社会则要容易得多。

三、《资本论》的地位

以上所描述的社会解放似乎并不依赖于《资本论》。例如，虽然马克思在第三卷通过"工作日的缩短"和"自由王国"的兴盛描绘了一个"懒惰"的社会[①]，但这些简短的表述实际上很难与无政府主义区别开来（更一般地讲，无政府主义与马克思的关联经常被低估）。倘若这种解放确实更有可能出现在后工业社会，而《资本论》主要植根于工业社会，那么对后工业社会而言，《资本论》就是一部相对次要的著作；对工业社会或更加落后的社会形态而言，首要问题则是如何前进到后工业社会，而这看来也与《资本论》关系不大。

对理论来说，搁置《资本论》并非没有积极意义。一直以来，关心社会解放的人都试图从《资本论》中找出一种关于资本主义社会将如何崩溃的学说，却至多只能找到错觉。这种错觉有两种基本形式。其一，周期性的经济危机据说会导致资本主义社会的灭亡。我们中国人尤其能看出这种观点的错误，因为朝代更迭未必会造成根本性的变革。倘若人们不能利用旧秩序所造就的某些条件来建立一种全新的秩序，那么在经济危机和社会混乱之后站立起来的可能仍然是旧秩序，说不定还会更糟——纳粹正是由于大萧条而上台的，而且很快就有力地复苏了德国经济，并借此赢得了广泛的支持。用通俗的话说，这叫作好了伤疤忘了疼。马克思当然完全明白这一点：他认为"危机总是大规模新投资的起点"[②]。同时，由于危机的确会打击一部分资本家，或者损害全球资本主义当中的一些地区，所以某些对危机的"批判"（以及对新技术和新的组织形式的"反思"）在一些资产阶级意识形态眼中恰好是值得利用的。下一节将表明，共产主义必须彻底否定马克思所界定的价值，而不是企图以某种更加合理的、没有危机的方式来生产更多的价值。

---

① 《马克思恩格斯文集》第7卷，北京：人民出版社，2009年，第929页。
② 《马克思恩格斯文集》第6卷，北京：人民出版社，2009年，第207页。

其二，资本主义生产方式据说会由于某些长期趋势而陷入不可挽回的僵局，其中最突出的趋势是利润率下降。这里可以做一个简要的说明。利润率下降的趋势包含了一个至关重要的假定，即资本家对劳动工具、原材料等项目的投资（即不变资本）会以较快的速度增长，而对劳动力的投资（即可变资本，实际上就是工资）则增长较慢。这里不必详细讨论这个假定，我们只需要看到，这不外是通常所说的用资本密集型的生产来取代劳动密集型的生产，也是中国经济目前的发展方向。马克思当然明白这只是一个假定，所以他列出了一些相反的情况（例如，当不变资本的价格迅速下跌时，资本的密集程度就会降低，而重大的技术变革[1]肯定会导致这种情况[2]）。不过，他并没有从根本上质疑这个假定。但在他之后，全球资本主义有两次对现有的不变资本造成了惨重的破坏，大大降低了资本的密集程度：那就是两次世界大战。相比之下，劳动人口不仅损失较小，而且恢复得很快（例如，德国在 1955 年就恢复了战前的水平）。大战之后的重建不仅对许多民族来说是值得怀念的，而且对资本来说也十分美妙。简言之，只要毁灭一部分不变资本，就可以阻止或逆转利润率下降的趋势。哈维很早就阐述了这一点[3]。杜梅尼尔和莱维等学者也发现，利润率的下降在从"二战"结束到新自由主义掌权的时期是清晰可见的[4]，不过他们没有提到对不变资本的毁灭。

总之，虽然《资本论》被恩格斯誉为"工人阶级的圣经"[5]，但它所展示的资本主义生产方式恰好有能力从一切绝境中恢复过来，从而有可能永远不会消亡。况且，它的绝境不过是由它自身造成的。在这个意义上，马克思指责资本主义社会具有"无政府主义"倾向。这种

---

[1] 严格来讲，只有当技术变革超出人们的预期时，这一点才能成立。倘若人们预先估计到了技术变化的大致速度，那么不变资本的购买者在一开始就不会接受太高的价格，因而价格的下跌也不会太快。更抽象地讲，一切被预期到的将来都是当下，而真正的未来是无法预先估计的。第一章第三节也谈论了这一点。
[2] 《马克思恩格斯文集》第 7 卷，北京：人民出版社，2009 年，第 262 页。
[3] David Harvey: *The Limits to Capital*, London: Verso, 2006, pp. 442ff.
[4] Gérard Duménil and Dominique Lévy: "Old Theories and New Capitalism", *Critical Companion to Contemporary Marxism*, ed. by Jacques Bidet and Eustache Kouvelakis, Leiden: Brill, 2008, p. 105.
[5] 《马克思恩格斯文集》第 5 卷，北京：人民出版社，2009 年，第 34 页。

第五章 马克思:剩余的复兴

无政府主义是与资本家对整个生产和消费的控制相对立的:一方面,资本家能够支配的场所——例如企业本身、某些政策的制定过程、某些充满了诱惑的消费场所等——是有秩序的、合理的,而且往往有严格的等级和强大的权威;另一方面,这些场所之外却充满了难以置信的混乱无序。这两个方面是不可分离的:无政府状态恰好是市场和契约正常运作的结果。不仅如此,这种无政府主义倾向还会随着资本主义生产的变革而获得新的面貌。例如,在今天的大型企业中,管理层会故意在一些部门之间制造"野蛮"的关系,以便促进劳动生产率(包括创造力)。简言之,无政府主义在资本主义社会中具有结构上的必然性,正如理性的控制也必定会在适当的地方担任主要角色一样——双方既不可分离,又会一同向前进展。

这种表述明显是辩证的。前两章表明,只要某种理念在社会中占据了支配地位,这个社会的基本特征就必定是一种在理念面前的不完善(即合理与不合理的对立),而这会产生辩证的后果。如果《资本论》,尤其是价值理论的确详细分析了一种理念,而且这种理念有助于我们从根本上思考当前的全球资本主义,那么即使马克思所涉及的许多历史材料无疑是过时的,或者仅仅适用于西欧,这部著作也仍然包含了一种根本性的批判。在我看来,马克思所分析的理念就是价值。《政治经济学批判大纲》中有一段著名的话几乎已经说出了这一点:

> 市场价值(按:即忽略了偶然的波动之后的市场价格)平均化为实际价值,是由于它不断波动,决不是由于和实际价值这个第三物相等,而是由于和它自身经常不相等(要是黑格尔的话,就会这样说:不是由于抽象的同一性,而是由于不断的否定的否定,也就是说,是由于对作为实际价值的否定的它自身的否定)。①

既然价值在经验中只能以不完善的形式存在,却又在暗中主导了

---

① 《马克思恩格斯全集》第30卷,北京:人民出版社,1995年,第85页。

一切相关的运动，那么按照前两章的论述，它无非就是一种理念。下一节将详细阐述这一点；我还将在这个过程中表明，如果不能彻底否定价值的理念，那么一种劳动方式即使足以使某种形式的工人在生产中取得主导地位（按照哈特和奈格里，这应该是一种共同的主导社会生产的能力），也只能在一定程度上改善资本主义社会。

更一般地讲，为什么马克思的政治经济学批判看起来"好像是一个先天的（a priori）结构"①，或者说为什么他以独特的方式沿袭了唯心主义的方法，沿袭了"德国"理论？也许至少在解释资本主义社会时，理念的思考方式恰好是极有帮助的，因为这个社会自身——包括随之而来的统治和对抗——正是按照一种唯心主义来运行的（当然，庸俗的道德主义喜欢把资本主义社会看作一种追逐利益的唯物主义，仿佛黄金或纸币的价值源于物质的本性一样）。用《资本论》第三卷的话说，资本主义社会中的生产者是在"假象的形态中活动的，他们每天都要和这些形态打交道"②。当围绕理念所建立的一系列假象支配了现实之后，对理念的拒绝仿佛就成了乌托邦主义——这正是《红楼梦》所说的"假作真时真亦假"。如果不能理解并彻底否定一个社会的理念，那么无论人们如何斗争、如何反抗，社会统治都会不断被再生产出来。海涅曾经夸张地说："每一个时代都是一头斯芬克司，人们一旦揭破它的谜，它就跳进深渊"③——资本这头斯芬克司当然不太可能如此自觉地跳进深渊，但是揭破资本的"谜"或许的确是共产主义的先决条件。

第二节　价值理论

一、价值理论的地位

马克思似乎对《资本论》开头的价值理论的表述方式不是特别满

---

① 《马克思恩格斯文集》第 5 卷，北京：人民出版社，2009 年，第 22 页。译文有改动。
② 《马克思恩格斯文集》第 7 卷，北京：人民出版社，2009 年，第 941 页。
③ 〔德〕海涅：《海涅全集》第 8 卷，孙坤荣译，石家庄：河北教育出版社，2003 年，第 14 页。

第五章 马克思：剩余的复兴

意，认为自己写得过于艰深。后来的学者普遍认为，这几章对缺乏德国唯心主义训练的读者而言是极端不友好的；有人借此强调黑格尔的重要性，有人则主张应该重写价值理论，甚至据说连价值的概念本身都是误导性的。例如，法国和英国的马克思主义传统经常互不相让，但是双方都对价值的概念比较冷淡。当然，价值如果被当作某种客观的计量尺度或对人的动物性的某种反映，就的确会产生决定性的误导。我的意图是证明价值理论展示了人的社会性，或者说体现了剩余的原则，但是价值本身又作为一种客观的原则从根本上压制了这一点。本节将逐步表明，马克思所界定的价值贯穿了商品、货币和资本（因而拜物教也具有三种形态）；在价值的支配下，剩余价值的生产和资本积累是一种无可避免的趋势，或者说由价值主导的社会无法摆脱资本主义生产方式的阴影。此外，这里并不研究生产技术，所以接下来提到的客观性仅仅关系到入侵社会领域的价值和与此相关的概念，而不是真正的客观知识。

当然，这决不是说价值理论可以从根本上解释资本主义生产方式中的一切，因为它从来就不是为此而存在的。例如，第一章第三节提到，马克思并没有幻想这种理论可以演化成一种价格理论。他和所有经济学家都认为，价格直接来看是由供求关系决定的，但他对这方面的问题兴趣不大。更直白地说，当无数经济学家（和意识形态家）批评价值理论毫无用处时，他们在某种意义上是不错的，因为他们所关心的本来就不是马克思所说的价值，而是把价值等同于价格或效用。反过来，《资本论》和《剩余价值理论》也没有包含任何一种严格意义上的价格理论，只有第三卷第十章相当简略地讨论了市场价格（当然，马克思在举例时会用到数字，而且有一些计算错误，恩格斯也没有帮他改正）。马克思丝毫不认为有任何力量可以在价值和剩余价值的生产仍然具有支配地位的情况下把市场价格撇在一边——只要价值还存在，市场、价格、竞争等就必须存在。在他的政治经济学批判中，变幻莫测的市场价格只需要满足一个很基本的前提：除了危机、革命等时期之外，资本家总体上应该赚到利润（同时，"每个特殊生产部门中在最好条件下生产的人"可以获得超额利润①），或者说剩余价值的生产应该可以延续和扩大。更简单地讲，价格的起伏只要不会彻底毁掉资本主义社会就行。然后，马克思就可以假定市场发挥了应有的作用，并把批判的重心转向"门上挂着'非公莫入'牌子的隐蔽的生产场所"，以便揭示资本家"赚钱的秘密"②。

用前两章所探讨的唯心主义的眼光来看，这一切是很简单的。价值如果确实是资本主义生产方式的一种首要的理念，就必定无法在经验中直接存在。只有庸俗的道德主义才会希望"高级"的理念在尘世中出现，或者抱怨"高级"的理念无法在尘世中出现，但这只会遭到康德和黑格尔的嘲笑。因此，倘若以为价值的范畴可以用来干预或取消市场，甚至以为从价值理论中可以引出一种更加"公正"、更加"合理"的生产关系，那么这虽然是一种常见的、具有历史意义的看法，却也错误地估计了马克思的哲学。在很多时候，整个哲学也会遇到类似的要求：今天几乎没有人想要通过物理学或经济学来洞察一切，但是一些人十分天真地指望哲学能说出某种终极真理，能帮助他们有效地指导自己的生活，以至于能代替他们做决定（然后埋怨哲学做不到这一点）。于是，他们要么把马克思或随便什么人装扮成庸俗意义上的神或圣贤，要么认为这些人百无一用，理由是这些人不能满足他们对神的渴望。

不过，这一切只是说以价值理论为基础的学说远远不足以涵盖经济学和其他社会理论，而不是说这种理论仅仅构成了马克思的政治经济学批判的一小部分。相反，许多学者都注意到，尽管《资本论》篇幅巨大，而且还远远没有触及马克思原先计划好的对国家和世界市场的分析——这方面的理论显然对于考察今天的全球资本主义至关重要——但他始终没有离开由价值理论开辟的场所，而是在这块原本只有一些基本概念的场地上修建了一座复杂的迷宫，使这些概念发挥出了惊人的潜力。在这个意义上，英国学者哈利·克利弗（Harry

---

① 《马克思恩格斯文集》第 7 卷，北京：人民出版社，2009 年，第 221 页。
② 《马克思恩格斯文集》第 5 卷，北京：人民出版社，2009 年，第 204 页。

Cleaver)指出了一个悖论:《资本论》"第一章的难点不在于它太复杂,而在于它太简单"①,悄无声息地隐含了太多内容。他本人试图从工人运动的角度重新解读第一章。虽然本书的重点与之不同,但我会以类似的方式一边援引一些比较靠后的观点,一边停留在价值理论之内。当然,在运用这些观点之前,我肯定无法以《资本论》原本的方式对它们加以界定和推导。"幸运"的是,我们仍然处在全球资本主义时代,因而《资本论》的许多说法要么是人们的"天赋"观念,要么经常在流行文化中出没,很容易加以利用。

二、价值形式

《资本论》第一卷第一章所讲的"价值形式"就像纠纷女神丢下的金苹果一样,长久以来一直让马克思主义学者处于战争状态。我必须坦白地说,就本书的目的而言,分析马克思所讲的价值形式并不会带来太多帮助。这与阿尔都塞和哈维的观点一致。前者的理由是整个第一章受到了黑格尔的不良影响,因而过于晦涩,根本无法理解②;后者的理由是马克思有时会戴上"一顶会计师的帽子",变得"极端枯燥"③。我的理由则是这些论述的最终目的恰好相当简单,只不过辩证的表述方式容易使人以为其中隐藏了深不可测的秘密。这种错觉从文本自身来看就是无法成立的。在马克思所分析的一系列价值形式中,除了"等价形式"和最后的"货币形式"之外(这两种形式的承担者分别是等价物和货币,而后者又是一种特别的等价物),其他形式在后面的章节中几乎再也没有出现过,而第一章的其他许多范畴并没有受到这样的冷落。可见,正如哈维所说,"价值形式"这一节的重点不外是"解释货币形式的起源"④,马克思的整个推导过程只是辅助性的,

---

① Harry Cleaver: *Reading Capital Politically*, Leeds: Anti/Theses, 2000, p.77.
② Althusser: *Lenin and Philosophy and Other Essays*, New York, N. Y.: Monthly Review Press, 1971, pp.71ff.
③ David Harvey: *A Companion to Marx's Capital*, London: Verso, 2010, p.30.
④ 同上。

而且看来也没有给读者提供很多帮助,反倒造成了不少误解。最常见的误解是认为这一系列价值形式肯定是一种对历史过程的抽象叙述(马克思主义学者似乎有时把历史作为一张底牌,当理论陷入困境时,就用历史来解围)。按照这条思路,最初的价值形式——即"简单价值形式"——仿佛应该对应于易货贸易。显而易见,随着交换的扩大,易货贸易就太不方便了。为了便于交易,货币就逐渐发展起来。用当代的话说,这是一种关于节省交易费用的理论,而且肯定是不错的。可是马克思在这里并不想讲这些。

简单价值形式的公式看起来的确很简单:"x 量商品 A = y 量商品 B,或 x 量商品 A 值 y 量商品 B"①。但是马克思立刻写道:等式的两端分别叫作"相对价值形式"和"等价形式",而这是两个不同的范畴。比代十分正确地指出,"x 量商品 A = y 量商品 B"是一个误导性的表述,而"x 量商品 A 值 y 量商品 B"才较好地呈现了马克思的观点,因为前者仿佛是可以颠倒的,后者则强调了等式两端的差别②。当然,"价值形式"这一节根本没有清晰地解释这个差别,否则就不会出现那么多争论了。不过,马克思最后一次同时使用这两个范畴就在相隔不远的第三章,这可以说是他关于这两种价值形式的最后的演示:

> 同相对价值形式本身一样,价格通过下列方式来表现一种商品如一吨铁的价值:一定量的等价物,如一盎司金(按:在《资本论》中,黄金扮演了货币的角色),能直接与铁交换。但决不能反过来说,铁也能直接与金交换。③

在这里,处于相对价值形式的是铁,处于等价形式的是金,而且后者实际上是货币,即一种特别的等价物。因此,这两个范畴的差别在于:处于等价形式的商品可以用来交换处于相对价值形式的商品,但处于相对价值形式的商品不能直接用来交换处于等价形式的商品(这

---

① 《马克思恩格斯文集》第 5 卷,北京:人民出版社,2009 年,第 62 页。
② Jacques Bidet: *Exploring Marx's Capital*, Leiden: Brill, 2007, p. 240.
③ 《马克思恩格斯文集》第 5 卷,北京:人民出版社,2009 年,第 123 页。

第五章 马克思：剩余的复兴

仅仅适用于普通的市场；下一节将表明，整体的经济不能这样来思考）。更直白地讲，我可以拿着货币去市场上随便买什么东西，却不能拿着随便什么东西去市场上强行换成货币——我的商品倘若没有人买，就没法变成货币。换句话说，在普通的市场上，货币至少在经济活动中代表了不可拒绝的"社会权力"①（现代国家关于纸币还有相关的立法，例如《人民币管理条例》第3条），其他商品则没有这个资格。由此看来，马克思之所以从一个不对等的"等式"出发，不外是为了一步步证明等价形式最终会进展到货币形式。货币之所以在其他所有商品面前拥有一种"特权地位"②，是因为相对价值形式与等价形式从一开始就是不对等的。

这一切在今天寻常之极，简直是人类的天赋观念。但也正因为如此，马克思的推导或许是很有意义的，尽管他做得很不友好。简单来说，什么是形式（Form）？诚然，人们很容易感受到货币的"社会权力"：它既可以滋养一切，又可以败坏一切。那么，为什么这个角色的承担者不是别的商品？这个问题仿佛很容易用经验性的方式来回答，例如金银有独特的物理性质，纸币更加方便，信用货币在合适的条件下方便到无以复加，等等。这一切虽然不错，却没有把握"特权地位"的本质：直接地看，任何特权都不是取决于能力，而是取决于法定的地位（这里也应该考虑到惯例、潜规则等），就像无能的世族至少暂时仍然是世族一样。作为货币的金银不只是有能力的金银，而且是有地位的金银。即使出现了一种能力类似的物质，也不能自然而然地夺取相应的地位；只要没有地位，它与金银的差距就是不可逾越的。用唯心主义的表达方式来讲，一种经验性的存在者无论多么符合形式的规定，都不能直接与形式相等同；它必须争取某种社会的或政治的承认。一旦取得了特权，它与类似的存在者就不再类似了，因为它仿佛脱离了经验性的层面。例如，历史上有不少币制改革引起了糟糕的后果，但是民众之所以不会直接拒绝新的货币，当然不是因为害怕统治者（在

---

① 《马克思恩格斯文集》第 5 卷，北京：人民出版社，2009 年，第 156 页。
② 同上书，第 86 页。

绝大多数时候，统治机器并不在场，因而民众是"自律"的），而是因为他们不假思索地相信形式或地位的力量。

此外，比代主张马克思在讨论价值形式时着力阐述了价值在使用价值中的表现①。这样一来，"价值形式"这一节的主题就不是货币形式了，而这与我的观点不同。不过，比代所指出的这个问题——价值如何渗透使用价值——的确十分关键，我将在下一节予以阐述。换句话说，我对这个问题的讨论并不依赖于马克思对价值形式的分析。

三、完善的资本主义生产方式

在我看来（这一点只能通过后面的论述来证明），马克思的政治经济学批判所针对的是高度成熟的，乃至臻于完善的资本主义生产方式——这里的完善当然是从资本的立场来界定的。因此，价值理论所展示的是价值的理念在完善的资本主义生产方式中具有怎样的规定。现实中的资本主义社会既要服从它的规定，又无法做到尽善尽美，只能把它当作黑格尔所说的"无限目的"。由此，我们已经可以从原则上推论出黑格尔的辩证法与共产主义之间的关联了：共产主义必须扬弃那种以为无限目的尚未实现的错觉，或者说必须彻底否定马克思所界定的价值。在这个意义上，虽然马克思并没有思辨哲学的趣味（作为一名渊博的学者，他似乎很喜欢观看，但这是另一回事），但是辩证法对于他的学说是不可或缺的。此外，这还可以立刻排除一种常见的误解，即认为他企图使社会摆脱资本对价值的生产所施加的限制，让价值得以无拘无束地、无穷无尽地被生产出来。这种看法是与辩证法不相容的。马克思在《哥达纲领批判》中也表明，"集体财富的一切源泉都充分涌流"②不过是共产主义的先决条件，而不是共产主义的主要方面。

在分析马克思所给出的价值理论时，我将以完善的资本主义生产方式的三个特征为线索：普遍的可交换性、整个社会的生产以及工人之

---

① Jacques Bidet, *Exploring Marx's Capital*, Leiden: Brill, 2007, pp. 255ff.
② 《马克思恩格斯文集》第3卷，北京：人民出版社，2009年，第436页。

第五章 马克思:剩余的复兴

间和资本家之间的竞争。在阐述这三个特征的过程中,我还将逐步说明人类的社会性在资本主义社会中的存在形式,并把著名的拜物教批判发展为一种贯穿了商品、货币和资本的理论。

(一)普遍的可交换性

普遍的可交换性相当于普遍的商品化。马克思宣称,他的"出发点是劳动产品在现代社会所表现的最简单的社会形式,这就是'商品'"①;这个出发点也许在今天仍然适用。我之所以强调交换,是因为商品的使用价值、交换价值和价值并不是彼此并列的(教条主义特别善于给出一堆并列的概念和观点)。在《资本论》第一章,虽然马克思在一开始极其概括地描述了使用价值和价值,但他重点讨论的显然是交换价值和商品拜物教,而后者的重心也是交换关系。

在资本主义时代,交换的普遍性是很直观的:几乎任何东西都可以相互交换,主体的活动空间也不例外。马克思本人已经大量谈到了工人在全球的迁移,而我们的时代又给迁移问题添加了一个新的因素,那就是环境和生态的恶化。19世纪的工人会为了新大陆的财富而离开家乡,今天的公民则会为了健康而放弃大都市的财富。在无边无际的商品世界中,唯一的例外似乎就是不断流逝的时间(当然,在某种意义上,时间可以同它本身相交换:同一段时间要么吃饭,要么睡觉,等等——这在当代叫作机会成本)。在一部非常精妙的科幻小说中,一个人对主角说,有一种办法可以用以后的时间来交换现在的时间,例如让现在多出一天,以便做完堆积如山的工作,同时从老年的岁月中扣除一天。讽刺的是,主角在家里反复考虑这笔交易是否划算,从而花掉了许多无可挽回的时间。这部小说到这里就结束了,因为它已经不需要画蛇添足地让主角做一个决定了。在马克思的政治经济学批判中,时间的不可交换性是非常根本的。不过,这里要暂时撇开这一点。

显而易见,在比较发达的资本主义社会中,生产者一般会卖掉自己的全部产品,并买入自己需要的东西。用马克思的话说,"在交换已

---

① 《马克思恩格斯全集》第19卷,北京:人民出版社,1963年,第412页。

经十分广泛和十分重要的时候……有用物是为了交换而生产的"①。于是,生产者自己需要的东西是别人为他生产的,而他卖出去的要满足他人的需要。换句话说,他和他人所生产的商品都必须具有使用价值,并分别满足对方的需要。表面上,这就是使用价值的全部经济意义。至于各种商品的具体用途,显然不是一个经济学问题。不少学者都是这样来解释马克思的使用价值概念的。事实上,同样的观点完全可以适用于斯密:不同的生产者只有通过满足他人的需要,才能使自己得到满足,所以自利与共同的福利是一体两面的(它们的中介是"看不见的手",即市场)。然而,似乎很少有人发现,虽然斯密的这番论述大概是他最有名的学说,而且给新自由主义意识形态提供了后盾(斯密其实是公共福利的支持者,这一点遭到了系统性的忽视),但是马克思的《剩余价值理论》根本没有予以谈论。马克思的确深受斯密的影响,却丝毫不关心通常所说的斯密的主要思想。我们又一次看到,马克思的焦点并不在市场上。

倘若商品是为了交换而生产的,它的使用价值就是为了潜在的消费者而存在的,而不是为了生产者自己而存在的。用马克思的话说,现代的生产者"不仅要生产使用价值,而且要为别人生产使用价值,即生产社会的使用价值"②。可是在生产过程中,商品肯定还不在消费者手上,而在生产者手上;它还不在需要自己的主人手上,而在不需要自己的主人手上。换句话说,在交换之前,"一切商品对它们的占有者是非使用价值,对它们的非占有者是使用价值。因此,商品必须全面转手"③。这里的第一句话可以用黑格尔的表达方式来改写:一切商品对它们的占有者(生产者)而言是自在的使用价值,即对他人而言的使用价值;而对它们的非占有者(潜在的消费者)而言是自为的使用价值,即对消费者自己而言的使用价值。从"自在"到"自为"必须经历一个过程,或者说生产者在根本上不可能预先知道自己的产品

---

① 《马克思恩格斯文集》第5卷,北京:人民出版社,2009年,第90页。
② 同上书,第54页。
③ 同上书,第104页。

对他人来说具有怎样的使用价值。他无论如何敏锐、如何进行市场调查、如何利用广告等手段，都无法克服自己与潜在的消费者之间的脱节和陌生。简言之，生产者必须假设自己的消费者，而这当然是有可能失败的。

如果考虑到边际效用的话，那么产量同样是一种假设。例如，食堂或许很清楚需要给工人提供怎样的米饭，因而在这个方面基本排除了陌生；可是供应量仍然是一个问题。用当代的话说，生产者肯定必须关心一定量的商品对消费者而言有多少边际效用。于是，这里可以重复上面的思路：一定的产量对商品的占有者（生产者）而言是自在的产量，即对他人而言的产量；而对它们的非占有者（潜在的消费者）而言是自为的产量，即对消费者自己而言的产量。从根本上讲，生产者无法提前确定恰当的产量，所以产量也是按照生产者所假设的消费者来决定的。

这里出现了一个不容取消的时间差，即生产与消费之间的间隔。在生产中，生产者把一系列自在的使用价值放进了一定量的商品，而一旦消费成功地发生了，自在的使用价值就成了自为的使用价值，否则就会落空。用马克思的话说，生产商品的"劳动对别人是否有用，它的产品是否能够满足别人的需要，只有在商品交换中才能得到证明"①，而实际的交换和消费只有在生产之后才能发生。反过来讲，生产者在一开始"是像浮士德那样想的：起初是行动。因此他们还没有想就已经做起来了"②。就现代的社会生产而言，这种无思想性当然不是一种错误，而是一种无可避免的必然性。这一切可以用图 5-1 来阐明③。

这个时间差决不是单纯的理论，而是一部分生产者的日常经验（后面将表明，资本家对工人的一种至关重要的压迫就是把工人从这种经验中排斥出去）。例如，设计师有时自嘲说，品味太高也不好，因为

---

① 《马克思恩格斯文集》第 5 卷，北京：人民出版社，2009 年，第 105 页。
② 同上。
③ 这张图的形式参考了拉康的一张原本与马克思的价值概念毫无关系的图，并按照我的同学曹伟嘉的建议做了一些修改。

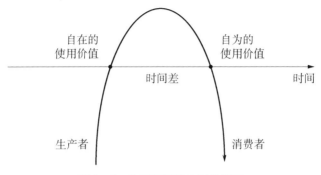

图 5-1　生产与消费之间的间隔

很多客户反而不满意，会提出一堆修改要求（例如，极简主义的设计在一些人看来简直是消极怠工）；结果，设计师要么给客户上课，要么加班工作，把作品按照要求改得"平易近人"一些。这种情况也可以颠倒过来：苹果公司的传奇恰好植根于设计师的高傲。他们据说不太倚重市场调查，也很少理会消费者的反应，而是强迫消费者接受他们的想法，虽然未必能取得成功——他们实际上相当于前一章所说的狂人。此外，从这个角度看，《1844 年经济学哲学手稿》中已经出现了类似的思想，尽管表述方式完全不同：

> 如果你在恋爱，但没有引起对方的爱，也就是说，如果你的爱作为爱没有使对方产生相应的爱，如果你作为恋爱者通过你的生命表现没有使你成为被爱的人，那么你的爱就是无力的，就是不幸。①

恋爱的一方同样必须预先假设另一方的需要。对浪漫主义而言，把恋爱与生产放到一起来考察大概是不可容忍的，仿佛两者有天壤之别。这恰好是因为浪漫主义自己仅仅以庸俗的眼光来看待生产（这里还隐含了一个语言上的暗示：生产包括了人本身的生产，而浪漫主义总是极力回避这一点，把目光集中在未曾生育或暂时不生育的女性身上，

---

① 〔德〕马克思：《1844 年经济学哲学手稿》，北京：人民出版社，2000 年，第 146 页。

第五章　马克思：剩余的复兴

而她们的"生产"活动通常意味着她们的贬值）。更确切地说，它只有把生产等活动仅仅看作一种机械的过程，才能想象自己是有灵魂的；借用卡尔·施密特的说法，它只有通过某种敌人的形象才能建立自己的形象。

总而言之，普遍的可交换性意味着不同的主体（他们轮番扮演了生产者和消费者的角色）在根本上是有距离的、脱节的、相互陌生的。进而，在苹果等公司那里的确出现了突破性的行动，而这显著地改变了一些行业和一部分社会生活的实际处境。例如，关于手持设备乃至可穿戴设备对生活方式的冲击，目前似乎还只有一大堆意见，而这意味着相关的转变还没有完结。可见，普遍的可交换性包含了剩余的原则，而且这一切在社会生活中并不隐蔽。这种理解同哈特和奈格里的学说是相容的。在他们那里，生产者彼此之间的差异对于生命政治劳动或共同的创造是不可或缺的，例如严格来讲，交往的或情感的活动决不可能出现在一个同质的群体中间。然而，许多学者也许正是由于忽略了这种剩余，才把马克思所展示的资本主义生产方式（或随便什么物质利益问题）单纯理解为机械的、动物性的东西，并主张人的社会性只能位于生产之外，或者"高于"生产。尽管马克思总是把生产（包括交换和消费）看作一种社会过程，但这一点有时并没有得到足够严肃的对待。

不过，倘若产品不是为了交换而生产的，上述时间差就未必存在了，因为生产者不用预先假设消费者的需要。在这里，使用价值单纯是一种客观的、技术性的知识，而不会采取自在的和自为的形式。在现实中，这样的社会大体上相当于所谓的自然经济：经济主体相互之间比较熟悉（这只是就各自的需要而言的，与费孝通所说的"熟人社会"有很大距离），或者说并没有分隔成不同的特殊范围，商品交换也是边缘性的。在一篇怀旧的英国散文中，一个人去找他熟识的鞋匠修鞋，但他当时碰巧穿了一双工厂生产的皮鞋。鞋匠稍微瞥了两眼，就准确地指出了那双皮鞋在哪几处不太合脚。这种故事往往有一些吸引力，但在一个毫不陌生的世界中，生产的社会性恰好是很难存在的（这似乎可以解释为什么物质生产在陈旧的观念中地位不高；愚昧的意识形态家向来只会重复这些观念，却对现代生产一无所知）。同样，20世纪共产主义国家的计划经济或指令经济或多或少也符合这种情况。例如在中国，由于大部分衣服注定都是类似的，所以它们的使用价值甚至在生产开始之前就具备了客观性，或者说人们在衣着问题上肯定是彼此熟悉的。

然而，普遍的可交换性也没有贯彻剩余的原则，而是同时产生了一种统一的、总体的倾向，因为资本主义生产方式在这里也发明了一种贯穿所有经济主体的客观性，那就是马克思所说的价值。这里暂且不用考虑价值从何而来或如何运作，或者说不用区分价值与价格，只需要确认一点：人们不假思索地相信商品应该有价值、有价格，而且价值或价格具有客观标准——客观的价值仿佛是商品的"天然的社会属性"[1]。用最直白的话说，这里的客观性无非意味着商品对应于一定量的公认的货币。这样一来，生产者就不仅要假设潜在的消费者的需要，并由此给商品注入使用价值，而且要给自己的假设贴上一个现实的价格标签；他的假设能否得到肯定也就相当于消费者是否会买账（顺带一提，《资本论》第二卷第五章所讨论的流通时间在这里也很重要：同一批商品在一周内卖完与在三周内卖完显然会导致不同的货币周转速度，所以生产者还需要让消费者在一定期限内买账）。由此造成的错乱是经常可以看到的：生产者本来是按照某种消费者的形象来生产商品的，但是实际的消费者根本不需要理会这一点，只需要支付商品的价格——社会性被价值压倒了（艺术作品的收藏或许是一个突出的例子）。况且，上一节说过，消费者所支付的货币按照法律是不可拒绝的。前面提到，比代把这一点表述为价值在使用价值中的表现。这一切只有在广泛的交换中才会出现，因为倘若交换只是零星发生的，价格标签的存在感就太低了。

这样一种"社会生活的自然形式的固定性"[2]始终是马克思批判的对象，但在目前的层面上，它的表现是商品拜物教：对资本主义生产方

---

[1] 《马克思恩格斯文集》第5卷，北京：人民出版社，2009年，第89页。
[2] 同上书，第93页。

式和非批判的经济学来说，商品自己仿佛懂得开口说话，它的发声器官是价格标签，它的语言是伯克所说的"税务官的数学和算学"。对消费者的假设和随之而来的社会性虽然在生产中是必不可少的，而且至少是一部分生产者可以经验到的，却没有直接的表现。有一种遗忘的机制在这里无情地运作：只要能买账，就不用计较别的。当然，被压抑的真理必定会以别的方式显现出来，不过从严格的理论角度看，商品拜物教的概念还不足以触及这一点；马克思还只是阐述了一种错乱或扭曲，而没有分析这种扭曲的社会后果。同时，这还表明商品拜物教并不是一种无知或欺骗。许多人都能体会到这种扭曲，却又无法摆脱，因为它是一种社会的必然性。严格地从马克思的文本来看，商品拜物教（以及货币拜物教和资本拜物教）从来没有被归入意识形态——这一点很容易被忽视——因为它根本不属于上层建筑，而是规定了一种不可违背的生产关系①。在资本主义社会中，单纯运用头脑来消灭某种意识形态的影响是可能的（例如，脱离某个无趣的共同体虽然可能会造成一些损失，但是一般并不致命，而且说不定会带来很多好处），而包括拜物教在内的生产方式是不可能只用头脑来消灭的。更一般地讲，尽管马克思的政治经济学批判经常反驳资产阶级意识形态，但它的首要任务并不是以启蒙主义的姿态来揭示上层建筑的漏洞，而是分析资本主义生产方式如何必然会造成某些幻觉和对抗。

（二）整个社会的生产

按照《德意志意识形态》，"人们生产自己的生活资料，同时间接地生产着自己的物质生活本身"②——在与青年黑格尔主义者较量时，这句话也许代表了一种独特的立场；但是今天的许多人都不难感受到，人类社会无非是人类用自己的力量在自然和历史的基础上生产出来的。表面看来，这个观点已经在一定程度上深入日常意识了。不过，按照前面所说的拜物教的逻辑，即使人们或多或少经验到了真理，资本主义社会也有可能驱使人们服从另一种"必然性"。同时，一个过往的社

---

① Slavoj Žižek, *Living in the End Times*, London: Verso, 2010, p. 186.
② 《马克思恩格斯文集》第 1 卷，北京：人民出版社，2009 年，第 519 页。

会在它自己眼中完全有可能不是人的产物——用黑格尔的话说,这个社会的自在的规定(即对我们而言的规定)不同于自为的规定(即对它自身而言的规定)。那么,一个社会(无论怎么称呼)如果不是生产出来的,又是如何存在的?资本主义社会在这个问题上是否包含了另一种拜物教?关于前一个问题,这里可以举出三种基本形式,其中最重要的是第三种。

其一,社会之所以存在,主要是因为人们服从一定的统治者或教义、惯例等,而这些权威大体上与生产没有本质性的关联,或者说生产是边缘性的。在这里,权威一旦遭到违抗,就会造成不良影响,所以必须尽量消灭或驱赶拒绝服从的人。但这一点实际上也可以颠倒过来:一旦出现了糟糕的现象(包括自然灾害等),人们往往就倾向于把它归咎于对权威的破坏。正如休谟所说,随便什么时间上的相继关系都可以被当成因果关系。由于权威极有可能根本没有能力解决重大的社会问题(比如前资本主义社会的人口过剩),甚至有可能反过来加剧这些问题,所以在这样的社会自身看来,总是有人企图违背权威。这样的意识形态在历史上当然不胜枚举。例如,按照《旧约》,古犹太人的王国之所以在所罗门之后就长期衰落,主要是因为国王不敬神;倘若碰巧有一名国王还不错,那就是因为他的父亲或母亲不敬神。

其二,社会的存续有赖于自然的恩惠,而人的活动不过是辅助性的,甚至显得无能为力。这种观点显然是传统农业的标志。例如,按照《法哲学原理》,当时的农业等级的人

> 以直接的感觉接纳所给予的和所受领的东西,他们感谢神的这种恩赐,并在虔诚信仰中生活着,相信这种好事会源源而来。他所得到的,对他已是足够的了,他消费了之后,又来了更多的东西……自然界所提供的是主要的,而本身的勤劳相反地是次要的。①

---

① 〔德〕黑格尔:《法哲学原理》,范扬、张企泰译,北京:商务印书馆,1961年,§203Z,第213页。

不过，作为重农主义的代表，魁奈的看法却要含混得多。他在《政治经济学》中用了大量篇幅来讨论耕种技术，并认为很多农民对这些技术太不了解。他大概没有想到，技术最终不仅改变了农业本身的形式，而且取消了农业的基础地位。到了今天，人们只有在幻想世界末日时（或者在股市暴跌时）才能体会到人类的无力，而一旦从幻想中走出来，就会近乎无意识地使用电器、自来水等。在这个问题上，愚昧的意识形态惯于宣称，人类只要不再畏惧自然界，就会陷入无止境的狂妄，仿佛在这两种极端情况之外没有别的可能性一样。当然，这通常并不是因为意识形态家不懂得基本的逻辑，而是因为令人畏惧的自然界很适合被当作统治者的隐喻（第二章第一节讨论过这一点）。顺带一提，海德格尔虽然没有电视，却会到邻居家里观看贝肯鲍尔的球赛。

其三，维持社会的是某些公认的代表财富的物品，如货币（包括过去的金银）、粮食、人口等。这种情况可以说是隐含在经济学自身中的一种根本性的扭曲。在色诺芬和亚里士多德那里，经济学不过是家政学，即持家理财的技艺。即使把这里的家庭扩大为国家，也不会从根本上改变它的主题：它关注的是一个特殊范围的贫富状况，而不是整体的经济，或者说它并不考察不同的特殊范围之间的关系。例如，色诺芬也议论过雅典的收入，特别看重开采白银，而这意味着雅典必须依赖于外部的经济体，尽管色诺芬并不关心后者。对一个家庭而言，如果它所处的社会拥有比较有效的市场，贮藏货币就经常被看作扩大财富的手段，因为只要一家之主不是阿巴贡，货币似乎就可以在需要时被用来购买别的商品（前一小节已经讨论了货币的这种特权）。如果市场不够发达，这个家庭就可以考虑储存粮食或繁殖人口。当一个粮仓充实的家庭要修建房屋却缺少人手时，它似乎很容易找到更多的工人；一个人口众多的家庭则拥有较强的劳动力，而且在婚姻"市场"上有较多的筹码（这当然关系到特定的意识形态）。在通常的条件下，这一切看起来并没有问题。

于是，许多人按照同样的逻辑来指责道德败坏的富人或统治者，认为他们的某些消费（比如艺术作品的创作和交易）浪费了太多钱财，而这些钱财据说原本可以用来让穷人得到温饱等。家政学的思考方式在这里最清晰地暴露出了它的根本缺陷：货币与艺术作品的交换同任何人的吃饭穿衣根本没有直接联系。货币等物品在市场上的权力在根本上并不能决定具体的生产部门所拥有的能力和潜力。如果整个社会的粮食产量只能满足一半人的需要，使另一半人沦为过剩人口（例如，土地的开垦十分缓慢，单位面积的产量也接近了技术上的极限），那么富人和统治者无论是否进行艺术作品的创作和交易、是否研究天文学或大兴土木，都无法直接改变粮食生产的状况。显然，开采或掠夺金银也是毫无用处的。同样，不论一个家庭拥有多少粮食或随便什么东西，当家长得了不治之症时，它也找不到能治病的医生，或者说这个社会生产不出这样的医生。后一个例子也许更加浅显，但它与前一个例子是一回事：没有任何东西可以买到无法生产出来的产品。只有在一个生产部门还拥有一定潜力的情况下，投入货币等代表财富的物品才是有用的[①]。康德有一个著名的论断：头脑中的一百个塔勒比不上"一百个现实的塔勒"[②]；他大概没有发现，现实的塔勒也未必能买到红酒和面包，除非相关的生产可以成功地进行。

简言之，在家政学眼中，财富可以由特定的物品（尤其是货币）来代表，这种物品的特权是与其他物品相交换，因而其他物品仿佛是现成的对象——至于具体的生产部门拥有怎样的能力和潜力，则极有可能被忽略。由此，整个社会中的诸多生产部门各自的状况和相互关系就表现为一种可以由货币等财富的代表来支配的现成性，仿佛货币在经济活动中的权力永远是不可抗拒的，生产者的力量（例如粮食的产量）则永远可以服从货币的命令。在一定程度上，较小的经济体的确只能相信货币的权力，例如一些产油国只能指望石油可以在世界市场上变成各种东西，就像现代家庭也必须依赖于市场一样。然而，上面的例子表明，社会生产的整体是由诸多具体的生产部门所构成的，因而生产者必定要以多种不同的形式来发挥自己的力量，并形成错综

[①] 在当代经济学中，这个问题是通过角点解（corner solution）的概念来思考的。
[②] 〔德〕康德：《康德著作全集》第 3 卷，李秋零编，北京：中国人民大学出版社，2004 年，B 627，第 392 页。

复杂的关系（例如，煤炭行业与钢铁行业的关系显然不同于两者与医护行业的关系）。这个整体是一种分散的、不连贯的、脱节的网络，它在结构上是与货币的普遍权力不相容的，只不过人们在通常的条件下不容易发现这一点，因而有可能把生产出来的东西仅仅当作现成的、可以买到的东西。

这一切意味着在经济问题上，相当一部分传统的道德和智慧都是很浅薄的，都是沙威式的愚昧的正义。这种浅薄在当代有一种可笑的人道主义形式，即主张某些研究和试验毫无用处（比如航天和哲学），应该把资金转移到关于衣食住行的工作中去。假如只要节省一笔航天经费，就可以多生产一些棉花，那么棉花的生产仿佛就是随着货币的投入而增加的；既然如此，国家为什么不干脆给棉花产业多印刷一些货币呢？不少人虽然知道单纯印刷货币是毫无用处的，却不理解其中的思想。此外，这里的论述也体现了第一章第一节所说的一个基本观点：我并不是在生产之外以伦理、文化等方式来"节制"货币的社会权力，而是在生产内部证明这种权力的虚假性和剩余原则的适用性。庸俗的道德主义总是说，金钱买不到无价之宝——仿佛它必定可以买到有价值的东西一样。

价值的理念在先前讨论普遍的可交换性时仅仅表现为单个商品的价格标签，现在则表现为货币在经济活动中的普遍权力（这种权力当然必须以价格标签为前提），而这也可以说是家政学的幽灵。由于这种权力在结构上无法与社会生产的实际运行保持一致，所以无数商品的市场价格与它们的生产状况之间也会出现不可消除的张力。只要产品被看作现成的、可以买到的对象，它们的价格在一定限度内就可以不受生产状况的约束；但用前面的例子来说，如果一个社会人口过多，粮食产量又难以提高，那么市场价格不论如何反应，都是没法使社会摆脱困境的，而这反映了实际的生产状况。因此，价值在价格中的表现（它只能以这种形式来表现[①]）与创造价值的生产过程看起来是相互分离的，而这正是所谓的价格与价值的分离。按照我的思路，对这种

[①]《马克思恩格斯文集》第5卷，北京：人民出版社，2009年，第114页。

状况的解释并不需要借助劳动时间、价值实体等范畴（后面会分析社会必要劳动时间），而应该立足于货币所拥有的一种"自然而然"的权力。

马克思把这种家政学的幽灵称作货币拜物教：仿佛金银"一从地底下出来，就是一切人类劳动的直接化身"①，因而可以转换成任何产品，不用过问生产过程。我们到这里就可以发现，虽然如今的许多人都认为人类社会出自人自身的力量，但这种想法往往是相当含混的。人们肯定会把阿巴贡当作一名小丑，却未必能在理论中认识到社会生产的整体表现为一种分散的网络，因而未必能看到生产者的力量本身并不服从货币的命令。在实践中，人们经常也无法抵抗货币拜物教所规定的"必然性"。第三章已经谈论过《资本论》对这种情况的描述：在发生货币危机时（例如，债务链的断裂有时会造成可怕的连锁反应），资本家就"在世界市场上到处叫嚷：只有货币才是商品！他们的灵魂渴求货币这唯一的财富，就像鹿渴求清水一样"②。更确切地说，他们迫切需要的是强势的货币或艺术作品、房地产等可以保值的商品。一个人即使完全明白这对社会生产并没有帮助，也要想方设法以同样的方式来行动，否则就会遭受损失。

如今，货币拜物教已经发展到了悖论的程度。例如，一些庸俗的意识形态极力强调前面所说的对自然界的依赖，结果在一些人迹罕至的或现代化程度较低的地方就出现了异常兴盛的旅游业。在这里，不仅当地肯定出现了各种相关的生产活动，而且意识形态家实际上也参与了这种生产，因为一般而言，旅游业所包含的使用价值——让游客度过一段不管怎样的时光——决不能排除关于当地的各种观念和想象。至于这些观念和想象的制造者和传播者是否因此而得到了报酬，那是另一个问题。于是，对自然界的依赖（或某种依赖的感受）同样成了一种价值，或者说被资本主义生产方式内化了。更一般地讲，任何怀旧的东西都有可能作为价值重新出现，只要它能找到生产者。

---

① 《马克思恩格斯文集》第 5 卷，北京：人民出版社，2009 年，第 112 页。
② 同上书，第 162 页。

（三）主导生产过程的能力

完善的资本主义生产方式的前两个特征都包含了客观的原则与剩余的原则之间的分裂（这里的客观性指的是价值，而不是生产技术）。在现实中，这种分裂一般表现为一种基本的分工，即工人与资本家的分工。资本家必须同时关心两种原则，工人则往往被客观的原则所束缚。例如，工人在生产时也许根本不会去假设消费者的需要，因为资本家代替他做了这项工作，甚至很可能根本不允许他自己做这项工作。于是，产品在工人手中就单纯表现为即将获得价格标签的物品了。就整个社会的生产而言，由于各个生产部门的运行和相互关系是由资本家组织和控制的，所以工人很有可能并不十分关心自己为自己和他人生产出了怎样的生活形式，反倒更加关心自己在生产过程之外的生活，例如休假和退休。他或许会觉得计划出游或退休后到舒适的地方居住才是更有意义的，而这有赖于平时的理财和退休金。于是，他至少在实践中并不相信人类社会出自人类自己的力量，而是自觉不自觉地相信货币可以买到自己真正想要的一切，往往还会密切关注理财产品的回报率、退休金的实际购买力等。这或许看上去很自然，实际上反映了工人与社会生产的疏远。

必须说明的是，这种分工并不是一种社会性，反而压制了一部分人的社会性。如前所述，不同的特殊范围之间的分隔出现在生产者与消费者之间，也出现在无数生产部门之间，但是工人和资本家不能被看作两个社会性的特殊范围（这里当然只考虑他们的阶级地位，不考虑这些个人的其他方面）。第四章第一节提到，工人对自身的不认同是很常见的，而且是资本主义社会的一种系统性的产物。第二章第二节也说过，工人拥有用来劳动的手、用来消费的胃、用来听从意识形态的眼睛和耳朵，资本家则垄断了头脑的角色——但这些"器官"之间的斗争与妥协不外乎是理性调节的对象，而不是社会领域中的特殊范围之间的交错和碰撞。例如，工人会要求提高工资、减少工作时间，资本家也有可能（被迫）提供年资奖励、岗位培训等，而这些都是客观知识，与剩余的原则（假设消费者的需要、控制和组织整个社会的生产）毫无关系。倘若工人运动仅仅聚焦于这些主题，他们的社会性或许就始终得不到发展。

在马克思那里,工人与资本家的分工被表述为体力劳动与脑力劳动的分工,因为在当时最先进的机器工业中,工人大体上只从事体力劳动,脑力劳动则是资本家的专利。用《资本论》的话说,"正如在自然机体中头和手组成一体一样,劳动过程把脑力劳动和体力劳动结合在一起了。后来它们分离开来,直到处于敌对的对立状态"①。可见,马克思之所以多次强调必须消灭这种基本的分工,是因为它会在生产中把工人压制在非常被动的地位,或者用第一章开头的话说,它是资本主义社会生产"死人"的重要手段。不过,马克思的表述方式隐含了对工人的一种保留态度,因为长期从事单纯的体力劳动的人是不太容易学会脑力劳动的。如果工人的主流状况是"个人奴隶般地服从分工"②,他们的解放也许就会变得相当困难。这种保留态度在许多地方都能看到。例如,恩格斯在《家庭、私有制和国家的起源》中并没有对当前的男性和女性抱有幻想:

> 我们现在关于资本主义生产行将消灭以后的两性关系的秩序所能推想的,主要是否定性质的,大都限于将要消失的东西。但是,取而代之的将是什么呢?这要在新的一代成长起来的时候才能确定。③

用《安娜·卡列尼娜》的例子来说,列文是一名勤劳正直的地主,深受佃农的尊敬(托尔斯泰本人就是如此)。可是他又是世族弟子,进入了当地的地方自治会——不过,由于厌恶乡绅的腐败,他愤然退出了地方自治会——而佃农根本没有资格参与政治;他还在追求一名世族少女,过程十分坎坷,而佃农表示很不理解,觉得结婚生子应该很简单。此外,列文还是全俄溜冰冠军。在这里,消灭体力劳动与脑力劳动的分工无非意味着佃农应该有能力、有资格与列文一样。但这显

---

① 《马克思恩格斯文集》第 5 卷,北京:人民出版社,2009 年,第 582 页。
② 《马克思恩格斯文集》第 3 卷,北京:人民出版社,2009 年,第 435 页。
③ 《马克思恩格斯文集》第 4 卷,北京:人民出版社,2009 年,第 96 页。

然极其困难,因为托尔斯泰本人最后就是怀着绝望离家出走并去世的。

这种态度在当时多半是切合实际的,但是目前的状况肯定已经非常不同了。当大量工人已经不再受制于体力劳动,而是有了智力的训练和运用智力的习惯时,他们或许就有能力亲自假设消费者的需要,并控制和组织诸多部门的乃至整个社会的生产——我把这两个方面合称为主导生产过程的能力。前面说过,《共同世界》把生命政治劳动描述为"智力的、科学的、交往的、情感的活动",而这与上述两个方面是完全一致的(例如,教师有必要在准备授课时设想学生的形象,也有必要在讲课的过程中发挥引导的作用,并与别的社会组织合作来促进教育)。同时,资本家的地位有可能遭到冲击,或者说工人有可能取代资本家在生产过程中的角色。这样一来,工人自己就可以同时顾及客观的原则和剩余的原则了。按照当代都市文化的设想,这是一种普遍的企业家精神,与曾经流行的企业家的神话(杰克·韦尔奇、松下幸之助等)不同。哈特和奈格里也十分推崇这种"由下层驱动的""共同的企业家精神"①。事实上,"工人自治"运动长期以来就致力于让工人主导生产,而奈格里正是其中的一位重要人物。然而,这一切似乎是与价值并行不悖的:即使工人确实主导了共同的生产过程,商品或许也仍然拥有价格标签,在市场上买东西大概也还是天经地义的。前面已经谈论了这背后的扭曲,但还没有阐明这种扭曲的最终后果。

在马克思的哲学中,这一切意味着"人的全面发展"——即消除分工对人的禁锢——并不能充分概括他所设想的共产主义。事实上,马克思在《资本论》中明确承认,全面发展的观点来自空想社会主义:

> 正如我们在罗伯特·欧文那里可以详细看到的那样……未来教育对所有已满一定年龄的儿童来说,就是生产劳动同智育和体育相结合,它不仅是提高社会生产的一种方法,而且是造就全面发展的人的唯一方法。②

---

① Michael Hardt and Antonio Negri: *Commonwealth*, Cambridge, M. A.: The Belknap Press, 2009, pp. 297, 306
② 《马克思恩格斯文集》第 5 卷,北京:人民出版社,2009 年,第 556~557 页。

于是，马克思的政治经济学批判仿佛完全分享了空想社会主义的目标，同时在资本主义社会的现实中详细论证了这种目标的可能性和必要性。照此看来，马克思与其说是普列汉诺夫所说的长着大胡子的斯宾诺莎，不如说是长着大胡子的欧文。但在我看来，马克思的政治经济学批判还需要再前进一步，或者不如说后退一步：必须彻底否定价值的理念。那么，价值的生产到底会进一步导致何种深远的社会影响？

（四）工人之间和资本家之间的竞争

到这里，摆在面前的就是价值理论最遭人诟病的观点：决定价值的是社会必要劳动时间，即"在现有的社会正常的生产条件下，在社会平均的劳动熟练程度和劳动强度下制造某种使用价值所需要的劳动时间"[①]。表面上，最简单的概念分析就足以揭示出这个表述的界限了：它明确提到了"正常"和"平均"，但是至少有一些劳动同"正常"和"平均"毫无关系。例如，写一本哲学书所花的时间无疑没有任何"正常"的尺度，一般的出版工作则相反。于是，《精神现象学》的最后一部分是在出版商的催促下匆匆完成的（更现实地讲，黑格尔之所以会屈服于出版商，还是因为他当时过于拮据）。进一步讲，同一种劳动完全有可能在不同的场合下与社会必要劳动时间的概念产生不同的关联。例如，倘若我要买一只现场制作的蛋糕，一般的师傅就需要在半天内完成；但若我自己作为业余人士想要亲手做一只蛋糕送给别人，所花的时间就不具有很强的经济属性（当然，总的休假时间不可能与经济因素完全分离）。用本章第一节的话说，"懒人"在工作之外的劳动极有可能与社会必要劳动时间无关。

因此，虽然在资本主义社会中，一切劳动产品都可以标上价格，但是社会必要劳动时间仿佛并不适用于所有商品。不过，这里还有进一步颠倒的可能性：由于人们觉察到了少数商品并不具有社会必要劳动时间，所以仿佛一种商品只要装作没有社会必要劳动时间，就会显得十分珍贵。这显然在奢侈品行业相当常见。例如，许多手工制品的质量未必能胜过机器制品，只不过所用的劳动时间太长，所以仿佛突然

[①]《马克思恩格斯文集》第5卷，北京：人民出版社，2009年，第52页。

就跳出了社会必要劳动时间这个概念的约束,变成了一种不同寻常的商品。在统计工作中,与总体趋势偏差过大的异常值是难免的;但在这里,异常的劳动时间和价格是刻意操纵的结果。马克思在一定程度上预见到了这种情况:在他看来,某些"较高级的劳动"之所以显得高级,不过是"基于早就不现实的、只是作为传统惯例而存在的区别"①。

在这个背景下,解放就意味着使越来越多的劳动挣脱"正常"和"平均"的束缚。如前所述,哈特和奈格里所阐发的生命政治劳动明确包含了这个层面,因为它是一种共同的创造,是一种涉及诸多参与者的难以预料的过程。更确切地说,脱离"正常"和"平均"意味着脱离可计算性:对于任何一种实际的劳动,它的生产条件、劳动熟练程度和劳动强度只要大体上是可以计算、可以估计的,就仍然要参与正常水平和平均水平的形成过程,或者说仍然是统计的对象。但随着资本主义社会的发展(以至于后工业社会的出现),不可计算的劳动占据了越来越大的份额,"懒人"也越来越多,因而社会必要劳动时间的适用性就越来越弱了。当然,我们好像可以把这当作解放的一个标志。

这里隐含了一种讽刺。第一章第三节提到,《共产党宣言》以近乎赞美的方式描绘了资本主义生产方式所带来的突破和变革(单独来看,"一切神圣的东西都被亵渎了"似乎带有贬义;但在我看来,这句话在上下文中肯定表达了一种推崇的态度)。我在那里还说明了实际处境的转变至少是不能借助微积分来计算的,并由此阐述了边际分析的局限。假如社会必要劳动时间只有在风平浪静的时期才能起到某种计量尺度的作用,而这样的时期在资本主义社会中几乎是一种非常现象,那么这个概念不仅用处不大,而且根本没有体现马克思和恩格斯早年的一个原创性的观点——这里仿佛出现了思想的退化。继承《共产党宣言》的看来不是马克思自己,而是熊彼特,后者在《经济发展理论》中强调了创新在现代生产中的核心地位。哈特和奈格里也对熊彼特相当欣赏②。

---

① 《马克思恩格斯文集》第 5 卷,北京:人民出版社,2009 年,第 230 页。
② Michael Hardt and Antonio Negri: *Commonwealth*, Cambridge, M. A.: The Belknap Press, 2009, pp. 296ff.

但无论如何，更加老旧、更加"正统"的观点在这里是无力抵抗的。按照这种观点，社会必要劳动时间的概念旨在解释市场的均衡价格，其中的"正常"和"平均"代表了一系列与均衡条件相适应的基准，所有实际的生产条件、劳动强度和劳动熟练程度则是这个基准与某个乘数的积——这一切是由可计算性支配的。但是一方面，前面已经说明了作为理念的价值并不是为了价格理论而存在的，马克思对价格理论也没有多少兴趣；另一方面，当代经济学早已表明，均衡价格包含了太多别的因素，而社会必要劳动时间的概念是完全不够的。这种"正统"的观点仅仅隐含了一条有意义的线索：均衡价格是在竞争的环境下达到的。即使把价格理论放在一边，竞争也是一种引人注目的现象。与第一章第二节所讨论的前资本主义社会的生存斗争不同，资本主义社会成功地把竞争变成了自身活力的重要来源，把一种原本容易造成社会混乱的东西变成了一股积极的力量。接下来我将证明，社会必要劳动时间的概念同工人之间和资本家之间的竞争密切相关，而价值的理念在这里最终造成了对社会性的彻底压制。由于需要分别论述工人和资本家内部的竞争，所以我暂且仍然以两者的分工为前提，并在后面回到普遍的企业家精神的问题。

社会必要劳动时间的概念包含了四个变量："正常的生产条件"、"平均的劳动熟练程度和劳动强度"（即平均的劳动效率）、"某种使用价值"以及"劳动时间"。我先从劳动时间开始。前面说过，时间是唯一无法被资本主义生产丢进交换过程的东西。当然，劳动时间与闲暇时间仍然是可以"交换"、可以取舍的。可是闲暇对工人来说似乎是一种奢侈品，因为第一节说过，被剥削意味着受到强有力的威胁和控制；在极端情况下，工人的休息时间有可能被挤压到生理上的最低限度，而且从全球资本主义的角度看，这一点至今也没有过时。为了简便起见，这里假定劳动时间是每个工人所拥有的唯一一种无法交换的东西。换句话说，我所拥有的其他一切都有可能离我而去，只有不断流逝的劳动时间是完全为我所有的——在根本上，我就是我的劳动时间。这一点在今天的都市中表现得尤为明显：许多工人的工作并不稳定，甚至连所处的行业也会改变，因而工作的内容已经变得相当偶然了。

劳动时间的这种关键地位具有非同寻常的后果。它既然是我唯一可以付出、可以牺牲的东西，就同时变成了我在对他人提出要求、提出期望时所能凭借的唯一的筹码。如果一名工人每周工作 40 个小时所生产的商品只能换到另一名工人每周工作 20 个小时所生产的商品，前者就会产生一种不可抑制的反应：这不公平！巧合的是，fairness 正是奥巴马总统的关键词之一。这种反应当然很有可能缺乏思想，但是公平的观念似乎的确对工人有强烈的吸引力。在资本主义社会中，由劳动时间衡量的公平表现为一条绝对命令（或者说对公平的追求表现为一条可以普遍化的法则），它或多或少影响了许多工人的喜怒哀乐，当然也会推动他们采取各种对策。一般来说，处于下风的工人很可能不会顺其自然，而会设法提高自己挣钱的能力，以至于更换工作等——这恰好关系到社会必要劳动时间的另一个变量：平均的劳动效率。一些处于劣势的工人即使并没有忙于提升自己的劳动效率，往往也会抱怨自己的工作太辛苦，工资却不高。同时，处于优势的工人也未必会原地踏步，因为他们不难发现，或者至少不难想象其他工人会给他们带来潜在的威胁。于是，全体工人的劳动效率实际上一直在发生无可预料的相对变化，因而劳动效率的平均水平是极不稳定的；它不仅没有屈从于可计算性，而且恰好会给计算带来不可解决的麻烦。总的来看，这一切无非就是竞争——用流行的话说，过多的压力和动力始终弥漫在工人中间。顺带一提，当海德格尔同时指责现代的"进步强制"和"可计算性"[1]时，他并没有看到这两者之间的张力。

围绕劳动时间和劳动效率的竞争是丝毫不容小看的，因为这在很大程度上规定了工人的生活形式。资本主义生产方式在根本上并不是用皮鞭或断头台来维持的，而是靠经济主体的自发意识（通常的称呼是自由意志）来维持的。用马克思的话说，"经济关系的无声的强制保证资本家对工人的统治。超经济的直接的暴力固然还在使用，但只是例外地使用"[2]。他还十分巧妙地描述了自发意识的形成方式：

---

[1]〔德〕海德格尔：《晚期海德格尔的三天讨论班纪要》，丁耘译，《哲学译丛》2001 年第 3 期，第 54、57 页。
[2]《马克思恩格斯文集》第 5 卷，北京：人民出版社，2009 年，第 846 页。

> 在某种意义上，人很像商品。因为人来到世间，既没有带着镜子，也不像费希特派的哲学家那样，说什么我就是我，所以人起初是以别人来反映自己的。名叫彼得的人把自己当做人，只是由于他把名叫保罗的人看做是和自己相同的。①

这里有一种对象性的返回：彼得首先相信（他在一开始除了相信之外别无选择）保罗与自己是相同的人，然后才知道自己是人。倘若彼得看到的是一个孔武有力的保罗，他的自发意识或许就不是追求公平，而是你死我活——这大概是斯巴达人的情况，据说他们的训练极其残酷。但在资本主义社会中，他所看到的保罗主要是劳动时间。由此产生的较量并没有那么血腥，通常也不是一次性的。于是，公平不断被打破，又不断重新建立起来。无论它在经验中的存在如何渺茫，它都不会丧失力量。假如把追求公平的绝对命令去掉（例如，取得优势的工人立刻变成了特权阶级），资本主义社会的活力就会严重衰退。

这一切也适用于小企业主、许多专利持有者和版权所有者、大企业的管理层等，因为他们的劳动时间几乎同工人一样宝贵。在流行文化中，一个经久不衰的主题就是成功的企业家如何善于利用时间、以不可思议的效率来工作，以便把竞争对手踩在脚下，或者防止自己被赶超。这种传奇在当代的金融行业达到了极致：当纽约证券交易所下班时，东京、中国香港等地就迎来了黎明，所以金融工作者最好一刻也不要休息。总之，价值在工人身上是作为一个理念来运作的：资本主义社会虽然无法实现它，却又必须遵循它关于劳动时间和劳动效率的规定。

马克思多次提到了工人之间的竞争，其中失业人口扮演了特别重要的角色（当然，他在政治经济学批判中很少涉及所谓的流氓无产阶级，而这些人是缺乏竞争力的）。显而易见，"失业工人的压力"会迫使在岗工人接受较低的工资，或者"付出更多的劳动"②，而这涵盖了劳动时间的延长和劳动效率的提升。本章第一节已经谈论了这种资本

---

① 《马克思恩格斯文集》第 5 卷，北京：人民出版社，2009 年，第 67 页。
② 同上书，第 737 页。

主义社会特有的形成过剩人口的机制。进而，马克思还注意到了民族主义等因素对工人的全球竞争所造成的影响。例如，

> 英国所有工商业中心的工人阶级现在都分裂为英国无产者和爱尔兰无产者这样两个敌对阵营。普通的英国工人憎恨爱尔兰工人，把他们看作会降低自己生活水平的竞争者。①

马克思发现，资本家阶级想方设法加深这种对立，而这正是它"能够保持它的权力的秘密所在"②（在这个问题上，"单向度"的工人或许反倒不容易被各种阴险的神话所控制）。顺带一提，马克思还认为工人的协作会激发他们的"竞争心（Wetteifer）"，但这不同于"竞争（Konkurrenz）"。似乎前者并不意味着相互排斥，而是一种可以共存的较量，甚至是以共存为前提的，后者则相反。

按照同样的思路，"正常的生产条件"也描述了资本主义生产方式的一种基本的唯心主义倾向：它并不能在经验中实现，甚至往往与实际状况相去甚远，从而无法提供任何客观的计量尺度；尽管如此，它却会在生产本身和整个社会中引发无休止的竞争。无论是处于下风还是处于上风，经济主体往往都不会无动于衷，而是不断试图改善自己的各种生产条件，从而提高自己的盈利能力（或者要求当局约束对手的不正当行为、取消对手的特权等）——这也构成了资本主义社会不可或缺的活力和流行文化的重要材料。与"平均"一样，"正常"也是在一个高度灵活、充满变化的背景下出现的。不过，与围绕劳动时间的竞争不同，资本家在这里扮演了更加重要的角色，因为生产条件主要是由资本家控制的。当然，更宽泛地讲，生产条件还关系到土地和上层建筑。例如，到现在为止，女性参加劳动的机会在一定程度上仍然是以一大堆意识形态为条件的，而资本家在这方面的作用未必十分突出（《资本论》强调了资本家的作用：机器工业增加了女工和童工的比

---

① 《马克思恩格斯文集》第 10 卷，北京：人民出版社，2009 年，第 328 页。
② 同上。

例,因为许多机器的操作不需要太多力气①)。为了简便起见,这里只考虑资本家所提供的生产条件。

尽管第一节说过,资本家阶级垄断了生产资料,借此掌握了威胁和控制雇佣工人的权力,但这决不是说资本家之间是缺乏竞争的。除了斯密所说的自然垄断之外(例如,两地之间不太可能有很多条铁路,水坝、管道等大规模的公共项目也需要集中的建设和管理),当时的经济学家和马克思都没有把垄断看作资本家中间的主流现象。事实上,在资本主义生产方式中,投资者始终在观察各个资本家的盈利能力。倘若投资者不看好某个不善于榨取利润的资本家,后者就不仅不能继续发财,而且根本无法维持现有的生产,因为机器、办公用品等是要置换的,厂房或楼层的租期也是有限的,而这个资本家既然缺乏利润,又得不到投资,就没法支付置换费用和租金了。因此,对投资的竞争在总体上会迫使资本家把生产推到极限,并把极限推到极限。如果说工人阶级宁愿相互敌对也不愿联合起来,那么资本家之间的较量同样十分残酷,只不过失败的资本家即使丧失了优越的阶级地位,一般也还拥有较多的个人财产。在这个背景下,开辟新市场的资本家(比如多年前的盖茨和乔布斯)经常会成为传奇故事的主角,因为他们在短期内不会遇到竞争对手。讽刺的是,为了寻找新市场,咨询公司之间的竞争又变得激烈了。

既然竞争必须保持活跃,就必定至少有一部分处于劣势的资本家可以显著地增加自己的利润,处于优势的资本家中间则会出现失败者。对投资者来说,企业的盈利能力不论出现怎样的起伏,都是不足为奇的。用一种固定的眼光来看待企业和行业的强弱和兴衰则是相当浅薄的。在某些极端的情况下,濒临破产的企业最值得投资者关注。例如,马克思对创业者有一个无情的评论:"最初的企业家大都遭到破产,而后来用比较便宜的价格得到建筑物、机器等等的人才兴旺起来"②——这通常叫作抄底。我们中国的金融工作者有时会引用《老子》的话说:

---

① 《马克思恩格斯文集》第 5 卷,北京:人民出版社,2009 年,第 453 页及以下。
② 《马克思恩格斯文集》第 7 卷,北京:人民出版社,2009 年,第 119 页。

第五章　马克思：剩余的复兴

"天之道，损有余而补不足。"（当他决策失误时，又会抱怨说："人之道，损不足而奉有余。"）不仅如此，投资者还会以同样的方式来看待城市、城区等：繁荣的城市会逐渐破旧，荒凉的城区则会变成工业或商业中心——这样的故事已经持续了上百年。无论如何，资本主义生产方式决不单纯是由弱肉强食的原则所支配的；这只是一种廉价的批判。

马克思实际上把资本家之间的竞争放在了一个十分紧要的位置上。按照《资本论》第一卷的表述，"竞争使资本主义生产方式的内在规律作为外在的强制规律支配着每一个资本家。竞争迫使他不断扩大自己的资本来维持自己的资本"[1]——这与前面的论述是一致的。不过，马克思对这个问题的探讨集中在第三卷第十章，这一章考察了不同部门的利润率会如何由于竞争而出现平均化的总体倾向。简单来讲，虽然这种平均化在经验性的层面上并不存在，但既然企业的盈利能力总是在发生不可预料的波动，利润率就总是处于平均化的过程中。借用哈贝马斯的句式来说，利润率的平均化是一件"未完成的事业"，但这种未完成并不是一种临时的状况，而是一种终极的存在形式，并为资本主义社会带来了源源不断的活力。企业家和投资者力图在社会的一切角落寻找和发明新的机会。于是，资本的首要形式也不再是机器、厂房等物品，而是变成了生息资本，即以收取利息为目的的资本。任何一种直接在生产中发挥作用的资本都有特定的适用范围或特定的使用价值；唯有生息资本仅仅表现为无法直接发挥作用的货币，但也正因为如此，它在资本主义生产方式中才获得了非同寻常的"无用之大用"，有能力进入任何一种生产过程并获取利息——当然，这是以前面所说的货币拜物教或货币的普遍权力为基础的。资本家（部门和产业的区别已经变得无关紧要了）之间的广泛竞争与生息资本的关键地位是一体两面的。在这个背景下，社会必要劳动时间的最后一个变量也显示出了充分的理论意义："某种使用价值"并不是一个简单的泛指，而是必须涵盖所有企业和生产部门，因为它们会在无所不能的生息资本面前不断进行前途未卜的竞争，以便证明自己的盈利能力。

---

[1]《马克思恩格斯文集》第5卷，北京：人民出版社，2009年，第683页。

马克思在这个意义上写道:"在生息资本的形式上,资本拜物教的观念完成了。"① 只要资本家之间的竞争仍然在积极地开展,生息资本在总体上就始终可以为他们提供帮助,从而获得应有的利息。人们倘若仅仅注意到生息资本的不断扩大,或许就会以为它"作为纯粹的自动体,具有按几何级数生产剩余价值的能力"②,仿佛剩余价值是从它身上直接生产出来的一样。不仅金融活动有时被天真地当作"钱生钱"的魔术,而且一些关于大金融家的神话也反映了这种拜物教的幻觉。在 1997 年东南亚金融危机时,据说乔治·索罗斯甚至获得了在若干国家呼风唤雨的能力。这种故事越是惊悚,似乎就越是显得真实;正如一句著名的拉丁谚语所说(大体上可以追溯到德尔图良),"因为荒谬,所以相信"。

总而言之,用德国唯心主义的话说,社会必要劳动时间假如是一个知性概念,就描述了一种计算的基准;但若把它作为价值理念的一个方面,它就变成了社会在"永远的不安定和变动"中既无法达到、又必须服从的一种"无限目的";工人或许更加偏爱公平,资本家则更加强调成功(这一点甚至适用于发展中国家和发达国家),但他们各自都不得不围绕这个目的来展开无休止的竞争——在客观知识不能成立的地方,理念可以提供一种无以复加的客观性。在《剩余价值理论》中,马克思把"竞争的平衡作用"概括为"经常地消除经常的不协调"③;这无非是说,竞争是一种在不可能达到的平衡周围发生的无穷无尽的旋转。

同时,在社会必要劳动时间的约束下,人类的社会性也遭到了彻底的扼制,因为竞争成了一条普遍的、不容违抗的命令;社会领域中的各个特殊范围不过是在竞争的大潮中有时领先、有时落后罢了。例如,近几年全球资本主义的一个热点话题是美国相当迫切地想要复兴制造业,实现"再工业化"。不论这番努力能取得怎样的成就,它的着眼点都是很清楚的:就制造业而言,不论是美国工人的劳动时间和劳动

---

① 《马克思恩格斯文集》第 7 卷,北京:人民出版社,2009 年,第 449 页。
② 同上。
③ 《马克思恩格斯全集》第 34 卷,北京:人民出版社,2008 年,第 529 页。

效率，还是生产条件和所生产的使用价值的种类，大体上都比较缺乏竞争力（在这里，上层建筑或许也发挥了不小的作用：与制造业强大的国家相比，美国在政治、伦理等方面的状况或许会束缚制造业）；于是，这个产业的复兴就成了一种强有力的驱动。全球资本主义的活力也许不能脱离这样的驱动，就像发展中国家的无数努力给人类社会带来了许多生机一样。资本主义社会的生命正是在普遍的竞争中存在的。

（五）从价值到剩余价值

在《资本论》等文本中，资本家有许多漫画式的形象。例如，马克思引用别人的话说，一旦有百分之多少的利润，资本就"胆大起来""铤而走险""敢犯任何罪行，甚至冒绞首的危险"①。马克思还把这种倾向描述为"绝对的致富欲"和"价值追逐狂"②。倘若仅仅从这个角度看，资本家之为资本家似乎可以单纯用一种特别的欲望和信仰来解释，进而似乎可以用一种特别的文化和宗教来解释。在全球资本主义时代，这种想法已经很难成立了：除了西欧和北美之外，从东亚、南亚到拉美，资本明显不需要依赖于任何文化和宗教，或者说可以迅速适应多种文化和宗教，并发展出富有当地特色的变种，使当地原有的生产方式无力抵抗。诚然，许多资产阶级意识形态的自我理解充满了文化或宗教的内容，但如前所述，政治经济学批判主要针对的是资本主义生产方式中的幻觉和扭曲，而不是上层建筑中的神话和谎言；对后者的批判当然十分紧要，但即使拆毁了无数意识形态的堡垒，也不足以颠覆资本的统治。总之，资本主义生产方式确实严重缺乏文化（许多学者都是针对这一点来展开攻击的），但这并不是它的弱点，而是它独有的力量。

因此，我们有必要提出一个看似十分天真的问题：为什么资本家喜欢追求更多的价值？如果说货币是一种社会权力，那么资本家为什么喜欢更大的权力？在这样的问题上，庸俗的道德主义始终是思想的敌人；我们必须采取非道德主义的思路，正如马克思的《剩余价值理论》

---

① 《马克思恩格斯文集》第 5 卷，北京：人民出版社，2009 年，第 871 页。
② 同上书，第 179 页。

根本没有提到斯密所说的"自利"一样。第一章第二节表明，以除暴安良为代表的意识形态之所以在前资本主义社会具有主导地位，在根本上并不是因为总有人要作乱（这是古代人出于无知而想出的理由），而是因为就当时的生产力而言，自然而然的生存需要就足以把相当庞大的人口推到灭亡的边缘了。同样，先前的分析也表明，商品的价格标签虽然看起来是自然而然的——用马克思的话说，这是一个"简单而平凡的"[①] 起点——却为货币的普遍权力和生息资本的不断扩大提供了基础。于是，价值的理念也涵盖了商品、货币和资本三个层面，与它相适应的资本主义生产方式则需要确立普遍的可交换性、整个社会的生产和与社会必要劳动时间相联系的竞争。在竞争的环境下，公平和成功的观念仿佛既无可非议，又不需要特别的文化背景（甚至起到了某种解放的作用），却扮演了对资本而言至关重要的角色：工人和资本家都倾向于自发地把越来越多的价值不断生产出来，因为他们无论处于上风还是下风，都始终容易背负过多的压力和动力。用一个简化的例子来讲，即使市场接近饱和，每个生产者也都会拿出自己的产品（工人则是拿出自己的劳动力），并指望获得消费者的青睐，同时指望别人的产品卖不出去，正如阿 Q 嫉妒小 D 一样。

简言之，剩余价值实际上是以复仇的姿态出现的：正是由于资本主义生产方式中的竞争彻底压制了剩余的原则，迫使整个社会服从它的命令和强制，所以过多的价值才必定会被生产出来。尽管如导言所说，剩余必定会冲破适度、引起缺乏，但是或许只有在资本主义社会，无度和无节制、缺乏和急躁才会以压迫性的方式盛行于世。

倘若工人与资本家的分工被消灭了，工人自己在生产过程中占据了主导地位（即主动假设消费者的需要，并控制和组织社会生产的整体），表现出了一种普遍的企业家精神，那么价值的生产会发生根本性的变化吗？按照前面的观点，如果主导生产的工人内化了资本家对成功的追求——这似乎是企业家的必要条件——那么对投资的竞争就会落到工人身上（这当然要以商品和货币的存在为前提）。在我看来，孟

[①]《马克思恩格斯文集》第 5 卷，北京：人民出版社，2009 年，第 88 页。

第五章　马克思：剩余的复兴　　　　　　　　　　　　　　　　　223

加拉国银行家、2006 年诺贝尔和平奖得主穆罕默德·尤努斯（Muhammad Yunus，有时误译为尤纳斯）提供了一个重大的例子。他自 1970 年代以来就在理论和实践中卓有成效地推进了针对农村贫困人口的小额贷款，让他们得以自行组织小规模的生产，由此改善生活状况——如前所述，处于劣势的经济主体必定包含了趋向"正常"和"平均"的潜力。在提供贷款时，尤努斯采用了我们中国人所说的连坐法：穷人必须结成"团结小组"，共同为整个小组的贷款作担保；于是，他们往往会积极地相互督促、相互激励。申请贷款的总人数现在已经超过了 700 万，而女性占到了 90％以上；当地的宗教权威甚至威胁说，这些女性将得不到符合传统的葬礼［顺带一提，这种可耻的花招可以通过阿甘本所说的"牲人（homo sacer）"来思考］。但无论如何，尤努斯在商业和政治上获得了巨大成功，也鼓舞了全世界的无数穷人。他本人宣称，单纯的援助是远远不够的，相反，"所有人都是潜在的企业家"①。问题在于，这里的工人恰好在生产中是高度自治的，并没有屈从于资本家，却仍然为尤努斯的生息资本提供了极好的机会。从哈特和奈格里的角度看，这些工人的劳动固然不具有很高的智力水平，但他们在小组中似乎很容易经验到一种共同生活或生产中的交往。况且，作为底层的被剥削者，他们不仅"溢出"了陈旧的生活形式，而且反抗了原教旨主义对身体的"遮盖"。可见，这种"由下层驱动的""共同的企业家精神"实际上是完全可以与生息资本的运作并行不悖的；下层民众所表现出的竞争力恰好为资本主义生产方式带来了新的活力。

因此，在价值的支配下，剩余价值总会产生：在经典的剥削关系中，资本家占有了工人所生产的超出工资的价值；在尤努斯的例子中，生息资本占有了作为企业家的工人所生产的一部分价值（这一切当然与当事人的道德无关）。虽然马克思并没有讨论后一种情况，而且这种情况肯定不属于经典的剥削，但这仍然是他的价值理论可以处理的。

---

① Mark Skousen, *The Big Three in Economics*, Armonk, N. Y.: M. E. Sharpe, 2007, p. 204.

无论如何，价值的本性就是首先生产出超出自身的剩余价值，然后与后者重新"合为一体"①（下一节将详细讨论这一点），并不断重复这个过程。用本章开头引用的马克思的话说，价值的理念会造成"为积累而积累，为生产而生产——古典经济学用这个公式表达了资产阶级时期的历史使命"。

第三节　剩余价值（二）

一、资本家对消费者的依赖

　　剩余价值的生产与资本积累并不是一回事。倘若剥削者所占有的剩余价值全部被用于他的最终消费（和公共项目的建设），资本积累就不会发生了。马克思把这种情况叫作简单再生产。在现实中，奢侈浪费的现象从来都不少见，还有一项重要的消费是军事开支。在这种情况下，整个社会生产的运转在原则上是很简单的：总生产等于总消费，只不过剥削者生产得比较少，消费得比较多、比较奢侈（本章第一节所讲的两个模型都是如此）。于是，反抗和解放也只能是单纯的伦理要求和政治主张。在一定程度上，今天所谓的"军事凯恩斯主义"（这当然与凯恩斯本人毫无关系，他对战争并没有好感）可以说是简单再生产在全球资本主义时代的最新版本。一方面，这种意识形态要求被剥削者努力工作，不得"懒惰"，因为如前所述，"懒人"有可能不容易接受统治者的控制；另一方面，当剥削者获得了大量剩余价值之后，由于过度的奢侈浪费容易引发不满，又未必能找到合适的公共项目（假如剥削者还关心公共项目的话），所以"合理"的消费方式就只剩下军事开支了。由于军事活动现在一般是由国家主持的，所以这种意识形态戴上了凯恩斯主义的帽子。这里往往还隐含了一种讽刺：热爱战争的人通常比较"高贵"，对凯恩斯所提倡的社会福利是不太在意的。

---

① 《马克思恩格斯文集》第5卷，北京：人民出版社，2009年，第181页。

不过，本书无法考察这一点。

在马克思的政治经济学批判中，可以导致资本积累的是扩大再生产，而这种情况无疑更加重要。在这里，剥削者并不会把他们所获取的剩余价值消耗殆尽；在满足了无论多么奢侈的需要之后，他们仍然必须把一部分剩余价值拿来出售。用《共产党宣言》的话说，"不断扩大产品销路的需要，驱使资产阶级奔走于全球各地"①。更确切地讲，这种出售并不包括剥削者相互之间的交换（如前所述，由于在资本主义生产方式中，商品从一开始就是为了交换而生产的，所以剥削阶级内部的交换肯定会大量存在），而是指全体剥削者在完成了内部的交换之后依然必须出售的部分。例如，房地产商似乎不能指望把所有产品都卖给资本家，否则也不会出现抵押贷款和2007年的美国次贷危机了。只有在成功地出售了这最后一部分剩余价值之后，资本家才能把生产出来的商品转变为拥有普遍权力的货币，并把这些货币继续投入生产——这正是扩大再生产。

在这里，《精神现象学》所阐述的主奴关系取得了一种全新的形式。在黑格尔那里，主人自己不劳动，只有奴隶才劳动，而主人对奴隶的这种依赖最终让奴隶在劳动中获得了教化，主奴关系也随之瓦解了。虽然无数学者（包括青年马克思）都以一种类比的手法来把这种主奴关系与资本主义生产方式联系起来，但是资本家作为现实的个人是完全有可能参加劳动的——按照《资本论》第三卷，"一般说来，资本家的劳动和他的资本量成反比，就是说，和他成为资本家的程度成反比"②——所以未必是缺乏教化的主人（这里不讨论生产劳动与非生产劳动的区分；至少对教化而言，这个区分并不重要）。不过，资本家的确有一种新的、本质性的依赖，即依赖于随便什么消费者或有效需求。问题在于，最后一部分商品卖给谁？这些剩余价值要如何实现？

直接来看，这些商品不可能卖给资本家，因为按照这里的设定，他们的需要已经得到了满足，不论这种需要可能有多么夸张；工人

---

① 《马克思恩格斯文集》第2卷，北京：人民出版社，2009年，第35页。
② 《马克思恩格斯文集》第7卷，北京：人民出版社，2009年，第274页。

(不论属于何种产业)也没有能力购买它们,因为他们的消费能力实在不够。当然,资本家经常会想方设法"使工人借助自己智力和德性的完善来提高自己的地位并成为一个合理消费者"[①]。的确,"智力和德性"的上升有可能造成消费的增加,但是巧妇难为无米之炊,工人的工资必然是不够的。总之,这部分剩余价值无法直接在工人和资本家那里得到实现。即使许多工人都成了企业家,他们在价值的支配下也会生产过多的、自己消费不了的产品。总之,这就是著名的生产过剩和消费不足的问题,它在1929—1933年的大萧条中表现得特别显著。第一章第二节说过,西斯蒙第和马尔萨斯已经指出了这种现象,不过他们和其他许多学者都没有认识到竞争在这背后的关键作用。为了确保这部分剩余价值的实现,从而确保资本积累,无数理论和实践都开动起来了——这也意味着比较发达的资本主义社会并不会简单地以生产过剩为标志,或者说这个问题有可能得到"解决",尽管实际上只是转化成了别的形式。用通俗的话说,这叫作按下葫芦浮起瓢。本书当然无法从这个角度详细考察资本主义的历史,只能从理论上区分四种看似可行的解决方案,并详细探讨后两种。这四种情况构成了一个格雷马斯方阵,见图5-2。

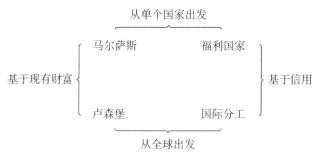

图 5-2 实现剩余价值的方式

必须预先说明的是,即使最后的剩余价值得到了实现,也无法一劳永逸地解决生产过剩或其他形式的问题。这不仅是因为这些问题会

[①]《马克思恩格斯文集》第6卷,北京:人民出版社,2009年,第581页。

随着后续的生产而反复出现,而且更重要的是,既然最后一部分必须卖出的剩余价值的实现会导致扩大再生产,后续生产出来的这部分剩余价值就倾向于不断增加,由此造成的问题也就只会越来越严重。可见,解决方案本身反而加深了困难,而这正是为什么周期性的经济危机是无可避免的。当青年马克思宣称"宗教是人民的鸦片"[1]时,他所说的还是当时在欧洲也很常见的作为麻醉剂的鸦片;围绕最后一部分剩余价值而产生的各种解决方案则是作为毒品的鸦片,它的剂量必定会逐渐加大,直至危及生命。

二、马尔萨斯和卢森堡的解决方案

第一种看似可行的解决方案来自马尔萨斯。按照他的设想,既然工人和资本家都没有额外的消费能力,就应该求助于别的金主:"养得脑满肠肥的僧侣和官吏"[2]。至于这些几乎不从事生产的阶级为什么会拥有仿佛取之不尽的财富,在马尔萨斯那里却是一个谜。事实上,这些"高贵"的阶级不过是首先用合法的或腐败的手段把工人和资本家的一部分收入转移到了自己身上,然后才能在资本家面前充当雪中送炭的消费者。因此,他们并不能扩大总消费、缓解消费不足,只能改变社会的分配结构和阶级状况。在这种局面下,资本家也很有可能扮演革命者的角色,与社会生产之外的寄生虫为敌。在现代历史上,不少针对腐败的斗争都是在这个背景下展开的,近几年最突出的例子或许是乌克兰(当然,现在乌克兰陷入了更加可悲的困境)。人们有时怀有一种天真的憧憬,以为打击腐败可以显著改善自己的生活,结果并没有出现想象中那么大的变化,因为正是资本家阶级借此取得了统治地位,而这个致力于剥削剩余价值的阶级并不会比不生产的剥夺者好太多。此外,在拥有现代生产力的社会中,一种意识形态如果为富裕的"僧侣和官吏"辩护,实际上就是在剩余价值问题上主张一种毫无

---

[1]《马克思恩格斯文集》第1卷,北京:人民出版社,2009年,第4页。
[2]《马克思恩格斯全集》第26卷第3册,北京:人民出版社,1974年,第57页。

思想的马尔萨斯主义。

　　第二种解决方案出自伟大的共产主义者卢森堡。她在《资本积累论》中批评马克思仅仅关注发达的资本主义世界，却没有对显而易见的殖民主义进行理论性的思考。这个批评本身是完全正确的，因为尽管马克思和恩格斯关于殖民问题发表了为数不少的评论，但这些评论侧重于时事，往往充满了对殖民地的同情和对殖民者的义愤，理论水平则的确不能与《资本论》相比。当然，《资本论》也并非没有谈论殖民主义——那就是第一卷最后一章"现代殖民理论"——但这一章服务于一个特定的理论目的，即证明资本主义生产方式必须以劳动者与生产资料的高度分离为前提，本章第一节已经阐述了这一点（当然，这并不适用于上一节讨论的普遍的企业家精神）。在19世纪的西欧，这种分离似乎显得天经地义，可是在全世界的大多数地方，这种分离还根本没有发生，而殖民者正在动用一切手段来迫使当地的劳动者放弃生产资料，特别是离开土地。马克思讥讽地说，经济学家在殖民地很容易发现"关于宗主国的资本主义关系的真理"[①]，例如"自由"的契约关系恰好是以铁和血为基础的。总之，殖民地在这十几页中仅仅表现为被征服和被改造的对象。

　　卢森堡则发现，整个非资本主义世界——包括殖民地和潜在的殖民地——可以为资本主义世界提供必要的消费能力（马克思的许多时事评论表明，他并非不了解英国向印度倾销等现象）。如果说马尔萨斯求助于国内的金主，那么卢森堡就强调了外部的金主的重要性。这两种情况有一个关键的差别：国内的金主并不能带来更多的消费能力，而外部的金主所拥有的消费能力对资本主义世界而言当然是原先没有的。因此，卢森堡所描述的解决方案在现实中是有效的。可是非资本主义世界原有的财富终究也相当有限，而且它们的生产力很快就被资本主义世界抛在后面了。用《共产党宣言》的话说，"资产阶级在它的不到一百年的阶级统治中所创造的生产力，比过去一切世代创造的全部生

[①]《马克思恩格斯文集》第5卷，北京：人民出版社，2009年，第877页。

产力还要多,还要大"① ——这意味着最后一部分剩余价值也过于庞大,无法通过非资本主义世界来处理了。照此看来,资本在全球的迅速发展只会加快它自身的灭亡。在20世纪早期,这种观点是相当有吸引力的。

三、福利国家的解决方案

以上两种方案都依赖于现有的财富,因而未能充分理解信用的奥妙。当信用还不够发达时,这个概念可以单纯从物化的角度来理解:人们的信用取决于他们在货币所有者(如银行)眼中有何种潜在的支付能力;不能按期偿还债务的人就是不讲信用的。按照《1844年经济学哲学手稿》,"穷人的全部社会美德,生命活动的全部内容,他的存在本身,在富人看来也都是偿还他的资本连同普通利息的保证"②。若要在生意场上打击竞争对手,就可以"透露这个人的一时困境,使他的信用突然动摇"③。这些现象直到今天也相当重要,甚至可以说在某些情况下扮演了十分关键的角色。例如,目前最重要的三家信用评级机构都在美国,与华尔街关系密切,而且在1997年东南亚金融危机和2007年美国次贷危机爆发之前都没有起到很好的作用。这引起了无数怀疑和猜测,也让包括欧盟在内的许多势力颇为不满。当然,所谓的对策无非是再建立一家"独立"的评级机构,而这实际上等于默认了自己(同样)有操纵信用评级的意图。于是,信用概念的重心从物化变成了世界舞台上的领导权。但这一切并不是本书的主题;这里要说的是,信用还有助于最后一部分剩余价值的实现,而这一般是通过福利国家来完成的。

在这个简化的模型中,最后一部分必须卖出的剩余价值成功地找到了消费者,那就是工人,所以工人的最终消费提高了。可是工人是

---

① 《马克思恩格斯文集》第2卷,北京:人民出版社,2009年,第36页。
② 〔德〕马克思:《1844年经济学哲学手稿》,北京:人民出版社,2000年,第168页。
③ 同上书,第170页。

如何获得额外的消费能力的？这正是福利国家在经济上的基本功能之一（这里当然不讨论福利国家的其他方面）：如果说工人大体上是缺乏偿债能力的，那么至少在20世纪的意识形态背景下，国家仿佛可以表现为某种有信用的经济主体，尽管这是彻头彻尾的幻想，因为国家本身并不生产任何东西。于是，工人在国家的干预下享受了一些原本不属于他们的剩余产品（这显然对民主政治有深入的影响，这里无法予以考察），国家则为此背负了不可能偿还的债务，不论它与"信用"一词有何种意识形态的联系。在现实中，国家的债权人当然不是全体资本家，而是以商业银行为主——几十年前，花旗银行主席沃尔特·瑞斯顿（Walter Wriston）宣称"国家不会破产"，这不仅产生了极大的影响，而且衍生出了"美国不会破产"等。这种债务不同于国家为了公共项目而负担的债务（福利国家肯定会参与公共项目的建设和管理），因为后者是有可能偿还的，这取决于这些项目的盈利能力。

众所周知，国家可以通过发行额外的货币来装模作样地偿还债务——这是国家本身仅有的"生产力"。这些凭空发明出来的货币无法解决任何问题，只是一种在今天看来已经十分笨拙的抵赖。受到欺骗的债权人不仅会反抗，而且可能会迁移到更加友好的国家。同时，通货膨胀也会损害全体民众。由于这种做法毫无益处，所以有些学者想到了另一种对策：国家所投资的公共项目如果盈利能力较强，就可以一边应付它自身的债务和维修费用，一边偿还由最后一部分必须卖出的剩余价值所带来的债务。然而，这些利润的最终来源要么是提高相关产品的价格（例如提高水电费），要么是在生产成本降低之后拒绝降价；由于公共项目的产品总是直接或间接地面向民众的，所以上述对策根本就是隐蔽的通货膨胀。实际上，公共项目的利润恰好不应该超过偿还债务和维修的需要（这里当然只考虑国家所占的股份）。于是，一些学者甚至提出了一种喜剧般的办法：国家应该设法提高资本家为公共项目的产品所支付的费用，以便在提高利润的同时避免隐蔽的通货膨胀。可是由最后一部分剩余价值带来的债务从一开始就是国家欠资本家的（特别是商业银行），所以这种办法绕了一大圈，终究还是一种抵赖，只不过多半会把一部分资本家的亏损转移到另一部分身上，或者说会在资本家内部造成一种再分配。总之，从资本的眼光来看，资本家对福利国家的普遍不满是完全正当的，因为他们表面上成功地卖掉了最后一部分商品，实际上多半是白送的，而且至少一部分资本家最终肯定要承担损失（虽然国家的债权人主要是商业银行，但是后者往往又可以把损失转嫁出去，这里无法予以讨论）。为福利国家辩护的社会民主主义决不可能在经济学上逆转这一切，只能为这种强制的白送提供伦理的和政治的理由。

不仅如此，福利国家还削弱了资本家对工人的控制，因为本章第一节说过，剥削必须表现为一种对生活形式的威胁，而福利国家会"过多"地提升工人的最终消费，甚至让失业人口看起来也有些体面。然而，这并不是说工人由此就能靠自己的力量来主导生产过程。他们有可能仍然在生产中处于被动地位，继续让资本家去假设消费者的需要、控制各个生产部门的运行和相互关系。简言之，较高的消费水平未必能推动人的全面发展，生产中的剩余原则也未必能在工人那里明显地表现出来。在这个问题上，社会民主主义向来并不在意生产过程内部的社会性（如前所述，这种社会性指的不是人道的用工方式等，虽然这些并非不重要），而是把注意力集中在生产之外。因此，资本家虽然受到了福利国家的压制，却仍然必须发挥不可或缺的作用。不仅如此，前面说过，资本主义生产方式还需要以竞争为特征，而竞争所围绕的公平和成功具有理念的性质：它们在现实中完全是偶然的，却又始终是整个社会所追求的"无限目的"。福利国家却或多或少损害了这种偶然性，把公平变成了一种经验性的存在，而这必定会扼制竞争。如今这是显而易见的事实，例如新自由主义倾向较强的德国现在表现出了较高的竞争力，其他福利国家则十分尴尬。虽然奈格里、齐泽克等学者都把社会民主主义看作一种新康德主义，但这种新康德主义似乎并不彻底，没有充分坚持理念与经验之间的断裂。

四、全球资本主义的国际分工

社会民主主义与新自由主义的拉锯战大概还会持续很久，而且很可能会给中国的社会发展带来许多积极的影响。然而，对今天的全球资本主义来说，真正重要的让最后一部分剩余价值得以实现的方案也许是一种以信用为基础的国际分工，而且中国的角色在这里特别显著。如果说前三种解决方案都已经丧失了创造力（马尔萨斯的方案从来就没有创造力，而且只有福利国家还能继续存在），那么这种国际分工的前景和影响似乎仍然是难以估量的。因此，本章无法以某种关于共产主义的设想来结尾，或者说我很难描述对价值的彻底否定究竟意味着怎样的生产方式和社会形态；我必须对这种国际分工做一些探讨。在这个问题上，人们有时喜欢谈论中国人（或其他民族）的性格、文化等，但我将撇开这些因素，单纯从价值理论的角度来进行考察。可以预先说明的是，马克思在《资本论》中仅仅谈论了一种较早的国际分工：

> 一种与机器生产中心相适应的新的国际分工产生了，它使地球的一部分转变为主要从事农业的生产地区，以服务于另一部分主要从事工业的生产地区。①

这种状况在今天决非不重要。有的非洲国家还没有消灭饥饿，但它们有大量农场是由外国企业用先进的技术来经营的，产品销往世界各地。不过，这与剩余价值的实现问题并没有直接联系。

众所周知，中国是出口大国、"世界工厂"，而且这无疑是中国的经济实力和社会活力的重要基础之一。现在许多人都认识到，就经济而言，这里有两个消极的方面。

其一，巨大的贸易顺差给中国带来了大量以美元为主的外汇储备，而这些美元的主要投资渠道是购买美国国债（中国一旦想要购买西方国家的工业企业，往往就会遇到极大的阻力）。于是，中国持有惊人的美国国债（顺带一提，中国与日本在这方面不相上下）。在一定程度上，这些国债是一种虚假的信用，不会给债权人带来多少利益，反倒

---

① 《马克思恩格斯文集》第 5 卷，北京：人民出版社，2009 年，第 519~520 页。

会极大地挟制债权人的行动——例如，中国并不喜欢看到美元贬值，因为这会降低美国国债的实际价值。因此，商品出口或多或少也是一种白送，只能换来一笔无用的乃至有害的债权，尽管这正是让最后一部分剩余价值得以实现的一种手段。其二，更麻烦的是，"中国制造"的总体水平在很多方面还是比较低的：工人的工作条件迫切需要改善，资本的密集程度不够，产品质量不能让人信任，等等。在这个背景下，基本的对策是：(1) 在对外贸易中减少对美元的依赖，并寻找更加有效的利用美元和其他外汇的方式。事实上，人民币在东南亚等地已经具有了国际货币的地位。(2) 提升制造业的水平，并发展更有创造力的行业。第一章第一节已经提到，低端制造业正在从中国向东南亚等地转移。根据2015年3月14日的《经济学家》，东南亚正在围绕中国形成一种"亚洲工厂（Factory Asia）"。总之，整个形势似乎可以让人抱有一些乐观的态度。

但从上一节所阐述的完善的资本主义生产方式的特征来看，这里有两个根本问题。其一，这种国际分工同资本家与工人的分工十分相似。如前所述，工人（特别是受制于体力劳动的工人）缺乏主导生产过程的能力，因而在生产中被客观的原则所束缚，不能发挥剩余的原则，或者说既不能主动假设消费者的需要，又不能组织和控制整个社会的诸多部门的生产，而是把这些工作交给了资本家。现在，发展中国家的资本家和工人一起遭遇了同样的命运（当然，这决不是说他们的斗争与妥协是无关紧要的）。一方面，由于相当一部分出口商品比较平庸，或者只是跟在西方企业背后亦步亦趋地模仿，或者只是某种预先确定好的流程中的一个十分无趣的环节，所以出口企业的生产者（包括工人和资本家）没有能力、没有资格积极地设想潜在的消费者。平庸的商品是按照某种常识来生产的，仿制的商品是有模板的，生产流程中的无趣的环节则必须服从外在的规定。于是，消费者的需要往往并不表现为一种假设，而是表现为一种给定的、用不着太多思考的东西，价格标签则成了商品的主要属性。另一方面，由于这些企业在很大程度上不过是按照外来的订单来生产的，很难在全球资本主义的层面上对自己的部门与其他生产部门之间的关系产生影响，甚至根本不用关心这一点——用流行的话说，它们大体上没有能力组织和控制全球的产业布局——所以社会生产的整体在它们面前并没有多少意义。对这里的资本家和工人而言，关注的重心只能是货币收入。他们倾向于采取前面所说的家政学的思考方式，即依赖于货币的普遍权力。总之，发展中国家的资本家和工人都缺乏主导生产过程的能力，商品拜物教和货币拜物教则更加盛行。在这样的条件下，普遍的企业家精神就更加空洞了，因为工人即使在生产中争取到了比较主动的地位，多半也会发现这并不足以给他们的全面发展带来多少帮助。

在一定程度上，这一切在中国国内的不同地区之间也是适用的：落后地区的工人和资本家在生产中都是比较被动的，都类似于曾经的体力劳动者。这种状况可以说在旅游业中达到了极致。许多人现在都发现，不少景区和其中的各种内容或多或少都是按照某些固定的模式制造出来的。在这里，不仅旅游产品成了仿制品，仿佛这就可以应付游客的需要，而且这些仿制品还变成了当地人的居住环境，从而进一步扭曲了当地的整个社会的生产。据说在著名的好莱坞电影《音乐之声》（它的故事发生在奥地利）风靡全球之前，奥地利人与电影中的形象是大不相同的；但在后来的几十年里，奥地利人变得越来越像这部电影中的奥地利人了[①]。类似的例子似乎在中国也能找到。

其二，上述对策似乎不足以冲击国际分工的基本结构。一方面，美元的霸权地位固然极有可能正在衰落，但是取而代之的不过是少数几种在不同地区具有支配地位的货币——寡头代替了垄断，贵族制代替了君主制。这些货币或多或少仍然可以做到美国目前利用美元来做的事情，但不会带来全新的可能性。另一方面，许多第三世界国家都试图发展现代产业，这在一定程度上与多年前的中国有类似之处。除了东南亚之外，用近几年的热门话题来说，印度的女性问题和非洲的流行病问题（比尔·盖茨在这里十分活跃）不仅关系到人道主义，而且关系到全球资本主义：未来的印度和非洲也许将提供大量新的低端劳动力；用《共产党宣言》的话说，这仿佛是"用法术从地下呼唤出来

---

① Slavoj Žižek, *Living in the End Times*, London: Verso, 2010, p.319.

的大量人口"①。这些地区或许会逐渐填补中国等国家在前进时留下的空白。于是，虽然许多国家在世界舞台上的角色都会有所变化，但是整个场景和剧本大体上可能是不变的。总之，在很长一段时间内，现有的国际分工似乎还将不断把它自身再生产出来。借用马克思的话说，它在把它"所能容纳的全部生产力发挥出来以前，是决不会灭亡的"②。在这里，上一节所说的竞争、公平和成功肯定是一个突出的主题。一个国家或一个更大范围的地区倘若总体上劳动效率较低、劳动时间消耗过多，或者生产条件较差、所生产的使用价值的种类过于有限，就会显示出一定的潜力，给投资者提供某种希望，或者至少提供某种诱惑。这种资本拜物教的倾向是全球资本主义的一种真诚的信仰，它决不能消失或变得边缘化，否则资本的活力就会衰退。显然，竞争中的失败者也是这种活力的一部分；中国等国家倘若获得了较大的成功，则有可能摆脱前面所说的工人和资本家都无法主导生产的状况。

由此可见，当今的国际分工一方面有助于实现最后一部分剩余价值，确保扩大再生产和资本积累；另一方面内在地倾向于使一部分地区在很大程度上失去主导生产过程的能力，并在世界舞台上持续推动与社会必要劳动时间相联系的竞争。第二章提出的难题由此在马克思的框架中得到了进一步的解释：即使撇开政治的、宗教的、历史的原因，全球资本主义仍然会围绕剩余价值的生产和实现而系统性地产生一些受压迫的地区；这种系统性意味着单纯求助于经济发展是缺乏思想的。这种压迫在根本上发生在生产过程内部，它会严重扼制剩余的原则，使这些地区的工人和资本家一起被客观的原则所统治。它的实际表现则要么是给社会带来愚昧——这在中国关系到性、地域等问题——要么是让民众忙于生计（第一章第一节说过，进步主义的后果既有可能是它本身，即客观性对社会领域的入侵，又有可能是更加低劣的愚昧和迷信）。但如前所述，我并不知道消灭这种国际分工的可能性和途径。

---

① 《马克思恩格斯文集》第 2 卷，北京：人民出版社，2009 年，第 36 页。
② 同上书，第 592 页。

为了克服愚昧，或者为了使民众超出单纯谋生的需要，我们已经看到了许多伦理的、文化的、政治的努力。但由于未能批判现有的国际分工，所以它们在以"体力劳动者"为主的地区似乎效果有限；它们也几乎不会质疑全球资本主义所强调的竞争，而这意味着它们即使在本国取得了一些成就，或许也是以别的国家为代价的。同时，这些地区还很容易出现一些反动的意识形态，它们企图把民众尤其是把工人限制在愚昧的、庸庸碌碌的层面上。这种企图有一种极其"高贵"的表现：当意识形态家痛心疾首地指责民众缺乏教养、不求上进时，他们实际上非常希望民众保持在这个水平上，以便维护自己的优越感和优越地位；他们在指责的过程中流露出来的愉悦经常是无法掩盖的。这些意识形态虽然有时看起来与前资本主义时代有许多联系，实际上却是全球资本主义的一种统治工具，尽管它们通常不太可能认识到这一点。如果中国等国家的工人（或资本家）发挥出了"脑力劳动"的能力，乃至发明了某种不再围绕竞争的社会形式，这些反动的意识形态就无法适应了。

* * *

在剩余价值的实现问题和其他无数问题中，物质生产的角色都很容易遭到轻视，因为生产据说是庸俗的、机械的、私人的，等等。毕竟，在马克思之前，从来没有一种思想把生产看作"整个社会生活、政治生活和精神生活"的基础；这大概是因为思想从来都只是人类活动的一种剩余，因而显得过于珍贵、过于稀少，与生产正好相反。结果，生产在最好的情况下——即实现了人的全面发展、充满了普遍的企业家精神的情况——也是由一种适用于技术领域的客观性来支配的。然而，不仅生产和整个社会或许已经可以逐渐按照剩余的原则来运作，而且思想或许也不用仅仅作为一种罕见的剩余而存在了。换句话说，生产与思想的截然对立也许是马克思所说的"人类社会的史前时期"[①]的基本特征之一，而共产主义应该把消灭这种对立作为一个突出的主题。

---

① 《马克思恩格斯文集》第2卷，北京：人民出版社，2009年，第592页。

结语

表6-1 剩余概念的理论定位

社会领域	
剩余的原则	一般概念—特殊的表达和范围—实际处境
剩余的特征	陌生；突破性的行动；实际处境的转变
反对剩余的企图	进步主义；愚昧（保守主义和复制）
技术领域	
客观的原则	知性（或某些用法中的理性）
人道主义	基本的生活需要和安全保障，与社会领域直接相关

这里不妨重复一下第一章第一节的一些内容。首先，我是以表6-1的方式来理解人类的存在形式的。斯宾诺莎哲学有助于阐明技术领域与社会领域的区分；康德哲学和黑格尔哲学则以不同的方式展现了进步主义的企图，即适用于技术领域的客观性对社会领域的入侵，但他们对理念的思考是十分紧要的。其次，我特别认为，虽然物质生产不可能脱离技术领域中的客观知识，但它的首要原则是社会领域中的剩余，尽管资本主义生产方式的确企图使生产和整个社会生活屈从于一种客观性，即价值的理念。作为理念，价值的诸多规定并不会直接在生产和整个社会中充分地表现出来；相反，这种表现始终是不完善的，但是资本主义社会又总是试图遵循这些规定，无法摆脱这种注定不能成功的驱动。因此，马克思的政治经济学批判和他所设想的共产主义必须立足于生产本身，并针对生产本身。用之前引用过的詹姆逊的话说，

> 马克思主义缺少政治的维度——它把"经济"（这里以一种非常宽松、非常一般的方式来使用这个词）从政治中分离出来了——而这是它的一种伟大的、原创性的力量。

我以一种非道德主义的方式论述了由价值的理念所规定的资本主

义生产方式为什么必定会以剩余价值的生产和资本积累为特征。这是一种复仇的机制：由于剩余的原则遭到了价值理念的扼制，所以剩余价值变成了一个在根本上无可解决的问题。在今天，全球资本主义的国际分工是剩余价值问题的一种至关重要的"解决方案"（它最终只会加深困难，并导致周期性的经济危机）。它会系统性地使一些地区陷入愚昧或忙于生计，但它的未来和中国可能发挥的作用仍然是难以预料的。

既然第一章是从所谓的思考人生开始的，那么我不妨在整篇论文的末尾设想一种没有价值的生活形式——也就是说，它缺乏公认的、值得议论的、历史性的意义，或者说它无法在不遭受扭曲的情况下成为文化产品。我可以举出两个古代的例子，它们都显示了价值与真正的社会生活之间的不相容。其一，按照普鲁塔克关于伯利克里的记载，

> 那给雅典增添了最令人赏心悦目的装饰、令全世界震惊不已的事业，那广为流传的关于古代希腊的强大尊显一说并非无聊虚构的唯一明证，就是伯利克里所修造的各种神圣的建筑。这一举动较之他的所有其他公共措施更多地受到他的敌人的诋毁和中伤。他们在公民大会上呐喊："人民已经名誉扫地，臭名远扬……当赫拉斯（按：古希腊的总称）看到我们正在拿她为战争所作的奉献修饰打扮自己的城市，对于整个世界来说，这个城市就像一个奢侈任性的妇人，把贵重的大理石，昂贵的神像和价值连城的神殿一股脑儿搂到她的衣橱之中……"①

简言之，在伯利克里的政敌看来，所有这些雕像和建筑不过是在浪费全希腊的战争基金（在伯利克里的时代，这笔基金是由雅典支配的），从而会败坏雅典的名誉；可是从普鲁塔克的时代来看，包括在今天的许多流行的观点看来，只有这些艺术作品才能确切地证明古希腊

---

① 巫宝三（编）：《古代希腊、罗马经济思想资料选辑》，北京：商务印书馆，1990年，第34页。

的辉煌（普鲁塔克在这里似乎没有考虑以文字为载体的史诗、戏剧和哲学）。后人的这种看法有双重错误。首先，它远远没有理解古希腊文明本身，而是把焦点放在它的遗产上面，尽管这份遗产实际上只是古希腊文明的一个零星的片断，或者毋宁说只是伯利克里时期的一个零星的片断，是斯宾诺莎所说的第一种知识。其次，似乎没有理由认为伯利克里想要凭借这些雕像和建筑来青史留名。更粗暴地说，这些作品之所以能保存下来，不过是因为它们足够坚硬。总之，后人围绕这些作品所产生的想象至多是借题发挥；古希腊文明在这个地方并没有价值，也不需要有价值，尽管文化产业正是借此创造价值的。这一切正如《庄子》所说，当作品的作者（不论是个人还是集体）死去之后，这部作品就变成"古人之糟粕"了。

其二，按照流行的观点，柏拉图关于爱的对话首推《会饮》（这里不予讨论）；但是也许柏拉图只有一篇对话几乎触及了没有价值的爱，那就是《克力同》。"几乎"的意思是说，《克力同》需要稍加修改：苏格拉底必须逃跑。这看起来完全违背了柏拉图的本意，因为他恰好试图证明苏格拉底是爱国的，所以不能逃跑，只能等死。这里的逻辑是：爱国意味着遵守法律，进而意味着接受死刑。诚然，遵守法律对苏格拉底来说肯定相当于接受死刑，但是柏拉图没有发现，爱国并不必然意味着遵守法律。第五章第一节提到，古希腊人非常强调战争；在苏格拉底的年代，雅典的主要敌人是波斯和斯巴达（这两者当然不在一个层面上）。如果说苏格拉底不太可能用今天的眼光来批判这种意识形态——我们没有必要强迫古人——那么这里的爱国就包含了在敌人面前的勇敢和残暴。问题在于，《克力同》中的苏格拉底也成了城邦的敌人，因为公民（即奴隶和外邦人之上的统治者）已经宣判了他的死刑。苏格拉底倘若确实是爱国的，就会遇到一个可怕的悖论：他现在必须以勇敢和残暴的方式来对待自己。按照这个标准，接受死刑固然是一个选项，但这里还有一个非常容易被忽视的选项，那就是逃跑，即成为一个遭受唾弃的叛国者，在阴影中生存下去。既然城邦必须借助敌人的存在才能维护一种比较原始的伦理，我可以为城邦做的贡献就有一种终极形式：扮演城邦所必需的敌人。

事实上，在苏格拉底死后，雅典人很快就后悔了，于是又把指控苏格拉底的人处死了。这样的反复显然对城邦极其有害，而且确实加快了雅典的衰落。苏格拉底假如逃跑了，就会引起公民的一致痛恨，而这或许更有可能使雅典保持自信和团结。可见，违抗法律在这里也许是更加爱国的，尽管这会让苏格拉底完全丧失自己的价值——这种情况不只是济慈所说的"把名字写在水上"，而是把名字刻在耻辱柱上。相反，苏格拉底最终的欲望似乎是让自己表现得像一个守法公民，以此来证明自己所遭受的判决是不公正的。归根到底，他与其说是一名爱国者，不如说是一个受不得委屈的、追求承认的人。然而，如果说形形色色的不公正要么导致反抗、要么产生奴性的话，那么也许只有爱才会让人在很大程度上愿意接受委屈的状况，甚至愿意遭到对方的厌恶。虽然古希腊式的爱国早已腐朽了，但这一点或许是不会改变的。相反，古往今来的统治阶级意识形态可以把一切形式的蔑视和压迫描绘得无比高贵，却从来不知道一个人在某些时候是有可能非常愿意放弃名声的。

进一步讲，假如苏格拉底想到了这一切，然后逃跑了，而且没有向别人披露自己的真实意图，只是独自在他乡扮演城邦的敌人，那么后人是否能够还原历史的真相？这恐怕是不可能的；苏格拉底只会表现为一名叛国的诡辩家。因此，关于爱的作品大体上只能表现为一种虚构的故事（作者可以从"客观"的视角来叙述），而不是历史叙述。没有价值的爱不屑于获得历史的承认；用第一章第二节提到的本雅明的术语来讲，这是隐藏在历史中的无数难以察觉的废墟之一。这当然并不是说爱有多么崇高，居然可以无视自己的形象；既然这种形象根本不适合社会领域，抛开它也就谈不上崇高了。如果一个人在恋爱的经验中体会到了历史叙述的这种根本上的不真实，那么这虽然无法带来任何实际的认识，不能用来改写任何叙述，却有可能使他获得一种怀疑的能力。在这个意义上，黑格尔对笛卡尔的推崇并没有过时，而且永远不会过时。

参考文献

《马克思恩格斯全集》第 1 卷,北京:人民出版社,2002 年。
《马克思恩格斯全集》第 19 卷,北京:人民出版社,1963 年。
《马克思恩格斯全集》第 26 卷第 3 册,北京:人民出版社,1974 年。
《马克思恩格斯全集》第 30 卷,北京:人民出版社,1995 年。
《马克思恩格斯全集》第 34 卷,北京:人民出版社,2008 年。
《马克思恩格斯全集》第 45、46 卷,北京:人民出版社,2003 年。
《马克思恩格斯文集》第 1—7、10 卷,北京:人民出版社,2009 年。
《巴金译文全集》第 9 卷,北京:人民文学出版社,1997 年。
《鲁迅全集》第 1、2、3、6 卷,北京:人民文学出版社,2005 年。
〔德〕本雅明:《启迪》,张旭东、王斑译,北京:生活·读书·新知三联书店,2008 年。
〔英〕伯克:《法国革命论》,何兆武等译,北京:商务印书馆,1999 年。
〔法〕德勒兹:《斯宾诺莎的实践哲学》,冯炳昆译,北京:商务印书馆,2004 年。
〔德〕海德格尔:《林中路》,孙周兴译,上海:上海译文出版社,2004 年。
〔德〕海德格尔:《晚期海德格尔的三天讨论班纪要》,丁耘译,《哲学译丛》2001 年第 3 期。
〔德〕海德格尔:《形而上学导论》,熊伟、王庆节译,北京:商务印书馆,1996 年。
〔德〕海涅:《海涅全集》第 8 卷,孙坤荣译,石家庄:河北教育出版社,2003 年。
〔德〕海涅:《海涅全集》第 1 卷,胡其鼎译,石家庄:河北教育出版社,2003 年。
〔德〕海涅:《海涅全集》第 12 卷,田守玉等译,石家庄:河北教育出版社,2003 年。
〔美〕何炳棣:《明初以降人口及其相关问题》,葛剑雄译,北京:生活·读书·新知三联书店,2000 年。
〔德〕黑格尔:《法哲学原理》,范扬、张企泰译,北京:商务印书馆,1961 年。
〔德〕黑格尔:《精神现象学》,先刚译,北京:人民出版社,2013 年。
〔德〕黑格尔:《历史哲学》,王造时译,上海:上海书店出版社,2001 年。
〔德〕黑格尔:《逻辑学》上卷,杨一之译,北京:商务印书馆,1982 年。
〔德〕黑格尔:《哲学全书·第一部分·逻辑学》,梁志学译,北京:人民出版社,2002 年。
〔德〕黑格尔:《哲学史讲演录》第 4 卷,贺麟、王太庆译,北京:商务印书馆,1983 年。
〔英〕霍布斯:《利维坦》,黎思复、黎廷弼译,北京:商务印书馆,1986 年。
〔德〕康德:《康德著作全集》第 5—6 卷,李秋零编,北京:中国人民大学出版社，2007 年。
〔德〕康德：《康德著作全集》第 7 卷，李秋零编，北京：中国人民大学出版社，2008 年。
〔德〕康德：《康德著作全集》第 8 卷，李秋零编，北京：中国人民大学出版社，2010 年。
〔德〕康德：《康德著作全集》第 3 卷，李秋零编，北京：中国人民大学出版社，2004 年。
〔苏〕列宁：《列宁选集》第 4 卷，北京：人民出版社，1995 年。
〔德〕马克思：《1844 年经济学哲学手稿》，北京：人民出版社，2000 年。
〔德〕尼采：《悲剧的诞生》，周国平译，北京：生活·读书·新知三联书店，1986 年。
〔奥〕庞巴维克：《资本实证论》，陈端译，北京：商务印书馆，1983 年。
〔英〕配第：《政治算术》，陈冬野译，北京：商务印书馆，1978 年。
〔英〕莎士比亚：《莎士比亚全集》第 2 卷，朱生豪等译，北京：人民文学出版社，1994 年。
〔荷〕斯宾诺莎：《伦理学》，贺麟译，北京：商务印书馆，1997 年。
〔荷〕斯宾诺莎：《神学政治论》，温锡增译，北京：商务印书馆，1996 年。
〔荷〕斯宾诺莎：《政治论》，冯炳昆译，北京：商务印书馆，1999 年。
〔奥〕维特根斯坦：《逻辑哲学论》，郭英译，北京：商务印书馆，1985 年。
巫宝三等（编）：《古代希腊、罗马经济思想资料选辑》，北京：商务印书馆，1990 年。
〔古希腊〕亚里士多德：《形而上学》，吴寿彭译，北京：商务印书馆，1995 年。
〔古希腊〕亚里士多德：《亚里士多德全集》第 9 卷，苗力田编，北京：中国人民大学出版社，1997 年。
A. Kiarina Kordela: *Surplus*, Albany, N. Y.: S. U. N. Y. Press, 2007.
Alain Badiou: *Being and Event*, London: Continuum, 2005.
Alain Badiou: *Logics of Worlds*, London: Continuum, 2009.
Alain Badiou: *Metapolitics*, London: Verso, 2005.
Alain Badiou: *Pocket Pantheon*, London: Verso, 2009.
Althusser: *Lenin and Philosophy and Other Essays*, New York, N. Y.: Monthly Review Press, 1971.
Althusser: *Philosophy of the Encounter*, London: Verso, 2006.
Althusser: "The Only Materialist Tradition, Part I: Spinoza", *The New Spinoza*, ed. by Warren Montag and Ted Stolze, Minneapolis, M. N.: University of Minnesota Press, 1997.
Antonio Negri: *The Savage Anomaly*, Minneapolis, M. N.: University of Minnesota Press, 1991.
Carl Schmitt: *Political Theology*, Cambridge, M. A.: The M. I. T.

Press, 1985.

Christoph Cox, Molly Whalen and Alain Badiou: "On Evil", *Cabinet* 5, 2001.

Corey Robin: *The Reactionary Mind*, Oxford: Oxford University Press, 2011.

David Harvey: *A Companion to Marx's* Capital, London: Verso, 2010.

David Harvey: *The Limits to Capital*, London: Verso, 2006.

Frank Ruda: *Hegel's Rabble*, London: Continuum, 2011.

Fredric Jameson: *Representing* Capital, London: Verso, 2011.

Giorgio Agamben: *Remnants of Auschwitz*, New York, N. Y.: Zone Books, 1999.

Gérard Duménil and Dominique Lévy: "Old Theories and New Capitalism", *Critical Companion to Contemporary Marxism*, ed. by Jacques Bidet and Eustache Kouvelakis, Leiden: Brill, 2008.

Harry Cleaver: *Reading* Capital *Politically*, Leeds: Anti/Theses, 2000.

Horkheimer and Adorno: *Dialectic of Enlightenment*, Stanford, C. A.: Stanford University Press, 2002.

Jacques Bidet: *Exploring Marx's* Capital, Leiden: Brill, 2007.

Jacques Rancière: *Dissensus*, London: Continuum, 2010.

Kojin Karatani: *Transcritique*, Cambridge, M. A.: The M. I. T. Press, 2003.

Lenin: *Revolution at the Gates*, ed. by Slavoj Žižek, London: Verso, 2004.

Leo Strauss: *Persecution and the Art of Writing*, Chicago, I. L.: University of Chicago Press, 1988.

Mark Skousen: *The Big Three in Economics*, Armonk, N. Y.: M. E. Sharpe, 2007.

Michael Hardt and Antonio Negri: *Commonwealth*, Cambridge, M. A.: The Belknap Press, 2009.

Michael Hardt and Antonio Negri: *Empire*, Cambridge, M. A.: Harvard University Press, 2000.

Nathan Nunn and Nancy Qian: "The Potato's Contribution to Population and Urbanization", *The Quarterly Journal of Economics*, 126. 2, 2011.

Nietzsche: *Beyond Good and Evil*, Cambridge: Cambridge University Press, 2002.

Norman Levine: *Marx's Discourse with Hegel*, Hampshire: Palgrave Macmillan, 2012.

Rebecca Comay: *Mourning Sickness*, Stanford, C. A.: Stanford University Press, 2011.

Slavoj Žižek: "From Politics to Biopolitics ... and Back", *South Atlantic Quarterly*, 103. 2/3, 2004.

Slavoj Žižek: *Less than Nothing*, London: Verso, 2012.
Slavoj Žižek: *Living in the End Times*, London: Verso, 2010.
Slavoj Žižek: *Tarrying with the Negative*, Durham, N. C.: Duke University Press, 1993.
Slavoj Žižek: *The Universal Exception*, London: Continuum, 2006.
Terry Pinkard: *Hegel*, Cambridge: Cambridge University Press, 2000.
Terry Pinkard: *Hegel's* Phenomenology, Cambridge: Cambridge University Press, 1994.
Walter Benjamin: *Berlin Childhood around 1900*, Cambridge, M. A.: The Belknap Press, 2006.

致谢

作为经济学专业的本科生,我非常感谢李慧中老师。他告诉我们,斯密的《国富论》仍然值得一读,因为单纯了解他的基本观点是不能与阅读原著相提并论的。后来我发现,通常所说的斯密的基本观点的确经过了许多剪裁和筛选。巧合的是,经济学家保罗·克鲁格曼(Paul Krugman)现在也经常谈到与李慧中老师相似的看法。

我之所以会选择研究哲学,是因为汪堂家老师所讲授的《小逻辑》和吴晓明老师所讲授的马克思青年时期的著作。如今回过头来看,当初我只听懂了很少一部分。不过,汪堂家老师特地要求我们提交手写的论文,还说德里达办过一次摄影展,其中的照片都是海德格尔的手,据说由此可以体会到海德格尔的思想。无论如何,我后来的大部分论文都是手写的,包括硕士论文和这篇博士论文。

我的硕士导师是王金林老师。在讲授《形而上学导论》时(那是在我读硕士的第一个学期),他特别强调了海德格尔在这本书中所讲的两点:其一,哲学是"不合时宜的",也不需要以长久的延续为荣;其二,事物只有在语言中才会出现、才会存在。在之后的学习中,我自认为比较快地理解了后一点,而对前一点的理解花费了很多年,因为长久的延续毕竟是一种强大的诱惑。后来在确定硕士论文的主题时,我本来想研究马克思所说的产业后备军,王金林老师则建议我从当代激进思想的视角来研究斯宾诺莎哲学。这对我的影响几乎是决定性的:这种看似极其抽象的哲学不仅迫使我抛弃了一切关于统治的幻想,而且让我学会了不少识别这种幻想的方法。

在博士阶段,吴晓明老师也一直给予我许多宝贵的教导。夸张地说,他在指导学生时的眼光类似于《列子》所说的善于相马的九方皋:"见其所见,不见其所不见;视其所视,而遗其所不视"[①] ——他所指出的问题和提出的建议不仅会针对学生的论文或提纲中的主要内容,而且会触及一些隐蔽的、不易觉察的,同时又值得注意的方面。不过,他基本不会约束学生的写作;他一贯的说法是"学问是你们自己的

---

① 杨伯峻:《列子集释》,北京:中华书局,1979 年,第 257~258 页。

事"。在与其他学校的老师和同学交流时，他们都经常谈到吴晓明老师的强大的影响力，只不过这种影响力并没有压迫感。

邹诗鹏老师近四年前发起了马克思主义哲学专业研究生讨论会，这为我带来了莫大的帮助。我不仅从同学的论文和相关的讨论中受益良多，而且逐渐把握了在同学中间表达观点的方式。这种共同的经历使我经常能看到自己和他人的外化以及由此产生的意想不到的后果。

我还非常感谢多年来与我探讨德国唯心主义、精神分析和文化研究的同学。不仅这些学说本身在我看来十分有趣，也极其有力，而且通过这些探讨，我逐渐理解了马克思的批判手法——恰好由于马克思并没有（非常详尽地）考察过这些主题，所以对它们的思考有效地锻炼了我通过马克思来打造的全套兵器。

我与一部分高中同学和本科同学仍然有不少联系，这是一种难以估量的幸运。他们分散在科研、企业、金融等部门，生活在欧美、中东、中国等地，他们的知识、见闻和评论可以说是我最重要的理论资源之一。事实上，私人部门的运行不仅很难从哲学文本中学会，而且很难从任何书本中学会；我有幸从一些同学那里听来了不少经济事实。

最后，我必须承认，巴迪乌教会我一件事：共产主义者思考的重心应该是以数学为基础的现代科学、自由的艺术、以解放为目标的政治活动，以及恋爱的经验。思想只有在这些真理中才能认识它自己，也只有通过这些真理才有可能遭到否定。

图书在版编目(CIP)数据

作为哲学概念的剩余/张寅著. —上海:复旦大学出版社,2020.9
ISBN 978-7-309-15039-1

Ⅰ.①作… Ⅱ.①张… Ⅲ.①剩余价值-研究 Ⅳ.①F014.39

中国版本图书馆 CIP 数据核字(2020)第 078154 号

作为哲学概念的剩余
张　寅　著
责任编辑/陈　军

复旦大学出版社有限公司出版发行
上海市国权路 579 号　邮编:200433
网址:fupnet@fudanpress.com　http://www.fudanpress.com
门市零售:86-21-65102580　团体订购:86-21-65104505
外埠邮购:86-21-65642846　出版部电话:86-21-65642845
常熟市华顺印刷有限公司

开本 787×960　1/16　印张 16.75　字数 241 千
2020 年 9 月第 1 版第 1 次印刷

ISBN 978-7-309-15039-1/F·2695
定价:62.00 元

如有印装质量问题,请向复旦大学出版社有限公司出版部调换。
版权所有　侵权必究